성찬 전 묵상

세움북스는 기독교 가치관으로 교회와 성도를 건강하게 세우는 바른 책을 만들어 갑니다.

성찬 전 묵상
은혜로운 성찬을 위한 준비 가이드와 묵상

초판 1쇄 인쇄 2024년 11월 20일
초판 1쇄 발행 2024년 11월 25일

지은이 | 이태복
펴낸이 | 강인구

펴낸곳 | 세움북스
등 록 | 제2014-000144호
주 소 | 서울시 종로구 대학로 19 한국기독교회관 1010호
전 화 | 02-3144-3500
이메일 | holy-77@daum.net

디자인 | 참디자인

ISBN 979-11-93996-25-6 (03230)

성찬 전 묵상

이태복 지음

✦

은혜로운 성찬을 위한 준비 가이드와 묵상

세움북스

추천사

✦

오늘날 많은 그리스도인들이 주의 만찬에 참여할 때 생각 없이 행하는 경우가 종종 있습니다. 이러한 이유로 믿음 안에서 저의 형제인 이태복 목사님이 주의 만찬에 관한 종교개혁가들과 청교도들의 그리스도 중심 저작들을 한국어를 사용하는 공동체에 전하는 일을 하게 되어 매우 기쁩니다. 이태복 목사님이 성경을 통해 입증하듯이, 주의 만찬 전에 이를 준비하고 자기를 점검하는 것은 성찬에 합당하고 유익한 방식으로 참여하는 데 필수적입니다. 저의 형제인 이태복 목사님은 14개의 마음을 울리는 묵상에서 복음과 그리스도와 교회 간의 언약 관계를 통해 신자들이 주의 만찬을 준비하는 과정에 도움을 주고 있습니다. 주님께서 이 풍성한 목회적 작업을 사용하셔서 한국과 전 세계의 한국어를 사용하는 많은 신자들의 영혼에 복주시길 기도합니다.

❚ 조엘 비키 _ 미시간 그랜 래피즈 청교도 개혁주의 신학교 설교학 및 조직신학 교수

෮

교리교육과 교리문답에 대한 관심이 높아지면서 은혜의 수단으로서의 성례, 특별히 성찬이 무엇인지에 대한 교인들의 이해도 깊어지고 있는 것이 사실입니다. 하지만 구체적으로 '어떻게 성찬을 준비해야 하는지'에 대한

실제적 이해와 방식에 대해서는 "알아서 잘하라"라는 답 이상을 얻지 못하는 것 또한 현실입니다. 이런 상황에서 『성찬 전 묵상』의 출간은 광야의 오아시스를 만난 것만큼이나 반가운 소식입니다. 첫째는 목사들에게 유용할 것입니다. 성찬을 함께 준비하도록 교인들을 안내할 수 있는 좋은 지침서의 역할을 할 것이기 때문입니다. 그리고 개개인의 성도들에게는 더더욱 그러합니다. 본서가 성찬을 준비하기 전 한 주간 동안, 개인적으로 묵상할 수 있는 자료들을 주제 별로 제공하기 때문입니다. 이 점에서 『성찬 전 묵상』은 한 번 읽고 책장에 꽂아 둘 책이 아니라, 성도가 성찬 주간에 주제를 선택하여 묵상하며 성찬을 준비하는 데 사용할 수 있는 '성찬 핸드북'이라 할 수 있겠습니다.

누구보다도 청교도 저작들의 가치를 알고 그 풍부한 유산을 소개해 온 저자가 성찬 준비와 관련한 여러 청교도 목사들의 다양한 지침과 내용들을 소화하여, 자신의 목회 현장에서 이미 실행한 내용이라는 점에서, 본서는 시대적으로 검증되었고 또한 철저히 목회적인 보화들로 가득합니다. '성찬 전 준비'라는 주제에 관하여 어떻게 이보다 더 성경적이고 세심하고 친절한 권면을 만날 수 있겠습니까? 주의 상에서 성찬을 받는 모든 성도들이여! 이 책을 들고 읽고 묵상하며, 성찬을 준비하십시오. 그리고 성찬을 통하여 베푸시는 주님의 복된 은혜를 더욱 온전히 누리십시오.

▮ 김형익 _ 벧살롬교회 담임목사. 『우리가 하나님을 오해했다』 저자

∽◉

개혁 교회는 하나님께서 언약 백성들에게 은혜를 전달해 주시는 주요한 수단인 세 가지 방편을 제시하고, 또 참된 교회를 나타내는 주요한 표지도 역시 세 가지로 제시했습니다. 여기에 공통적으로 해당하는 두 가지가 있는

데, 그중 하나가 바로 그리스도께서 정하신 성례를 정당하게 집행하는 것입니다. 그러니 성례의 중요성은 말로 표현할 수 없을 정도입니다. 그런데 한국 교회 안에서 도무지 이해할 수 없는 현상이 있었습니다. 바로 개혁 교회의 후예를 자처하는 한국 장로교회와 성도들이 성례에 대해 너무나도 무관심하고 무지하다는 사실입니다. 개인적으로 저는 성례, 특히 성찬에 대한 무지와 무시가 오늘날 한국 교회의 경건이 쇠락해 가는 주요한 이유 가운데 하나라고 생각합니다.

이러한 때에 성경과 하나님을 지독히도 사랑했고, 또 바른 성찬을 통해 실제로 큰 영적 유익을 얻었던 종교개혁자들과 청교도들의 지적·영적 우물에서 한껏 퍼 올린 영적 음료가 이태복 목사님의 손을 통해 우리 시대의 맛을 입혀 제공되니, 무더운 여름날 갈증을 해소하는 시원한 물을 마시는 듯합니다. 이 책에는 성찬에 대한 정의, 성찬을 준비하는 태도와 구체적인 방편을 비롯하여 성찬에 대한 주요한 내용들이 잘 기록되어 있습니다. 이 책을 읽는 모든 진지한 그리스도인들이 성찬의 유익을 얻는데 큰 도움이 되리라 확신합니다.

사실 저는 이 책을 추천하면서 성찬의 회복을 넘어서 한국 교회의 회복을 기대하는 마음입니다. 자신이 하나님과의 은혜 언약 안에 있다고 믿는 모든 성도들에게 이 책을 적극적으로 추천합니다. 특히 은혜 언약의 공동체를 인도하고 있는 목회자들은 필수적으로 읽고 가르쳐서 교회들마다 영적인 생명과 활력이 되살아나기를 간절히 기원합니다.

▍ 김효남 _ 총신대학교 신학대학원 역사신학 교수, 『믿음을 말하다』 저자

이태복 목사님의 책을 펼치면서, 바로 저 자신을 위한 책이라는 생각이 들었습니다. 목회를 시작한 지 10년이 훨씬 지났지만, 성찬식을 인도할 때마다 뭔가 아쉽다는 생각이 들곤 했습니다. 예수님께서 지상에서 사랑하는 제자들과 마지막으로 가진 시간이 성찬이고, 우리에게 성찬을 행함으로 주님을 기념하라고 부탁하셨는데 그 의미를 충분히 살리지 못한다는 생각을 지울 수가 없었습니다. 그때마다 주님의 죽으심과 다시 오심을 생각하며 성찬을 통해 주실 십자가의 은혜와 천국의 소망을 바라보면서 교인들에게 마음을 정돈하고 성찬을 대할 것을 강조하곤 했습니다. 이 목사님의 책은 저와 같은 고민을 가진 많은 사람에게 단비와 같은 소중한 선물입니다.

해마다 때가 되면 정기적으로 하는 성찬처럼 가랑비 같은 은혜에 그치는 성찬이 있는가 하면, 나와 같은 죄인이 예수님의 피와 살을 먹으며 주님과 연합을 이룬다는 거룩한 신비감 때문에 감격의 소낙비 같은 은혜에 젖는 성찬도 있습니다. 이러한 성찬을 통해 주시는 하나님의 풍성한 은혜는 성찬의 진정한 의미와 성찬을 대하는 자세에 따라 달라질 것입니다. 이태복 목사님의 『성찬 전 묵상』은 성찬이 무엇인지 그 의미에 대한 정확한 이해를 제공해 줄 뿐 아니라 성찬을 대하는 자세도 바꾸어 놓습니다. 따라서 본서는 성찬을 통해 하늘의 문을 여시고 넘치는 은혜로 우리에게 다가오시는 주님의 은혜를 깊이 체험하게 할 것입니다.

본서는 우선적으로 목회자들에게 성찬을 준비하는 가장 좋은 가이드가 될 수 있다고 생각합니다. 또 주님을 사랑하는 모든 성도에게 성찬이 무엇인지 올바른 이해로 인도할 것이며, 따라서 이 책을 읽고 나면 누구든지 성찬 앞에서 부어 주시는 주님의 은혜를 더욱 사모하게 될 것입니다. 성찬을 통해 주님의 고난과 죽으심을 기억하며, 언젠가 우리를 부르시고 천국의 식탁을 예비하신 주님을 그려보는 것은 얼마나 황홀한 일일까요. 이 책은 분명 십자가의 붉은 피를 더욱 선명하게 보여 주고, 찬란한 천국을 더욱 갈 망하게 만들며, 오늘 자신의 모습을 더욱 거룩하게 세우는 영적 울림이 될 것입니다. 위대한 책은 독자에게 하나님의 은혜를 더욱 깊이 깨닫게 만들고 삶의 변화를 일으킵니다. 이 책을 손에 들고 정성 들여 읽는 사람은 누구라도 그 복을 누리게 될 것입니다.

▎류응렬 _ 와싱톤 중앙장로교회 담임목사 고든콘웰 신학대학원 객원교수

∽⊙

개혁주의 신학을 배우고 목회를 하면서도 늘 만족스럽지 못했던 것 중 하나는 성찬이었습니다. 성찬이 매우 중요하다는 것을 알고는 있었지만 실제로 그 의미와 중요성을 잘 드러내지도, 경험하지도 못했기 때문입니다. 이제 그 이유를 알았습니다. '성찬 준비'가 부족했기 때문입니다. 정작 준비해야 할 것은 하지 않은 채, 그저 형식을 준비하는 것으로 그쳤습니다. 이태복 목사님의 이 책은 진정한 성찬의 기쁨과 감격으로 우리를 인도합니다.

1부는, 성찬이 단순한 예식이 아니라 거룩하고 경건한 삶의 시작이자 완성임을 알려 줍니다. 성찬을 준비하며 자신의 신앙을 점검하고, 이를 통해 감사와 찬송을, 혹은 반성과 회개를 이끌어 냅니다. 성찬의 상에서 멀어지게 하는 것이 아니라, 오히려 부족하고 모자란 우리를 은혜의 식탁으로 초청하시는 주님의 사랑의 음성에 귀기울이게 합니다. 성찬을 준비하며, 성찬에 참여하며, 성찬 이후에도 그 은혜 가운데 거하도록 우리를 이끕니다. 2부는, 교회와 독자들에게 너무나도 귀한 묵상 자료를 나누어 주고 있습니다. 주님의 성찬을 소중히 여기며, 그 성찬을 받는 교회를 사랑하는 마음이

느껴집니다. 교회에서 성찬을 행할 때 이 내용을 함께 나누어도 좋을 것 같고, 저자가 다룬 내용들과 주제들을 토대로 우리 교회가 함께 묵상할 내용들을 만들어 나누어도 좋겠다는 생각이 듭니다.

개혁주의 청교도 신학에 정통한 목사가 어떻게 목회하며 교회를 섬기고 있는지 보여 주는 너무나도 귀한 책입니다. 교단과 교파를 초월하여 '성찬'을 행하는 주님의 모든 교회가 꼭 보고 배우고 적용해야 하는 책이라고 생각합니다.

▌ 이수환 _ 강변교회 담임목사, 『그의 나라, 그의 왕, 그의 백성』 저자

하나님을 사랑하고 하나님을 사랑했던 청교도들을 사랑하는 이태복 목사님은 지역 교회 목사로서의 두 가지 주요 직무인 설교와 성례의 시행에 있어서 끊임없이 연구하시고 실천하시는 분입니다. 특별히 성찬 시행에 있어서 옛 신앙의 선배들이 남겨 준 귀한 유산들이 묻혀 있는 가운데 그것을 발굴하여 성찬을 통해 누리는 영적 유익을 증진하기 위해 '준비'가 선행되어야 함을 이 책을 통해 잘 보여 줍니다. 특별히 이 책의 2부에서는 실천적인 성찬 전 묵상 자료들을 주제별로 묶어 제공함으로써, 최소 성찬 전 한 주간의 기간을 잘 준비할 수 있도록 한 것은 조국 교회 모든 신자들에게 복이 될 것입니다.

그러므로 교단을 초월하여 세례받은 모든 신자들이 이 책을 한 권씩 구입하여 성찬을 준비하는 데 활용해야 할 줄로 생각됩니다. 이 책의 탁월함과 함께, 제가 알기로는 조국 교회 안에 이 책 외에 성찬 준비를 위한 다른 책이 아직 존재하지 않기 때문입니다. 드라마, 공연, 간증, 은사 발견 세미나가 종종 설교단을 대체하고 있는 상황에서 하나님이 유일하게 우리의 연

약함에 맞추어 인준해 주신 드라마인 성찬을 제대로 누리기 위해 "와서 맛보라!"라고 외치는 여기 한 목사의 소리를 듣는 사람들마다 그리스도께서 내리시는 풍성한 은혜를 경험하리라 믿습니다.

▌ 이스데반 _ 자라가는교회 담임목사, 『중생이란 무엇인가』 저자

이전에 저는 습관적으로 성찬식 자리로 나가는 수찬자(受餐者) 중 한 명이었습니다. 그런데 새길개혁교회를 다니면서 달라졌습니다. 새길개혁교회는 성찬 전에 교우들이 성찬을 준비해야 함을 강조하면서 한 주간 묵상 자료를 제공하여 교우들의 성찬 준비를 적극 도왔습니다. 교회를 오래 다닌 저에게도 그것은 낯선 일이었습니다. 하지만 생각해 보면 성찬을 그렇게 준비하는 것은 지극히 당연한 일입니다. 일상생활에서도 우리는 사람을 만나러 갈 때 몸을 단정히 하고 좋은 옷을 입는 등 준비합니다. 특별히 높은 사람이나 존경하는 어른을 만날 때는 더 철저히 준비합니다. 그러니 성찬의 자리에 나아갈 때는 얼마나 더 철저하게 준비해야 하겠습니까!

이 책은 새길개혁교회의 목사가 과거 10년 동안 성찬식을 앞두고 교우들에게 성찬식 준비를 위해 묵상하게 했던 내용을 정리한 책입니다. 교회에서 성찬식이 있을 때마다 저는 이 책에 실린 묵상의 내용을 목사의 음성으로 직접 듣고 묵상하면서 성찬에 합당하게 참여할 준비를 했습니다. 이제는 그것을 책으로 읽게 되니 새삼 감격스럽습니다. 모쪼록 많은 그리스도인들이 이 책을 통해 성찬식을 잘 준비하여 성찬식에 합당하게 참여하기를 바랍니다.

▌ 장봉조 _ 새길개혁교회 성도

중요한 일일수록 준비하는 과정은 세밀하고 꼼꼼해야 합니다. 성찬 준비는 더 말할 것도 없습니다. 하지만 우리의 현실은 어떻습니까? 많은 성도들이 성찬에 참여하기 전에 구체적으로 무엇을 준비해야 할지 잘 모릅니다. 저자는 이를 안타까워하면서 개혁 교회 전통과 교리문답, 성찬에 대한 개혁자들의 주옥같은 글들을 근거로 성찬에 나아가기 전에 무엇을 준비해야 하는지 명확한 지침을 제시합니다. 이뿐 아닙니다. 본서에는 삼위 하나님의 구속의 경륜, 그리스도의 고난과 죽음, 그리고 율법 등 신학적인 주제들과 아울러 구원의 은혜를 더 깊고 풍성하게 느낄 수 있는 풍성한 묵상거리들로 가득합니다.

이 글들은 저자가 목양하는 교우들의 얼굴을 떠올리고 써 내려간 목회 서신에 비유할 수 있습니다. 성찬에 관한 매일 묵상 글을 찬찬히 읽고 입으로 읊조리면 주님이 먹여 주시는 식사에 감사와 기쁨으로 나아감은 물론, 이전에 성찬상에서 느낄 수 없었던 깊은 맛과 향취를 영혼의 입과 코로 경험할 수 있을 것입니다. 제품이 아무리 좋아도 매뉴얼이 없으면 제품을 제대로 사용할 수 없습니다. 이런 면에서 본서는 성찬을 제대로 만끽할 수 있는 매뉴얼이라 할 수 있으며, 성찬상의 음식을 자극하는 식욕 촉진제라 할 수 있습니다.

▎ 최덕수 _ 현산교회 담임목사

저자 서문

✦

한국에 살면서 여러 교회를 다녔지만, 성찬식이 있을 때 교회 주보 광고란에 실리는 문구는 교회마다 비슷했다. 가장 흔하게 볼 수 있는 문구는 다음과 같은 내용이었다. "다음 주일 예배 시간에 성찬식이 있습니다. 한 주간 기도로 잘 준비하시기를 바랍니다." 그때는 그 광고 문구가 어딘가 이상하다고 생각하지 않았다. 광고에서 들은 대로 평소보다 기도를 더 열심히 하면 그것으로 성찬식 준비가 되는 줄 알았다. 성찬식 준비는 그렇게 개인적으로 알아서 해야 하는 일인 줄 알았다. 그렇게 개인적으로 준비하고 주일에는 함께 모여 성찬식에 참여하면 되는 줄 알았다.

그러다가 미국에 와서 네덜란드 개혁 교회를 다니면서 그 교회가 성찬식을 준비하는 과정을 보고 신선한 충격을 받았다. 미시간(Michigan)에서 내가 출석한 네덜란드 개혁 교회에서는 성찬식을 교회가 함께 준비했고 매우 엄숙하게 준비했기 때문이다. 먼저, 성찬식 직전 주일의 예배에서는 성찬식 준비 설교가 전해졌다. 그리고 수요일에는 성찬식 준비 특별 예배로 모였다. 평소에 수요 예배가 없는 교회였지만, 성찬식 직전에는 어김

없이 수요 예배 모임을 가졌다. 만일 미국에 새벽기도회 전통이 있다면, 그 교회는 틀림없이 그 주간에 특별새벽기도회를 열어 성찬식을 준비했을 것이다.

그 교회는 평소에도 비교적 엄숙하고 진지한 분위기의 교회였는데, 성찬식을 앞두면 교회가 평소보다 더 엄숙해지고 더 진지해진다는 것을 느낄 수 있었다. 그때 나는 생각했다. '성찬식을 이렇게 준비할 수도 있구나. 성찬식을 준비하는 일을 개인에게 맡기지 않고 교회가 함께 준비할 수 있는 거구나.' '성찬식을 이렇게 진지하고 엄숙하게 준비할 수도 있구나. 그저 평소보다 더 많이 기도함으로써 성찬식을 준비하는 정도가 아니라, 성찬식에 합당하게 참여하기 위해서 십자가의 복음 설교를 다시 듣고 자기를 살피며 묵상하고 기도하면서 성찬식을 준비할 수 있는 거구나.'

그들이 성찬식을 그렇게 준비하면서 강조한 성경 구절이 있었는데, 고린도전서 11장 28절이었다. "사람이 자기를 살피고 그 후에야 이 떡을 먹고 이 잔을 마실지니"(고전 11:28). 사도 바울은 성찬식에 관하여 말할 때, 성찬식에 참여하기 전에 신자가 해야 할 일로 한 가지를 언급했다. 그것은 자기를 살피는 일이다. 그들은 이 구절을 진지하게 받아들였고 이 구절이 '사람이 자기를 살피고 그 후에' 성찬에 참여하라고 명확하게 말하기 때문에, 복음 설교를 듣고서 자기 자신을 살폈고 묵상과 기도를 통해서 엄숙하게 자기를 살피는 일을 한 것이다.

나는 16세기 종교개혁자들과 17세기 영국과 스코틀랜드의 청교도들이 "사람이 자기를 살피고 그 후에야 이 떡을 먹고 이 잔을 마실지니"라는 성경의 명령을 어떻게 받아들이고 실천했는지 궁금해졌다. 그래서 종교개혁자들과 청교도들의 설교와 저술을 찾아서 관련 내용을 읽었다. 읽어 보니, 성찬식을 앞두고 성경의 명령을 따라 자기를 살피며 성찬식을 진지하게 준비하는 일은 그들 모두가 성경을 따라 신실하게 실천했던 매우 중요한 일이었다. 옛 시대의 경건한 목사들이 그 일의 필요성과 중요함뿐만 아니라 구체적으로 어떻게 준비해야 하는지까지도 적극적으로 가르쳤음을 알게 되었다.

그러면서 나는 질문하게 되었다. '왜 오늘날 교회들은 성찬식이 매우 소중하고 중요하다고 말하면서도, 성찬식을 앞두고 성경의 준엄한 명령을 따라 성찬식을 합당하게 준비하는 일을 하지 않는 걸까?' '봄이 되면 봄이 되었다고 특별새벽기도회를 열고, 가을이 되면 가을이 되었다며 특별새벽기도회를 열면서도 교회에서 가장 중요한 예식인 성찬식을 앞두고서는 왜 적극적으로 무슨 일을 하지 않는 걸까?' '왜 성찬식 준비는 교인들에게 개인적으로 하라고 맡기고, 그저 기도만 하면 되는 것처럼 호도하고, 어떻게 준비해야 하는지 충분하게 가르치지 않는 걸까?'

시간이 흐르면서 내 마음에 질문이 쌓여 갔다. '근래 성찬식의 시행 횟수를 늘려야 한다는 주장과 주일마다 성찬식을 시행해야 한다는 주장이 커지고 있는데, 성찬식에 합당하게 참여하기 위해서 올바른 준비를 해야 한다는 주장은 왜 커지지 않는 걸까?' '성찬식에 관하여 신학적으로 설명하고 개념을 잡아 주는 좋은 책은 꾸준히 나오고 있어서 좋은데, 왜 성찬식을 준비하는 일과 관련해서는 번역서도 출간되지 않고 저술도 잘 안되는 걸까?' 이런 질문이 마음에 쌓이면서 나는 목사로서 교인들이 성찬식을 바르게 이해하고 바르게 참여하도록 도와야겠다는 결심을 하게 되었다.

우선, 할 수 있는 일은 내 목회 현장에서부터 성찬식을 진지하게 준비하는 일을 실천하는 것이었다. 그래서 나는 먼저 성찬식의 본질에 관하여 교인들에게 시리즈로 길게 설교했다. 성찬식을 준비하는 일에 관하여 성경이 무엇을 명령했고 과거 믿음의 선진이 그 명령을 어떻게 실천했는지를 자세하게 가르쳤다. 그런 다음, 성찬 전 한 주간을 성찬 준비 기간으로 정하고 월요일부터 토요일까지 매일 30분 정도의 묵상 가이드를 녹음하여 교우들에게 그것을 함께 듣고 묵상하며 함께 성찬을 준비하자고 했다. 흔히 고난 주간에 하는 일을 매번 성찬식 직전에 하자고 했다.

성찬식이 있기 한 달 전에 성찬식 일정을 공지하고, 교인들에게는 성찬식 전 주간을 바쁘지 않은 주간으로 일정을 미리 조정하라고 했다. 성찬식 준비를 실제로 하려면 기본적으로 시간이 필요하기 때문이다. 목사인 나는 매번 성찬식이 있을 때 '자신을 살피는 일'에 필요하거나 도움이 되는 주제를 다르게 정하고, 한 가지 주제를 월요일부터 토요일까지 여섯 번에 걸쳐 교인들에게 설명하는 녹음 자료를 만들어 교회 홈페이지에 게시했다. 그리고 교인들에게 매일 각자 시간을 내서 그것을 듣고 묵상하고 기도하면서 성찬에 합당하게 참여할 준비를 하자고 했다.

처음에는 교우들도 성찬식을 그렇게 진지하고 엄숙하게 준비하는 일이 처음인지라 낯설어했고 힘들어했다. 하지만 시간이 흐르면서 성찬식을 준비하는 일이 교우들에게 조금씩 익숙해졌다. 성찬식을 준비하고 참여했을 때와 아무런 준비도 하지 않은 채 참여할 때의 차이를 경험하게 되면서 성찬식을 준비하는 일에 참여하는 교우들이 조금씩 늘어났다. 아직도 우리는 성찬식을 올바르게 준비하는 일에 부족함이 많다. 하지만 성경의 명령을 따라 성찬에 합당하게 참여할 준비를 진지하고 엄숙하게 하는 일에서 우리는 조금씩 진보를 이루어 왔다.

이 책은 필자가 그렇게 10년 동안 새길개혁교회에서 성찬식 직전 주간에 교우들과 함께 묵상한 내용을 정리하고, 거기에 몇 가지 묵상 주제를 덧붙인 결과물이다. 성찬식에 합당하게 참여하기를 원하지만 어떻게 준비해야 할지 모르거나, 준비하는 일에 도움이 필요한 성도들을 위해 신자가 성찬식을 앞두고 가장 우선하여, 또는 가장 기본적으로 묵상해야 할 주제를 열네 가지로 정리해서 매일 묵상 형식으로 정리했다. 모쪼록 하나님께서 이 책을 많은 성도의 손에 들려 주시고 성찬식에 합당하게 참여할 수 있도록 준비하는 자료로 사용해 주시기를 바란다.

이 책의 활용법

✦

1. 성찬식에 대한 올바른 개념을 배우고 성찬식에 참여할 준비를 어떻게 해야 하는지 배우기를 원한다면, 다른 책을 읽는 방식과 똑같이 이 책을 처음부터 끝까지 한 번에 읽을 수 있다.

2. 성찬식을 앞두고 한 주간 또는 두 주간 날마다 성찬식에 참여할 준비를 하고 싶을 때, 매일 묵상의 자료로 읽고 활용할 수 있다.

3. 이 책을 성찬식을 준비하는 매일 묵상 자료로 활용하고 싶다면, 먼저 다음 세 가지를 고려하여 본인에게 알맞은 성찬식 준비 기간을 지혜롭게 그러나 충분하게 정하라.

성찬식 시행 빈도	영적인 상태	시간을 낼 수 있는 상황

4. 이 책을 성찬식을 준비하는 매일 묵상 자료로 활용하고 싶다면, 위의 3번 단계에서 선정한 준비 기간에 묵상하고 기도할 주제를 정할 때, 다음 세 가지를 고려하여 지혜롭게 정하라.

| 복음의
본질에 관한
주제 | 성찬식
참여에 필요한
주제 | 본인의
영적 상태에
필요한 주제 |

5. 이 책에 제시된 열네 개의 주제 중에서 어느 주제를 선택해서 묵상할지 결정해야 할 때, 다음과 같은 가이드를 참조하라.

묵상하고 싶은 내용	이 책에서 읽어야 할 부분
• 성찬식이 어떤 것인지를 묵상하고 싶을 때 • 성찬식을 사모하는 마음이 식었을 때	1장. 성찬의 본질
• 그리스도의 고난과 죽으심을 묵상하고 싶을 때 • 그리스도의 고난과 죽으심을 더 알고 싶을 때	2장. 그리스도의 고난과 죽음 (1) 3장. 그리스도의 고난과 죽음 (2)
• 그리스도의 고난과 연결된 순종을 묵상하고 싶을 때 • 우리의 순종이 부족하여 하나님 앞에 서는 일에 당당함이 없을 때	4장. 율법, 그리고 그리스도의 고난
• 성찬식에서 그리스도를 기념한다는 것이 무엇인지 묵상하고 싶을 때	5장. 그리스도를 기념하기

• 그리스도의 고난 때문에 우리에게 주어진 언약의 복을 묵상하고 싶을 때	6장. 성찬이 보여 주는 언약
• 성찬식에서 우리가 누리는 교제의 영광스러움과 풍성함을 묵상하고 싶을 때	7장. 성찬식에서 이루어지는 복된 교제
• 성찬식에 믿음으로 참여한 신자가 얻는 귀한 복들을 묵상하고 싶을 때	8장. 성찬식에서 얻는 유익
• 성찬식을 앞두고 자기를 살피는 일에 관하여 묵상하며 성찬식을 준비하고 싶을 때	9장. 성찬식 준비로서의 자기 점검
• 성찬식을 앞두고 우리 자신을 깨끗게 하며 회개하는 일을 묵상하며 성찬식을 준비하고 싶을 때	10장. 우리 자신을 깨끗게 하기
• 성찬식을 앞두고 성찬에 참여할 자격이 없다는 생각으로 마음이 괴로울 때	11장. 성찬에 참여할 용기가 나지 않을 때
• 성찬식에 관하여 다양한 교단의 목사들이 들려 주는 주옥같은 말들을 묵상하고 싶을 때	12장. 성찬식에 관한 명언
• 성찬식을 집례하는 과정에서 목사가 들려주는 말을 미리 들으면서 성찬식을 준비하고 싶을 때	13장. 성찬 예식문 묵상하기
• 성찬식을 앞두고 신자가 드릴 수 있는 다양한 기도를 들으면서 기도하고 싶을 때	14장. 성찬식을 앞두고 기도하기

6. 반드시 한 가지 주제만 정해서 묵상해야 한다는 법은 없다. 필요하다면, 몇 가지 주제를 함께 조금씩 묵상하는 것도 좋은 방법일 수 있다.

7. 어떤 주제를 선택하든지 목표는 성찬에 합당하게 참여할 수 있도록 우리 자신을 살피고 준비하는 일임을 잊지 말자.

8. 어떤 주제를 선택하든지 먼저는 충분한 묵상이 있어야 하고, 그다음에는 기도가 함께 있어야 한다는 사실을 잊지 말자.

목차

2부 _ 성찬 전 묵상 자료

PART

01

성찬식을 준비하는
일에 관하여

1장.
성경이 말하는 성찬식

✦

개신교 교회에는 거룩한 예식(성례, 聖禮)이라고 불리는 예식이 두 개 있다. 세례와 성찬이다. 세례는 예수를 구주와 주로 처음 믿게 된 사람이 교회 앞에 자기 신앙을 고백하고 그분의 명령을 따라 물로 씻음받는 거룩한 예식이다. 이 세례에는 평생 한 번만 참여할 수 있다. 반면에 성찬은 예수를 구주와 주로 믿는 사람이 동일한 믿음을 가진 다른 신자들과 함께 그분의 명령을 따라 떡과 포도주로 차려진 식사에 참여하는 거룩한 예식이다. 이 성찬에는 세례를 받은 후에 처음 참여할 수 있고, 평생 반복해서 참여하게 된다.

19세기 영국의 성공회 목사인 존 라일(John Ryle, 1816-1900)은 공적 예배에 관한 글에서 교회의 두 가지 성례에 관하여 다음과 같이 말했다.

세례를 통해 새로운 신자들은 지속적으로 교회 회중에 추가되며 공개적으로 신앙을 고백하는 그리스도인의 명단에 오르게 된다. 반면에 성찬식으로 말미암아 신자들은 자신이 믿는 주에 대한 신앙을 고백할 기회를 지속적으로 갖게 되며, 지속적으로 힘을 얻게 되고, 십자가에서의 그분의 희생을 기억하게 된다.[1]

아직 세례를 받지 않은 사람이 교회에 등록하고 출석하면, 대개는 그 교회의 등록 교인이 된다. 하지만 엄밀하게 말해서 아직은 교회의 정식 교인은 아니다. 교회는 예수 그리스도에 대한 참된 신앙을 가진 사람들의 모임인데, 아직 그 사람은 자신의 신앙을 공적으로 고백하지도 않았고 교회의 확인을 받지도 않았기 때문이다. 하지만 그러다가 예수 그리스도에 대한 참된 신앙을 교회 앞에서 고백하고 확인받으면 세례를 받게 되는데, 세례를 통해서 교회의 정식 교인이 된다.

그리고 세례를 받고 나면 그때부터 비로소 성찬식에 참여할 수 있게 된다. 성찬식은 예수님께서 자기를 기념하라며 우리에게 지키라고 명하신 거룩한 식사인데, 예수님께서 십자가에서 우리를 위해 찢어 주신 몸과 흘려 주신 피를 각각 상징하는 떡과 잔을 받아서 다른 교우들과 함께 먹고 마시는 시간이다. 교회의 정식 교인이 된 신자들은 정기적으로 반복되는 성찬식에 참여하여 다른 교우들과 함께 떡과 잔을 먹고 마심으로써 예수님을 기념하고 예수님에 대한 신앙을 고백하는 가운데 영적인 힘을 얻게 된다.

---

1   존 라일, 『예배하는 생활』, 지상우 역 (서울: 기독교문선선교회, 1990), 111.

성찬식의 기원은 신약 성경의 사복음서 중에서 요한복음을 제외한 나머지 세 개의 복음서에 기록되어 있다. 마태복음의 기록과 마가복음의 기록은 내용과 분량이 약간의 차이만 있을 뿐 거의 똑같다. 그런데 두 복음서의 기록에는 한 가지 특징이 있다. 예수님께서 유월절 식사를 하는 도중에 첫 번째 성찬식을 집례해 주신 장면만 집중해서 기록되었다는 것이다. 두 복음서의 기록에는 주변 상황이 기록되지 않았고 "너희가 이것을 행하여 나를 기념하라"라는 성찬식 제정의 말씀도 기록되지 않았다. 두 복음서의 기록을 비교해서 살펴보자.

마태복음 26장 26–29절	마가복음 14장 22–25절
그들이 먹을 때에 예수께서 떡을 가지사 축복하시고 떼어 제자들에게 주시며 이르시되 받아서 먹으라 이것은 내 몸이니라 하시고 또 잔을 가지사 감사 기도 하시고 그들에게 주시며 이르시되 너희가 다 이것을 마시라 이것은 죄 사함을 얻게 하려고 많은 사람을 위하여 흘리는 바 나의 피 곧 언약의 피니라 그러나 너희에게 이르노니 내가 포도나무에서 난 것을 이제부터 내 아버지의 나라에서 새것으로 너희와 함께 마시는 날까지 마시지 아니하리라 하시니라	그들이 먹을 때에 예수께서 떡을 가지사 축복하시고 떼어 제자들에게 주시며 이르시되 받으라 이것은 내 몸이니라 하시고 또 잔을 가지사 감사 기도 하시고 그들에게 주시니 다 이를 마시매 이르시되 이것은 많은 사람을 위하여 흘리는 나의 피 곧 언약의 피니라 진실로 너희에게 이르노니 내가 포도나무에서 난 것을 하나님 나라에서 새것으로 마시는 날까지 다시 마시지 아니하리라 하시니라

반면에 누가복음의 기록은 마태복음과 마가복음의 기록보다 분량이 많기도 하지만 두 복음서의 기록에 포함되지 않은 내용까지 담고 있다. 누가복음의 기록에서만 우리가 알게 되는 사실이 두 가지 있다. 첫째, 예수님

께서 첫 번째 성찬식을 심히 간절한 마음으로 고대하셨다는 사실이다. 둘째, 예수님께서 첫 번째 성찬식을 집례만 하신 것이 아니라 "너희가 이를 행하여 나를 기념하라"라고 명령하심으로써 성찬식을 교회의 거룩한 예식으로 제정해 주셨다는 사실이다. 이런 사실을 기억하면서 누가복음의 기록을 읽어 보자.

누가복음 22장 14-20절

때가 이르매 예수께서 사도들과 함께 앉으사 이르시되 내가 고난을 받기 전에 너희와 함께 이 유월절 먹기를 원하고 원하였노라 내가 너희에게 이르노니 이 유월절이 하나님의 나라에서 이루기까지 다시 먹지 아니하리라 하시고 이에 잔을 받으사 감사 기도 하시고 이르시되 이것을 갖다가 너희끼리 나누라 내가 너희에게 이르노니 내가 이제부터 하나님의 나라가 임할 때까지 포도나무에서 난 것을 다시 마시지 아니하리라 하시고 또 떡을 가져 감사 기도 하시고 떼어 그들에게 주시며 이르시되 이것은 너희를 위하여 주는 내 몸이라 너희가 이를 행하여 나를 기념하라 하시고 저녁 먹은 후에 잔도 그와 같이 하여 이르시되 이 잔은 내 피로 세우는 새 언약이니 곧 너희를 위하여 붓는 것이라

이와 같이 마태복음, 마가복음, 누가복음은 예수님께서 친히 집례하신 첫 번째 성찬식을 보여 준다. 첫 번째 성찬식에서 예수님이 어떤 심정을 품고 계셨는지, 어떤 행동을 하셨는지, 또 어떤 말씀을 하셨는지를 보여 준다. 여기에서 우리는 성찬식이 하나님의 영원한 아들이시며 우리의 영원한 구주이신 예수 그리스도의 신적인 권위와 모범에 의해서 세워졌고, 우리를 위해서 십자가에서 고난받고 죽으신 예수님을 기념하는 데 목적이 있으며, 모든 교회가 반드시 행해야 할 거룩한 의식인 것을 알게 된다.

이처럼 교회의 머리가 되시는 예수 그리스도께서는 자신의 신적인 권위로 성찬식을 제정해 주셨을 뿐만 아니라, 친히 첫 번째 성찬식을 집례하시면서 "이를 행하여 나를 기념하라"라고 명령하셨다. 따라서 그리스도의 몸인 교회는 성찬식을 행할 때 첫 번째 성찬식을 기준으로 삼는다. 다시 말해서, 교회마다 독창적인 방법으로 성찬식을 행하려 하지 않고 시대의 분위기와 문화에 맞게 성찬식을 행하려 하지 않는다. 예수님께서 친히 집례하신 첫 번째 성찬식을 최대한 그대로 따르려고 애쓴다. 지극히 당연한 일이다.

사도 바울이 쓴 고린도전서 11장 23-25절을 보면, 바울은 예수님이 첫 번째 성찬식에서 보여 주신 대로 고린도 교회에서 성찬식을 집례했음을 알 수 있다. 성찬식에 관하여 말할 때 첫 문장에 이렇게 적었기 때문이다. "내가 너희에게 전한 것은 주께 받은 것이니"(23절). 이 말은 사도 바울이 고린고 교회에 있을 때 그들에게 가르치고 집례한 성찬식의 기원이 주 예수 그리스도에게 있다는 뜻이기도 하고, 주 예수 그리스도께서 첫 번째 성찬식을 행하신 양식을 그대로 따라서 자신이 성찬식을 행했다는 뜻이기도 하다.

이런 말로 운을 뗀 후에 바울은 첫 번째 성찬식의 주변 상황, 예수님의 행동, 예수님의 설명, 그리고 예수님의 명령을 사실대로 적었다(24-25절). 바울이 적은 내용을 보면, 앞서 언급한 세 개의 복음서에 기록된 내용과 거의 동일하다. 하지만 분량은 훨씬 더 간결하다. 반면에 "이것을 행하여 나를 기념하라"라는 말씀, 곧 누가복음에만 한 번 기록된 이 말씀을 바울은 떡을 나눌 때와 잔을 나눌 때 각각 한 번씩 언급한다. 이런 특징을 염두에 두고 바울의 설명을 들어 보자.

고린도전서 11장 23~25절

내가 너희에게 전한 것은 주께 받은 것이니 곧 주 예수께서 잡히시던 밤에 떡을 가지사 축사하시고 떼어 이르시되 이것은 너희를 위하는 내 몸이니 이것을 행하여 나를 기념하라 하시고 식후에 또한 그와 같이 잔을 가지시고 이르시되 이 잔은 내 피로 세운 새 언약이니 이것을 행하여 마실 때마다 나를 기념하라 하셨으니

오늘날 교회가 성찬식을 시작할 때 낭독하는 말씀이 바로 이 말씀이다. 목사는 성찬식을 시작할 때 먼저 이 말씀부터 읽는다. 마치 어떤 그림을 모방하여 그리려는 화가가 자기가 모방할 그림을 먼저 앞에 펼쳐 놓고 나서 그림을 그리기 시작하는 것처럼, 교회도 사도 바울이 설명해 주는 첫 번째 성찬식의 장면을 먼저 바라보고 나서 성찬식을 행하는 것이다. 성찬식은 교회의 머리가 되시는 예수님께서 친히 첫 모본을 보여 주신 일이기 때문에, 최대한 그 모본을 따르는 것이 옳고 마땅해서 그렇게 한다.

그래서 지금도 교회는 성찬식에서 떡과 포도주만 소박하게 배설해 놓고 떡과 잔을 먹고 마시는 의식으로 성찬식을 진행한다. 그래서 지금도 교회는 말씀 사역을 감당하는 목사가 하늘에 계신 예수님을 대신하여 성찬식을 집례한다. 그래서 지금도 목사는 성찬식에서 떡과 잔을 각각 들고 먼저는 성부 하나님께 감사 기도를 올리고 그 후에 교우들에게 나누어 준

다. 그래서 지금도 목사는 떡과 잔을 나누어 줄 때, 예수님께서 설명하신 말씀을 그대로 인용하여 떡과 잔이 상징하고 보여 주는 의미를 설명한다.

하지만 고린도전서 11장에서 바울은 성찬식의 기원을 설명하는 데서 그치지 않는다. 바울은 몇 걸음 더 나아간다. 첫째, 성찬식에서 우리가 떡과 잔을 먹고 마시는 행위가 어떤 의미인지를 명확하게 설명한다(26절). 둘째, 성찬식에서 떡과 잔을 합당하지 않게 먹고 마시는 일의 악함과 위험함을 설명한다(27, 29, 30절). 셋째, 성찬식에서 떡과 잔을 합당하게 먹고 마시기 위해서 모든 사람이 반드시 사전에 준비할 것을 명령한다(28절). 넷째, 이 명령을 따를 때와 따르지 않을 때 각각 일어날 일을 설명한다(31-32절).

고린도전서 11장 26-32절

> 너희가 이 떡을 먹으며 이 잔을 마실 때마다 주의 죽으심을 그가 오실 때까지 전하는 것이니라 그러므로 누구든지 주의 떡이나 잔을 합당하지 않게 먹고 마시는 자는 주의 몸과 피에 대하여 죄를 짓는 것이니라 사람이 자기를 살피고 그 후에야 이 떡을 먹고 이 잔을 마실지니 주의 몸을 분별하지 못하고 먹고 마시는 자는 자기의 죄를 먹고 마시는 것이니라 그러므로 너희 중에 약한 자와 병든 자가 많고 잠자는 자도 적지 아니하니 우리가 우리를 살폈으면 판단을 받지 아니하려니와 우리가 판단을 받는 것은 주께 징계를 받는 것이니 이는 우리로 세상과 함께 정죄함을 받지 않게 하려 하심이라

이 말씀에 따르면, 성찬식에서 우리가 떡과 잔을 먹고 마시는 행위는 단순히 떡과 잔을 먹고 마시는 외적인 행위가 되어서는 안 되고, 주 예수 그

리스도의 죽으심이 어떤 죽으심인지를 드러내고 선포하는 신령한 행위가 되어야 한다. 그런데 이런 의미로 성찬식에서 떡과 잔을 먹고 마시지 않는 사람은 거룩한 성찬식에 합당하게 참여하지 않는 것이 된다. 따라서 이런 사람은 성찬식에서 떡과 잔을 먹고 마심으로써 주의 몸과 피에 대하여 죄를 짓게 되고, 자기의 죄만 먹고 마시게 되며, 하나님의 두려운 징계를 받게 된다.

그래서 이 말씀은 성찬에 참여할 모든 사람에게 성찬에 합당하지 않게 참여하는 일이 없도록 미리 준비할 것을 명령한다. "사람이 자기를 살피고 그 후에야 이 떡을 먹고 이 잔을 마실지니"(28절). 이렇게 미리 준비하고 성찬에 참여하게 되면 성찬에 합당하게 참여할 수 있게 되고 하나님의 징계를 받지 않을 수 있다고 명확하게 말하면서, 오히려 하나님을 영화롭게 할 수 있고 신령한 유익을 얻게 된다고 암시한다. 성경은 성찬식에 관하여 여기까지 가르친다. 그러므로 우리도 성찬식에 관하여 여기까지 알고 믿고 실천해야 한다.

2장.
왜 준비해야 하는가?

✦

"신자는 성찬식에 참여하기 전에 미리 준비해야 한다." 예수를 믿는 신자 가운데 이 말에 반론을 제기하거나 반대할 사람이 있을까? 없다. 상식적으로 생각해도 이치에 맞는 말이기 때문이다. 중요한 모임이나 행사에 참여할 때 우리는 어떤 식으로든 미리 준비한다. 그렇게 하는 것이 마땅하다고 생각한다. 결혼식에 참석하는 하객을 생각해 보자. 결혼식에 어울리는 옷을 준비하고 평소보다 더 단정하게 치장한다. 당연히 그렇게 해야 한다고 누구나 생각한다. 결혼식은 매우 중요한 행사이기 때문이다.

그래서 이런 상식에 근거해서 많은 그리스도인이 다음과 같이 생각한다. '성찬식은 매우 특별한 의식이니까 성찬식에 참여하기 전에 어떤 식으로든 잘 준비해야 한다.' 좋은 일이다. 아무 생각도 없고 준비도 하지 않은 채 성찬식에 참여하는 것보다는 이렇게 생각하고 어떤 식으로든 준비한 다음에 성찬식에 참여하는 것이 훨씬 더 좋은 일이다. 혹은 다음 주일에 성찬식이 있을 거라는 광고를 듣고도 새까맣게 잊고 있다가 주일 아침 교회에 가서야 그날 성찬식이 있다는 것을 깨닫고 성찬에 참여하는 것보다는 훨씬 더 좋은 일이다.

하지만, 상식에 근거해서 그렇게 생각하고 그렇게 실천하면 되는 걸까? 그렇지 않다. 그래서는 안 된다. 참된 신앙은 몰상식하지도 않지만 그렇다고 상식에 근거를 두지도 않기 때문이다. 참된 신앙은 오직 하나님의 기록된 말씀에 근거한다. 예수님도 말씀하지 않으셨던가! "기록되었으되 사람이 떡으로만 살 것이 아니요 하나님의 입으로부터 나오는 모든 말씀으로 살 것이라 하였느니라"(마 4:4). 그러므로 우리는 하나님의 말씀인 성경이 과연 성찬식에 참여하기 전에 미리 준비하라고 가르치는지부터 알아봐야 한다.

"성경은 우리가 성찬식에 참여하기 전에 미리 준비해야 한다고 가르치는가?" 우리는 이 질문에 대한 답을 먼저 찾아야 한다. 이때 우리가 제일 먼저 또는 제일 중요하게 읽어야 할 성경 구절은 고린도전서 11장 28-32절이다. 고린도전서 11장 23-34절에서 사도 바울은 성찬식의 기원과 의미와 참여 방법을 전반적으로 말하는데, 특별히 28-32절에서 성찬식에 참여할 때 어떤 준비를 해야 하는지, 또 그런 준비를 하지 않으면 어떤 일이 일어날 수 있는지를 설명한다.

> 사람이 자기를 살피고 그 후에야 이 떡을 먹고 이 잔을 마실지니 주의 몸을 분별하지 못하고 먹고 마시는 자는 자기의 죄를 먹고 마시는 것이니라

그러므로 너희 중에 약한 자와 병든 자가 많고 잠자는 자도 적지 아니하니 우리가 우리를 살폈으면 판단을 받지 아니하려니와 우리가 판단을 받는 것은 주께 징계를 받는 것이니 이는 우리로 세상과 함께 정죄함을 받지 않게 하려 하심이라 (고전 11:28-32)

여기에서 바울은 성찬식에 참여하기 전에 반드시 어떤 준비가 필요함을 분명하게 말한다. "사람이 자기를 살피고 그 후에야 이 떡을 먹고 이 잔을 마실지니." 바울의 말을 더 쉽게 풀어쓰면 다음과 같다. "성찬에 참여하여 떡을 먹고 잔을 마시려는 사람은 먼저 반드시 자기를 살피라. 그런 다음에 성찬에 참여하여 떡을 먹고 잔을 마시라." 그러니까 바울은, 아니 성경은 성찬에 참여하려는 사람이 아무런 사전 준비도 없이 성찬에 참여하는 일을 엄격하게 금하고 있고, 성찬에 참여하기 위해 사전 준비하는 일을 의무로 지정했다.

여기에서 바울은, 아니 성경은 어떤 특별한 사람들에게만 그런 의무를 부과하지 않는다. 예를 들어, 다음과 같이 말하지 않는다. "최근에 회심한 사람들과 최근에 세례를 받은 사람들은 먼저 자기를 살피고 그 후에야 성찬에 참여하여 떡과 잔을 먹고 마시라." 바울은, 아니 성경은 성찬에 참여하려는 모든 사람에게 똑같은 의무를 똑같은 비중으로 부과한다. "사람이 자기를 살피고 그 후에야 이 떡을 먹고 이 잔을 마실지니." 그러므로 누구도 자기는 이 의무에서 예외가 된다고 생각할 수 없다.

여기에서 바울은, 아니 성경은 어떤 특별한 성찬식에 대해서만 그런 의무를 부과하지도 않는다. 예를 들어, 다음과 같이 말하지 않는다. "어떤 성찬식이 당신에게 매우 특별한 의미로 다가오면 그때는 먼저 자기를 살피는 일을 하라. 그런 다음에 성찬에 참여하여 떡을 먹고 잔을 마시라." 바울은, 아니 성경은 성찬식이 있을 때마다 그 전에 미리 준비해야 한다고 말한다. "사람이 자기를 살피고 그 후에야 이 떡을 먹고 이 잔을 마실지니." 그러므로 이 의무를 행하지 않고 참여해도 되는 성찬식은 없다.

그러므로 분명히 해 두자. 성경은 신자가 성찬식에 참여하기 전에 반드시 어떤 준비를 해야 한다고 분명하게 말한다. 아니, 엄중하게 명령한다. 또한, 성경은 성찬식에 참여하는 모든 신자가 똑같이 그 준비를 해야 한다고 분명하게 말한다. 그 어떤 사람에게도 예외를 허용하지 않는다. 또한, 성경은 성찬식이 있을 때마다 그 전에 반드시 준비를 해야 한다고 분명하게 말한다. 준비가 필요한 특별한 성찬식이 따로 있는 게 아니라 모든 성찬식이 특별하기 때문에 항상 준비를 해야 한다고 말한다.

그렇다면, 성찬식에 참여하려는 모든 사람이 매번의 성찬식 앞에서 사전에 준비해야 하는 이유는 무엇일까? 고린도전서 11장은 세 가지 이유를 말한다. 첫 번째 이유는, 성찬식에서 주의 떡이나 잔을 합당하지 않게 먹고 마시는 일이 있을 수 있기 때문이다. "누구든지 주의 떡이나 잔을 합당치 않게 먹고 마시는 자는…"(27절). 예수를 믿는다고 고백하고 세례를 받아서 성찬식에 참여했는데도, 성찬식에서 주의 떡이나 잔을 합당치 않게 먹고 마시는 일이 가능하기 때문이다. "주의 몸을 분별하지 못하고 먹고 마시는 자는…"(29절).

두 번째 이유는, 이처럼 성찬식에서 주의 떡이나 잔을 합당하지 않게 먹고 마시는 일이 굉장히 심각한 죄이기 때문이다. 그것은 예수 그리스도의 몸과 피를 모독하는 죄가 된다. "주의 몸과 피에 대하여 죄를 짓는 것이니라"(27절). 이것은 얼마나 심각한 죄인가! 또한, 그것은 자기의 죄를 먹고 마시는 죄가 된다. "자기의 죄를 먹고 마시는 것이니라"(29절). 우리의 죄는 버리고 회개해야 할 대상이며, 특별히 성찬식에서는 더더욱 그렇게 해야 할 대상인데, 오히려 그 죄를 먹고 마시는 것이니 얼마나 심각한 죄인가!

세 번째 이유는, 성찬식에서 주의 떡이나 잔을 합당치 않게 먹고 마시는 일이 하나님의 두려운 심판과 징계를 교회 가운데 불러오기 때문이다. "이러므로 너희 중에 약한 자와 병든 자가 많고 잠자는 자도 적지 아니하니"(30절). 본래 성찬식은 교회에 더 풍성한 은혜를 내려주시기 위해서 만들어 주신 거룩한 예식인데, 그 예식을 아무런 준비도 없이 함부로 참여하고 합당치 않게 참여해서 정반대의 일이 일어나서야 되겠는가! 이런 일이 교회에 일어나서는 안 되기에 성경은 성찬에 참여하기 전에 준비하라고 명령한다. 17세기 영국의 청교도 목사 조지 스윈녹(George Swinnock, 1627-1673)의 말을 들어 보자.

어떤 의무에서든 질투하시는 하나님을 우습게 여기고 그 의무를 행할 때, 함부로 행하는 것은 악한 일이다. 특별히 주의 만찬에서 그렇게 하는 것은 가장 악한 일이다. 주의 만찬은 인간의 마음이 생각할 수 있는 가장 진지한 것, 곧 아들을 내어 주신 성부 하나님의 극진하신 사랑과 죄에 대한 하나님의 공의를 만족시키기 위해 그리스도께서 겪으신 극심한 고통을 보여 주는 자리이기 때문이다.[2]

그렇다면, 긍정적인 이유는 없는 걸까? 성찬에 합당하게 참여하기 위해서 미리 준비해야 할 긍정적인 이유는 없는 걸까? 물론 있다. 앞에서 언급된 세 가지 이유를 뒤집어 생각해 보라. 성찬에 참여하기 전에 우리가 자기 자신을 살피는 일을 제대로 하면, 성찬식에서 떡을 먹고 잔을 마시는 일을 합당하게 하게 되고 주의 몸을 잘 분별하는 상태에서 떡을 먹고 잔을 마실 수 있다. 그만큼 성찬식을 통해서 우리는 우리를 위해서 피 흘려 죽으신 예수 그리스도를 높일 수 있고 더 많은 영적 유익을 얻을 수 있다.

또한, 성찬에 참여하기 전에 우리가 자기 자신을 살피는 일을 제대로 하면, 우리에게 남아 있는 죄들을 더 많이 보게 되고 더 깊은 회개로 나아가게 되며 성찬식 안에서 그리스도의 살을 먹고 피를 마시는 일을 더 온전한 믿음으로 행할 수 있게 된다. 그래서 성찬식을 통해서 우리 영혼은 새로운 힘을 얻고 새로운 마음으로 더 깊은 순종의 삶으로 나아갈 수 있다.

---

2   George Swinnock, *The Works of George Swinnock* (1868; reprint, Carlisle, PA: Banner of Truth Trust, 1992), 1:175.

이 얼마나 복된 일인가! 성찬에 합당하게 참여하기 위해 사전에 미리 준비하는 일이 이토록 복된 일을 이루는데, 어찌 그 일을 하지 않겠는가!

또한, 성찬에 참여하기 전에 우리가 자기 자신을 살피는 일을 제대로 하면, 그만큼 교회는 성찬식을 통해 하나님께서 주시는 많은 은혜와 복을 풍성히 얻고 함께 누리게 된다. 그래서 이 세상에 하나님 나라의 아름다움과 능력을 드러내고 실현해야 할 교회는 성찬식을 통해 더 순결하고 더 강력해지며 더 아름다워진다. 이 얼마나 복된 일인가! 그러므로 우리는 우리 개인에게 돌아오는 유익을 뛰어넘어 교회 전체에게 주어지는 유익을 바라보며 성찬에 합당하게 참여할 준비를 해야 한다. 17세기 영국의 청교도 목사 존 오웬(John Owen, 1616-1683)의 말을 들어 보자.

> 성찬식은 그리스도의 죽으심을 전하고 나타내는 위대한 일이다. 그러므로 하나님으로부터 부르심을 받아 성찬식에 참여한다는 것은 하나님의 자녀들이 이 땅에서 할 수 있는 그 어떤 일보다도 위대하고 영광스러운 일이다. 그러므로 성찬식에 참여할 때 이 일에 우리를 불러 주신 하나님의 마음을 숙지하고 온전히 반응할 수 있어야 한다. 이것은 우리의 마땅한 의무이다. 냉랭한 마음이나 경솔하고 태만한 마음으로 성찬식에 참여해서는 안 된다.[3]

---

3 John Owen, *The Works of John Owen*, ed. William H. Gold (1850–53; reprint, Carlisle, PA: Banner of Truth Trust, 1981), 9:543–544.

그러므로 지금까지 우리가 성찬식에 참여해 온 방식을 정직하게 점검해 보자. 우리는 성찬식이 있을 때마다 성경이 우리에게 명령한 사전 준비 의무를 성실하고 꾸준하게 이행했는가? 다시 말해서, 성찬에 합당하게 참여하기 위해 사전에 준비하는 일을 성실하고 꾸준하게 이행했는가? 우리의 신앙 연륜이 오래되었어도, 복음을 아무리 잘 알고 잘 믿게 되었어도, 영적인 상태가 아무리 좋더라도, 매번 성찬식이 있을 때마다 성경의 명령을 따라 성찬에 합당하게 참여하기 위해서 미리 준비하는 일을 성실하고 꾸준하게 이행했는가?

우리 가운데 어떤 사람은 성찬식에 합당하게 참여하기 위해 사전에 이런 준비를 해야 한다는 것조차 몰랐다고 대답할 것이다. 또 어떤 사람은 성찬식에 오래 참여했지만, 단 한 번도 성찬식에 합당하게 참여하기 위해 자기를 살피는 일을 해 본 적이 없다고 대답할 것이다. 또 어떤 사람은 성찬식에 참여할 때마다 성찬식에 합당하게 참여하기 위해 자기를 살피는 일을 하려고 했지만, 빠뜨릴 때가 많았다고 대답할 것이다. 존 오웬은 이런 우리가 지금부터 해야 할 일이 무엇인지를 친절하게 가르쳐 준다.

혹시 성찬이라는 귀한 특권을 오랫동안 누리면서도 성찬식에 합당하게 참여하는 데 필요한 구체적인 준비나 이와 비슷한 준비하는 데 실패를 반복했는가? 하나님의 끝없는 오래 참으심을 인하여 감사하자. 그동안 하나님은 우리를 오래 참아 주셨고, 교회 밖으로 우리를 내던지지 않으셨으며, 성찬에 참여하는 특권을 빼앗지도 않으셨다. 하지만 감사만 해서는 안 된다. 이제는 성찬을 합당하게 준비한 후에 참여하는 것이 옳고 필요함을 알았으니까, 지금부터는 정말 성실하게 성찬을 준비하자.[4]

4   위의 책, 9:563.

3장.
어떻게 준비해야 하는가?

✦

"성찬식에 참여하기 위해서 미리 준비할 때, 어떻게 준비해야 하는가?" 교회를 오래 다닌 사람치고 이 질문에 금세 대답 못할 사람이 있을까? 없을 것이다. 교회를 오래 다닌 사람들에게서 들을 수 있는 흔한 대답은 다음과 같다. "기도로 준비해야 한다." 무슨 일이든 중요한 일을 하려면 먼저 기도로 준비해야 한다고 배웠기 때문이다. 또한, 많은 교회가 성찬식 광고를 다음과 같이 하기 때문이다. "다음 주일 예배 시간에 성찬식이 있습니다. 한 주간 기도로 준비하기를 바랍니다."

교회를 오래 다닌 사람들에게서 들을 수 있는 또 다른 흔한 대답은 다음과 같다. "금식하면서 준비해야 한다." 보통 수준으로 중요한 일보다 더 심각하게 중요한 일을 할 때는 금식을 하는 것이 좋다고 배웠기 때문이다. 성찬식 광고를 다음과 같이 하는 교회는 거의 없다. "다음 주일 예배 시간에 성찬식이 있습니다. 한 주간 금식으로 준비하기를 바랍니다." 하지만 어떤 사람들은 기도만으로는 준비가 부족하기 때문에, 또는 기도보다는 금식이 더 강력하다고 생각하기 때문에 자진하여 금식하며 성찬식을 준비하기도 한다.

하지만, 이렇게 하는 것이 과연 옳은 일일까? 물론 성찬식을 준비하면서 기도하고 금식하는 일이 잘못일 수는 없다. 성경은 말하지 않는가! "오직 모든 일에 기도와 간구로, 너희 구할 것을 감사함으로 하나님께 아뢰라"(빌 4:6). 예수님도 말씀하지 않으셨던가! "기도와 금식 외에는 이런 류가 나갈 수 없느니라"(마 17:21). 하지만 이것이 성찬식을 준비하는 일에서도 그대로 적용될까? 성찬식을 준비할 때 가장 기본적으로 해야 할 일, 가장 중요하게 해야 할 일이 기도와 금식일까?

"성경은 우리가 성찬식에 참여하기 전에 어떤 준비를 해야 한다고 가르치는가?" 우리는 이 질문에 대한 답을 먼저 찾아야 한다. 이때도 우리가 제일 먼저, 또는 제일 중요하게 읽어야 할 성경 구절은 고린도전서 11장 28-32절이다. 고린도전서 11장 23-34절에서 사도 바울은 성찬식의 기원과 의미와 참여 방법을 전반적으로 말하는데, 특별히 28-32절에서 우리가 성찬식에 참여할 때 어떤 준비를 해야 하는지, 또 그런 준비를 하지 않으면 어떤 일이 일어날 수 있는지를 설명한다.

> 사람이 자기를 살피고 그 후에야 이 떡을 먹고 이 잔을 마실지니 주의 몸
> 을 분별하지 못하고 먹고 마시는 자는 자기의 죄를 먹고 마시는 것이니라
> 그러므로 너희 중에 약한 자와 병든 자가 많고 잠자는 자도 적지 아니하니

우리가 우리를 살폈으면 판단을 받지 아니하려니와 우리가 판단을 받는

것은 주께 징계를 받는 것이니 이는 우리로 세상과 함께 정죄함을 받지 않

게 하려 하심이라 (고전 11:28-32)

여기에서 바울은 성찬을 앞두고 우리가 어떤 준비를 해야 하는지 명확하
게 표현한다. "사람이 자기를 살피고 그 후에야 이 떡을 먹고 이 잔을 마
실지니"(28절). 바울의 말을 더 쉽게 풀어쓰면 다음과 같다. "성찬에 참여
하여 떡을 먹고 잔을 마시려는 사람은 반드시 먼저 자기를 살피라. 그런
다음에 성찬에 참여하여 떡을 먹고 잔을 마시라." 그러니까 바울은, 아니
성경은 성찬을 앞두고 우리가 해야 할 준비를 한 가지로 요약한다. "사람
이 자기를 살피고…." 그렇다. 우리 자신을 살피는 것이다.

성찬식을 앞두고 우리가 어떤 준비를 해야 하는지 말해 주는 유일한 성경
구절인 고린도전서 11장 28절이 기도와 금식을 언급하지 않는다는 사실
을 주목하자. 물론 성찬식을 준비하면서 기도하고 금식하는 것이 틀린 일
은 아니다. 기도와 금식은 우리의 일상적인 신앙생활에서 해야 할 의무이
고 여러 가지로 유익한 은혜의 통로이다. 하지만 만일 우리가 그것이 성
찬식을 준비하는 데 있어서 우선적이고 핵심적인 일이라고 생각한다면,
그것은 잘못이다. 19세기 영국 성공회 목사인 존 라일의 말을 들어 보자.

> 성찬을 받기 전에 금식하는 것은 꼭 필요한 일이 아니다. 성경은 성찬을
> 준비하는 일과 관련하여 금식을 요구하거나 명령하지 않는다. 더욱이 성

찬이라는 예식이 처음 생겼을 때 사도들은 금식할 것을 명령받지 않았다. 오히려 그때 성찬식은 유월절 식사를 마친 후에 베풀어졌다. 그러므로 성찬을 준비하는 데 있어서 금식하는 것은 중요하게 생각할 일이 아니다. 모든 신자는 자기 의사에 따라 금식할 수도 있고 금식하지 않을 수도 있다. 어느 쪽을 선택하든 그것은 중요한 일이 아니다.[5]

그렇다면, 여기에서 사람이 자기를 '살핀다'라는 것은 무엇을 의미할까? 그리스어로 기록된 성경 원문을 보면 $\delta o \kappa \iota \mu \acute{a} \zeta \omega$(도키마조)'라는 단어가 사용되었는데, 이 단어의 뜻은 '시험하다', '분별하다', '점검하다', '입증하다' 등이다. 그래서 대부분의 영어 성경은 이 단어를 'examine'으로 번역했다. 문맥을 생각해 보면, '살피다'라는 번역보다는 '점검하다'라는 번역이 더 정확하다. 성찬에 합당하게 참여하기 위해 사람이 자기를 살피는 일은 가볍고 간단하게 해야 할 일이 아니라 철저하고 면밀하게 해야 할 일이기 때문이다. 17세기 영국의 청교도 목사인 스테판 차녹(Stephen Charnock, 1628-1680)은 성경이 말하는 자기 점검에 관하여 이렇게 설명했다.

성경이 말하는 자기 점검은 신중함과 성실함으로 행해야 할 의무다. 성경에서 자기 점검은 사람이 자기 마음을 살짝 쳐다본 후에 눈길을 돌리는 것이 아니라 자기 마음과 더불어 대화를 나누는 것이고(시 4:4), 등불을 환하게 켜서 그것으로 자기 마음의 모든 구석과 틈새를 비추어 보는 것이며

---

5   존 라일, 『다락방』, 지상우 역 (서울: 기독교문서선교회, 1990), 35.

(눅 15:8), 사람의 몸에서 지방으로 가려져 잘 보이지 않은 모든 혈관까지 찾아내는 것이다.[6]

그러므로 성찬식을 앞두고 우리가 해야 하는 자기 점검은 그 어떤 자기 점검보다도 더 철저하고 더 면밀하게 이루어져야 한다. 성찬식은 주님께서 제정해 주신 두 가지 거룩한 예식 가운데 하나로서 매우 특별하기 때문이다. 또한, 성찬식에서 우리가 먹고 마시게 되는 떡과 잔이 상징하는 바 예수 그리스도의 살과 피가 지극히 위대하고 존귀하기 때문이다. 또한, 성찬식에 합당하지 못하게 참여하는 일이 하나님 앞에서 큰 죄가 되고 교회에 큰 해가 되기 때문이다. 이와 관련하여 존 오웬은 다음과 같이 말한다.

성찬식을 준비하기 위해 시간을 할애하되, 효과적인 준비가 불가능할 정도로 짧은 시간을 할애해서는 안 된다. 흔히 사람들은 몇 마디 기도를 간단히 하고서 성찬에 참여할 준비를 다 했다고 생각한다. 차분히 앉아서 준비하지 않고서도 성찬에 참여할 준비를 다 했다고 생각한다. 하지만 기독교 신앙이 가장 영광스럽고도 아름답게 드높아졌을 때는 신앙이 요구하는 의무들을 성도들이 가장 엄격하고도 성실하게 준비하는 때였다.[7]

그렇다면, 성찬에 합당하게 참여하기 위해 우리 자신을 점검할 때, 우리

---

6   Stephen Charnock, *The Complete Works of Stephen Charnock* (1864; reprint, Carlisle, PA: Banner of Truth, 2010), 4:486.
7   존 오웬, 『나를 기념하라』, 이태복 역 (서울: 지평서원, 2008), 117.

는 무엇을 점검해야 할까? 고린도전서 11장 28절은 성찬 전 자기 점검의 구체적인 목록을 말하지 않는다. "사람이 자기를 살피고 그 후에야 이 떡을 먹고 이 잔을 마실지니"라고 말할 뿐이다. 그러므로 분명하게 해 두자. 성찬 전 자기 점검의 구체적인 목록은 성경에 없다. 다시 말해서, 성경은 우리에게 성찬 전 자기 점검의 구체적인 목록을 제시하지 않고 우리의 판단에 맡기고 있다.

하지만, 성경은 우리 마음대로 생각하고 판단하도록 내버려 두지 않는다. 고린도전서 11장 23-34절의 문맥을 보면, 거기에 성찬을 앞두고 우리 자신을 점검해야 하는 이유가 적혀 있다. 그 이유를 보면, 우리가 구체적으로 무엇을 점검해야 하는지 충분하게 알 수 있다. 어떤 기계가 고장났다고 생각해 보자. 기계 안에 있는 부품이 수백 가지인데 어떤 부품을 점검해야 할지 알 수 없을 것이다. 하지만 고장의 원인을 알면, 어떤 부품을 점검해야 할지 정확하게 알 수 있다. 성찬 전 자기 점검의 구체적인 항목도 이와 같다.

앞에서 이미 말했지만, 우리가 성찬을 앞두고 우리 자신을 살펴야 하는 이유는 두 가지다. 첫째, 주의 몸을 분별치 못한 채 성찬의 상에서 떡이나 잔을 먹고 마시는 일이 없어야 하기 때문이다. 그것이 매우 심각한 죄이고 우리에게 큰 재앙이기 때문이다. 둘째, 성찬에 합당하게 참여하여 하나님을 영화롭게 하고 그리스도의 은혜를 더 풍성히 공급받아야 하기 때문이다. 다시 말해서, 우리를 위해 성찬식을 제정해 주신 예수 그리스도의 의도와 목적이 성찬식 안에서 우리에게 온전하게 실현되어야 하기 때문이다.

그러므로 성찬을 앞두고 행하는 자기 점검은 성찬식의 본질 및 목적과 긴밀하게 연결되는 내용으로 이루어져야 한다. 다시 말해서, 우리가 성찬이 보여 주는바 그리스도의 살과 피를 바르게 분별하고 있는지를 점검하고, 우리가 성찬에 잘 참여하여 그리스도께서 주시는 은혜를 힘입을 준비가 되어 있는지를 점검하는 그런 자기 점검이 되어야 한다. 16세기 유럽의 종교개혁자 장 칼뱅(Jean Calvin, 1509-1564)의 말대로 고린도전서 11장 28절이 말하는 자기 점검은 "성찬에 합당하게 참여하도록 이바지하는 종류의 자기 점검"이지 다른 자기 점검이 아니다.[8]

그렇다면, 교회의 역사에서 우리 믿음의 선진은 성찬 전 자기 점검의 구체적인 목록을 어떻게 정하고 실천했을까? 17세기 영국의 청교도 목사들과 스코틀랜드의 언약도들이 한자리에 모여 성경에 근거한 기독교 신앙의 핵심 내용을 오랜 토의 끝에 문서로 작성하고 공인한 신앙고백 문서 중에 장년들의 신앙 교육을 위해서 작성된 「웨스트민스터 대요리문답」(Westminster Larger Catechism)은 오늘날에도 장로교회에서 신앙 교육에 사용되는데, 제171문답을 보면 성찬에 참여하기 전에 신자가 준비해야 할 내용을 정리하고 있다.

---

8   Jean Calvin, Commentary on 1 Corinthians 11:28.

문. 성찬이라는 거룩한 예식에 참여하고자 하는 사람은 성찬에 참여하기 전에 어떤 준비를 해야 하는가?

답. 성찬이라는 성례에 참여하고자 하는 사람은 반드시 사전에 준비해야 한다. 먼저는 자신이 그리스도 안에 있는지를 점검해야 한다. 자신의 죄와 결핍을 점검해야 한다. 자신에게 있는 신앙적인 지식, 믿음, 회개가 얼마나 진실하고 분량이 어느 정도 되는지도 점검해야 한다. 하나님에 대한 사랑과 믿음의 형제들에 대한 사랑과 모든 사람에 대한 자비의 마음이 얼마나 있는지, 또 자기에게 잘못한 사람을 진실하게 용서하는지도 점검해야 한다. 그리고 그리스도를 사모하는 마음과 새로운 순종을 다짐하는 마음이 분명한지도 점검해야 한다. 그런데 이렇게 자기를 살피는 일 외에도 반드시 해야 할 일이 있다. 그것은 앞서 말한 여러 가지 은혜, 곧 신앙적인 지식, 믿음, 회개, 그리고 사랑과 자비의 마음을 새롭게 발휘하고, 진지하게 묵상하며, 간절하게 기도하는 일이다.

「웨스트민스터 대요리문답」을 작성한 사람들은 이 목록을 작성할 때 아무렇게나 작성한 게 아니다. 그들은 성경 전체를 상고했고, 최소한 22개의 성경 구절에 기반하여 위와 같은 목록을 작성했다. 그리고 교회 안에 있는 장년 신자들이 이 목록을 반드시 알아야 한다고 생각했다. 그뿐만 아니라 어린이들에게 신앙을 교육하기 위해 작성한 「웨스트민스터 소요리문답」(Westminster Smaller Catechism)에도 성찬 전 자기 점검의 구체적인 목록을 포함하고서 어린아이들에게도 가르쳤다. 소요리문답 제97문답을

읽어 보자.

문. 성찬에 합당하게 참여하기 위해서 요구되는 일은 무엇입니까?

답. 성찬에 합당하게 참여하기를 원하는 사람들에게 요구되는 일은 자기
를 점검하는 일입니다. 곧, 주의 몸을 분별할 수 있는 신앙적 지식이 있
는지를 점검하고, 그리스도를 믿는 믿음이 있는지를 점검하고, 회개
와 사랑과 순종의 결심이 있는지를 점검하는 것입니다. 성찬 전에 이
런 자기 점검이 필요한 이유는 성찬에 합당하게 참여하지 않는 사람
들은 심판을 먹고 마시게 되기 때문입니다.

4장.
청교도들의 성찬 준비 지침 (1)

✦

17세기 영국의 청교도들은 철저하게 믿음의 삶을 살려고 애쓴 사람들이다. 성찬을 준비하는 일에서도 예외는 아니었다. 청교도 목사들은 설교와 저술을 통해서 성찬 전 자기 점검의 필요성을 적극 강조했을 뿐 아니라 교인들이 활용할 수 있는 매우 구체적인 점검 목록을 제시했다. 물론 성경에 성찬 전 자기 점검의 구체적인 목록이 없어서 목사마다 목록의 내용과 강조점이 약간씩은 달랐다. 하지만 앞서 「웨스트민스터 대요리문답」과 「웨스트민스터 소요리문답」에서 정리된 목록의 범위에서 벗어나지는 않았다.

청교도 목사인 조지 스윈녹이 제시한 성찬 전 자기 점검 목록을 예로 살펴보자. 그가 저술한 대표작은 *The Christian's Calling*(그리스도인의 소명)인데 리처드 백스터의 『기독교 생활 지침』(*Christian's Directory*)에 견줄 수 있을 만큼 그리스도인이 살아야 할 복음적인 삶을 매우 자세히 그리고 구체적으로 다룬 책이다. 거기에서 그는 고린도전서 11장 28절을 근거로 자기를 살피는 일이 성찬식 준비의 핵심이라고 말하면서 자기 점검 항목을 구체적으로 제시했다.[9] 조지 스윈녹은 성찬 전 자기 점검이 크게 두 가지 내용으로 이루어져야 한다고 보았다. 그의 말을 직접 들어 보자.

> 성찬식을 위해 자기 자신을 진지하게 점검한다고 할 때 반드시 두 가지를 점검해야 하는데, 한 가지는 우리에게 있는 좋은 것들이고 다른 한 가지는 우리가 지은 죄악이다.[10]

물론, 여기서 그가 말하는 "우리에게 있는 좋은 것들"은 하나님께서 베푸신 구원의 은혜가 우리 안에 열매로 맺은 선한 것들을 가리킨다. 그렇다면, 구체적으로 어떤 내용으로 점검해야 하는 걸까? 그가 말한 점검 목록을 요약하면, 아래와 같다.

점검 1. 하나님의 은혜가 우리 안에서 맺은 '선한 열매'를 점검하라.

1) 거듭난 사람들의 특징이 잘 나타나고 있는지 점검하라.

1	마음이 정결하여 선을 행하는가?
2	영의 일을 좇는 자로서 영의 일을 생각하는 사람인가?
3	하나님의 은혜로 양육을 받아 경건치 않은 것과 이 세상 정욕을 다 버리는가?
4	하나님의 은혜로 양육을 받아 근신함과 의로움과 경건함으로 이 세상을 살고 있는가?
5	하나님의 은혜로 양육을 받아 복된 소망인 예수 그리스도의 재림을 고대하고 있는가?

---

9   George Swinnock, *The Works of George Swinnock*, 1:171-191.
10   위의 책, 181.

2) 성찬식에 참여하는 사람에게 반드시 있어야 할 덕목이 있는지 점검하라.

1	인간의 타락 이전 상태와 타락 과정과 타락 이후의 비참함을 알고 있는가?
2	사람을 구원하기 위해 하나님께서 제공해 주신 치유책의 은혜로움을 알고 있는가?
3	하나님께서 창조 가운데 자기 자신을 계시하셨지만, 특별히 말씀을 통해서 자기 자신을 계시하셨다는 것을 알고 있는가?
4	예수 그리스도께서 한 인격 안에 인성과 신성을 가지고 계셨으며 세 가지 직분, 곧 제사장, 선지자, 왕으로서 사역하시고 겸비한 상태로 이 세상에서 구원의 일을 이루시고서 지금은 하늘의 영광 가운데 계심을 아는가?
5	예수 그리스도께서 성찬을 제정해 주신 목적과 성찬의 본질을 알고 있는가?
6	성찬에서 떡과 잔이 각각 무엇을 나타내는지 알고 있는가?

3) 믿음이 없으면 성찬식에 참여해서 떡과 잔을 먹고 마셔도 아무런 유익을 얻을 수 없으므로, 믿음을 점검하라. 다만, 믿음이 얼마나 강한지를 점검하는 것보다는 믿음이 과연 진실한지를 점검하라.

1	예수 그리스도를 얼마나 존귀하게 여기는가?
2	그리스도의 계명, 약속, 인격, 고난을 소중하게 여기는가?
3	그리스도께서 당하신 수치스러운 고난을 가장 영광스러운 것으로 여기는가?
4	왕의 면류관보다 그리스도의 십자가를 더 자랑스럽게 여기는가?
5	믿음으로 인하여 마음이 정결해지고 있는가?

4) 사랑을 점검하라.

1	다른 그리스도인들을 진실하게 사랑하는가? 다른 이유 때문이 아니라, 그들이 하나님의 자녀이고 하나님의 형상을 가지고 있기 때문에 사랑하는가?
2	사이가 좋을 때뿐만 아니라 갈등이 있을 때도 다른 그리스도인들을 사랑하는가?
3	부유한 그리스도인들뿐만 아니라 가난한 그리스도인들도 사랑하는가?
4	다른 그리스도인들을 존경하는 까닭은 그들의 성공, 부, 명예 때문인가, 아니면 그들이 거룩한 삶을 살기 때문인가?

점검 2. '죄와 부패함'과 관련하여 점검하라.

1	위선의 누룩이 있진 않은지 점검하라.
2	잘못된 가르침의 누룩이 자라고 있진 않은지 점검하라.
3	죄악과 악행의 누룩이 있진 않은지 점검하라.
4	지난번 성찬식 이후로 지은 죄를 점검하라. 성찬식에서 주님과 맺은 언약을 어긴 죄를 점검하라.
5	하나님의 율법에 당신의 마음과 삶을 비추어 보고 죄를 점검하라.

그리스도인은 날마다 자기 마음에 작은 법정을 열고서 자기의 죄를 찾아내고 고발하고 심판해야 한다. 하지만 성찬식을 앞에 두고는 순회 법정을 열고서 모든 죄를 찾아내고 고발하고 처벌해야만 한다. 그래서 마음에 있는 모든 죄의 독사들을 제거해야만 한다. 이렇게 숨어 있는 죄를 찾아낼 때 대충 하거나 대강 해서는 안 된다. 마치 범죄자를 추격하는 어떤 경찰이 범죄자를 보고도 일부러 그냥 지나치듯 해서는 안 된다. 오히려 마치

우리 아버지를 죽인 살인자, 우리의 친구를 죽인 살인자를 땅끝까지라도 쫓아가서 찾아내듯 우리의 죄를 찾아내야 한다.[11]

성찬식에서 하늘의 음악을 듣고 싶다면 먼저 경건하게 애통하는 마음을 갖도록 하라. 요셉은 그의 형들이 자신들의 죄를 깨닫고 인정할 때 그들을 위하여 잔치를 배설해 주었다. 하나님은 상하고 통회하는 심령을 불쌍히 여기시며 견고한 위로를 선물로 주신다. 성찬식은 예수 그리스도께서 우리에게 인을 쳐 주시는 날이다. 그날 예수 그리스도는 우리 영혼에 자신의 사랑을 인 쳐 주시고 자신의 형상을 우리에게 인 쳐 주신다. 그러므로 만일 우리의 마음이 경건한 슬픔으로 부드러워져서 연한 밀납의 상태가 된다면, 그것처럼 인 침을 받기에 좋은 상태가 없을 것이다.[12]

죄에서 돌이키라. 성찬에 참여하러 예배당에 들어가기 전에 죄를 사랑하는 마음을 제거하라. "하나님을 가까이하라 그리하면 너희를 가까이하시리라 죄인들아, 손을 깨끗이 하라 두 마음을 품은 자들아 마음을 성결하게 하라 슬퍼하며 애통하며 울지어다 너희 웃음을 애통으로, 너희 즐거움을 근심으로 바꿀지어다"(약 4:8, 9). "너희는 누룩 없는 자인데 새 덩어리가 되기 위하여 묵은 누룩을 내버리라 우리의 유월절 양 곧 그리스도께서 희생되셨느니라 이러므로 우리가 명절을 지키되 묵은 누룩으로도 말고 악하고 악의에 찬 누룩으로도 말고 누룩이 없이 오직 순전함과 진실함의

---

11   위의 책, 186.
12   위의 책, 188.

떡으로 하자"(고전 5:7, 8). 성찬식을 앞두고 이렇게 죄를 회개하게 되면, 우리의 위는 성찬을 먹고 마시기에 적절한 상태가 될 것이다. 참된 회개는 위를 청소해 줄 것이고 입맛을 돌아오게 해서 성찬을 진수성찬으로 여기도록 만들 것이다. 또한 참된 회개는 우리를 영적으로 배고픈 상태로 만들 것인데, "시장이 반찬이다"라는 말처럼 배고픈 사람은 성찬을 배불리 먹게 되어 있다.[13]

그러나 다음과 같이 속으로 생각하지 말라. '나는 진실하게 내 마음을 점검했고 하나님의 은혜가 내게 있음을 발견했다. 나는 내 죄악을 정직하게 인정했고 내 죄악을 슬퍼하는 마음을 가지고 있다. 그러므로 나는 이번 성찬식에서 합당하게 성찬을 받는 데 아무런 문제가 없을 것이다.' 이런 식으로 우리 자신을 신뢰하는 것은 우리의 구주이신 예수 그리스도를 시험하는 것이며 성찬을 합당하게 받지 못하도록 방해하는 것이나 다름이 없다. 여호사밧은 50,000명의 군대를 준비하여 전쟁할 만반의 준비를 갖추었지만, 하나님께 다음과 같이 구했다. "이르되 우리 조상들의 하나님 여호와여 주는 하늘에서 하나님이 아니시니이까 이방 사람들의 모든 나라를 다스리지 아니하시나이까 주의 손에 권세와 능력이 있사오니 능히 주와 맞설 사람이 없나이다"(대하 20:6). 이와 같이 우리도 성찬식을 최대한 신실하게 준비한 후에 다음과 같이 주님께 구해야 할 것이다. "주님, 제가 참여하는 성찬식은 매우 귀중한 예식인데, 저는 이 위대한 성찬을 합당하게 받을 힘도 능력도 없습니다. 저는 어떻게 해야 할지도 모릅니다.

---

13   위의 책, 190.

참고로, 조지 스윈녹이 제시한 성찬 전 자기 점검 목록을 「웨스트민스터 소요리문답」의 자기 점검 목록, 「웨스트민스터 대요리문답」의 자기 점검 목록과 비교해 보면 다음과 같다.

웨스트민스터 소요리문답	웨스트민스터 대요리문답	조지 스윈녹
주의 몸을 분별할 수 있는 신앙인 지식이 있는지를 점검하고, 그리스도를 믿는 믿음이 있는지를 점검하고, 회개와 사랑과 순종의 결심이 있는지를 점검해야 한다.	자신이 그리스도 안에 있는지를 점검해야 하며, 자신의 죄와 결핍을 점검해야 한다. 자신에게 있는 신앙적인 지식, 믿음, 회개가 얼마나 진실하고 분량이 어느 정도 되는지도 점검해야 한다. 하나님에 대한 사랑과 믿음의 형제들에 대한 사랑과 모든 사람에 대한 자비의 마음이 얼마나 있는지, 또 자기에게 잘못한 사람을 진실하게 용서하는지도 점검해야 한다. 그리고 그리스도를 사모하는 마음과 새로운 순종을 다짐하는 마음이 분명한지도 점검해야 한다. 또한, 앞서 말한 여러 가지 은혜, 곧 신앙적인 지식, 믿음, 회개, 그리고 사랑과 자비의 마음을 새롭게 발휘하고, 진지하게 묵상하며, 간절하게 기도하는 일을 해야 한다.	점검 1. 하나님의 은혜가 우리 안에서 맺는 '선한 열매'를 점검하라. 1) 거듭난 사람들의 특징이 잘 나타나고 있는지 점검하라. 2) 성찬식에 참여하는 사람에게 반드시 있어야 할 덕목이 있는지 점검하라. 3) 믿음을 점검하라. 4) 사랑을 점검하라. 점검 2. '죄와 부패함'과 관련하여 점검하라.

---

14   위의 책, 191.

5장.
청교도들의 성찬 준비 지침 (2)

✦

청교도 목사들은 성찬 전 자기 점검의 구체적인 목록을 획일적으로 가르치지 않았다. 물론 그들이 신앙의 표준 문서로 인정한 「웨스트민스터 대요리문답」과 「웨스트민스터 소요리문답」이 성찬 전 자기 점검의 표준 목록을 제시하고 있었지만, 그들 모두가 항상 그것 그대로를 따라서 성찬 전 자기 점검 목록을 가르치지는 않았다. 그들 중에는 약간 독특한 방식으로 성찬 전 자기 점검 목록을 가르친 사람들도 있었다. 이번에는 그중의 한 명인 메튜 헨리(Matthew Henry, 1662-1714)의 성찬 전 자기 점검 목록을 살펴보자.

신구약 성경 전체를 주석한 탁월한 성경 주석가로 알려진 메튜 헨리는 17세기 후반 영국의 청교도 목사였다. 그는 *The Communicant's Companion*(수찬자의 친구)라는 책도 집필했는데, 성찬에 참여하는 신자들이 성찬을 바르게 이해하고 준비할 때 친구처럼 옆에 두고 읽으면서 도움을 받을 수 있는 그런 책이었다. 이 책의 4장 제목은 "성찬의 규례에 참여하기 전에 행해야 할 자기 점검 도움말"이다.[15] 여기에서 메튜 헨리는 약간 독특한 자기 점검 목록을 제시한다. 중요한 요점만 정리하면 다음과 같다.

> 우리 마음 깊은 곳을 들여다봐야 하고 우리 자신을 진지하게 생각해야 한다. 또한 우리 자신의 영혼과 더불어 엄숙한 회의를 열고 우리 자신의 영적인 상태를 진지하게 점검해야 한다. 좀 더 구체적으로 말하자면, 우리 자신을 점검한다는 것은 우리 자신과 우리 자신의 마음에 진지한 질문을 던지는 것이다. 또한 충분하고도 진실한 대답이 돌아올 때까지 답을 찾는 것이다. 다음 여섯 가지 질문은 (물론 더 많은 질문을 해도 좋겠지만) 우리가 성찬에 합당하게 참여하기 위해서 우리 자신을 준비할 때 큰 도움이 될 것이다.[16]

점검 1. 나는 누구인가?

1	나는 하나님의 은혜 안에 들어와 있는 사람인가? 아니면 여전히 하나님의 진노와 저주 가운데 있는 사람인가?
2	나는 하나님을 섬기는 하나님의 종인가? 아니면 세상과 정욕의 노예인가?
3	오늘밤 내가 죽게 된다면, 나는 천국에 갈 사람인가? 아니면 지옥에 갈 사람인가?

---

15 Matthew Henry, *The Communicant's Companion* (1843; reprint, Birmingham, AL: Solid Ground Christian Books, 2005), 81-104.
16 위의 책, 85.

4	나는 생명으로 인도하는 좁은 길을 걷고 있는 사람인가? 아니면 멸망에 이르는 넓은 길을 걷고 있는 사람인가?
5	나는 무늬만 그리스도인인가? 아니면 실제로 그리스도인인가?
6	나는 내 행복이나 만족보다 하나님과 하나님의 영광을 먼저 선택하는 사람인가?
7	나는 하나님의 구원의 은혜로 정말 변화된 사람인가? 어떤 변화를 경험했는가?
8	내 정서 또는 감정은 하나님에 대해서 또는 죄에 대해서 어떻게 움직이는가?
9	내 삶의 목표는 무엇이고 내 삶의 방식은 어떠한가?

만일 이런 질문을 통해서 우리 자신이 아직 거듭나지 않았고 거룩하게 변화되지 않았음을 확인하게 된다면, 모든 힘을 다해 은혜를 구하고 우리의 영적 상태를 바꾸도록 노력해야 한다. 감사하게도 하나님은 우리의 영적 상태를 변화시켜 주실 수 있는 분이시다. 만일 이런 질문을 통해서 우리 자신이 영적으로 올바른 상태에 있음을 확인하게 된다면, 우리는 그것으로부터 마음에 위로를 누리고 하나님을 찬미해야 한다. 마귀가 우리의 영적 상태에 관하여 의심하도록 유혹하고 우리가 영적으로 성장하는 것을 방해하는 일이 있어도 결코 마귀의 유혹에 귀를 내어 주어서는 안 된다.[17]

점검 2. 나는 무엇을 했는가?

죄를 구체적으로 회개하기 위해서는 우리가 스스로 행위를 조사하는 일

---

17   위의 책, 90-91.

이 반드시 필요하다(애 3:40). 또한 우리의 양심을 들춰 보고 우리가 과거에 했던 일들을 점검하여 어떤 일에서든 하나님을 불순종하거나 거역한 일이 없는지 살펴보는 일도 반드시 필요하다. '나는 무엇을 했는가?'라는 질문을 던지는 것은 회개의 첫걸음이다. 그러므로 우리의 과거를 살펴보고 우리가 지금까지 무슨 일을 행하면서 살았는지 점검하자. 이렇게 해서 만일 우리의 죄를 보게 된다면, 그로 인해 하나님 앞에서 겸비해야 할 것이고 우리의 죄를 슬퍼하며 탄식하고 회개해야 할 것이다. 그리고 하나님께 진지하게 용서를 구하고, 이제는 하나님의 은혜를 의지하여 그런 죄를 반복하지 않겠다고 다짐해야 할 것이다.[18]

1	나는 내 생각을 어디에 쏟고 있는가? 내 생각은 항상 하나님으로 가득한가?
2	나는 내 감정을 어떻게 통제하고 있는가? 내 감정은 경건과 이성의 통제를 순순히 받는가?
3	나는 몸과 마음의 순결을 잘 지키고 있는가? 정욕과 부정한 일에 몸과 마음을 내어 주지는 않는가?
4	나는 내 혀를 어떻게 사용하고 있는가? 내 언어생활은 어떠한가?
5	나는 시간을 어떻게 사용하고 있는가?
6	나는 하나님이 지금 나에게 하라고 맡기신 학업이나 직업을 어떻게 감당하고 있는가?
7	나는 날마다 음식을 어떻게 먹고 있는가?
8	나는 가정에서, 학교에서, 직장에서 내가 맡은 역할과 의무를 잘 감당하고 있는가?

---

18 위의 책, 91-92.

9	나는 은밀한 경건 생활을 어떻게 수행하고 있는가?
10	나는 하나님이 주신 재물과 재능을 어떻게 사용하고 있는가?
11	나는 주일을 어떻게 지내고 있으며 은혜의 방편을 어떻게 활용하고 있는가?
12	나는 역경과 고난을 어떻게 감당하고 있는가?

점검 3. 나는 지금 무엇을 하고 있는가?

1	나는 지금 하나님을 위해, 내 영혼을 위해, 영원을 위해, 내 세대를 위해 무엇인가 선한 일을 하고 있는가?
2	나는 이번에 성찬에 참여함을 준비하면서 무엇을 하고 있는가?
3	나는 그동안 내가 잘못한 것을 회개하고 고치고 있는가?
4	나는 하나님과의 언약을 갱신하고 이전에 잘했던 일들을 더 잘하고 있는가?
5	나는 마음을 정하고 뜻을 정하여 주님을 끝까지 따르고 있는가?
6	나는 유월절 식사를 준비했던 유대인들처럼 성찬식을 준비하고 있는가?
7	나는 오래된 누룩을 내버리고 내게 필요한 은혜를 얻고 있는가?
8	나는 하나님을 뵙기 위해 적극적으로 나아가고 있는가, 아니면 다른 것을 생각하느라 바쁜가?
9	나는 이 모든 일을 부지런히 하고 있는가?

점검 4. 나는 어떤 진보를 이루었는가?

1	삶 속에서 어떤 것을 선택해야 할 때, 나는 이전보다 더 안정되고 확고한 판단력으로 거룩한 것과 하늘에 속한 것들을 선택하게 되었는가?
2	내 안에 있는 부정한 욕망들을 이전보다 더 잘 통제할 수 있게 되었는가?
3	내 몸은 은혜와 지혜의 통제를 이전보다 더 순순히 따르게 되었는가?
4	나 자신을 부인하는 일이 이전보다 더 쉬운 일이 되었는가?
5	육신의 정욕이 좋아하는 일들을 싫어하던 마음이 이전보다 더 깊고 더 예민해졌는가?
6	의로우신 하나님께서 나에게 고난을 주시거나 불의한 사람들이 나를 괴롭게 할 때 이전보다 더 인내심을 가지고 이전보다 더 평안한 마음으로 감당할 수 있게 되었는가?
7	모욕을 당하거나 실망스러운 일을 겪을 때 이전보다 덜 화를 내고 이전보다 덜 신경질을 부리게 되었는가?
8	신앙적인 의무들을 행하는 일이 이전보다 더 편하고 기쁜 일이 되었는가? 신앙적인 의무들을 어떻게 행해야 할지를 더 잘 알게 되었고 그래서 더 잘 행하게 되었는가?
9	내 마음은 이 세상에서 오래 사는 것을 사모하는 것에서 점점 더 멀어지고 더 나은 천국에서 사는 것을 점점 더 사모하게 되었는가?
10	죽음을 생각할 때 이전보다 더 마음이 편하게 되었는가?

이런 질문들을 통해서 살펴본 결과, 우리가 그동안 영적으로 거의 진보하지 않았거나 전혀 진보하지 않았다면, 이번에 참여하게 되는 성찬식을 통해 하나님의 은혜를 얻고 영적으로 성장하도록 해야 한다. 또한 이런 질문들을 통해서 살펴본 결과, 우리가 영적으로 진보한 것을 알게 되었다면, 비록 그 진보가 더딘 것이고 작은 것이고 우리가 만족할 만한 것이 못 되더라도 마음에 격려받고 영적으로 더 큰 진보를 이루는 자리로 나아가

점검 5. 나에게 필요한 것은 무엇인가?

1	나에게는 어떤 은혜가 가장 많이 필요한가?
2	내가 가장 약한 것은 무엇인가? 내가 가장 쉽게 무너지는 것은 무엇인가?
3	내 안에서 가장 강력하게 일하고 있는 부패한 본성은 무엇인가?
4	내가 감당해야 할 의무를 바르게 감당하기 위해 필요한 은혜는 무엇인가?
5	나에게는 어떤 위로가 가장 많이 필요한가?
6	내 마음을 가장 힘들게 하는 것은 무엇인가?
7	내 마음을 가장 슬프게 하는 것은 무엇인가?
8	내가 가장 크게 염려하는 것은 무엇인가?

점검 6. 나는 무엇을 결심하겠는가?

1	지금까지 나를 가장 쉽게 공격하고 무너뜨린 죄는 무엇인가?
2	그 죄를 이기기 위해 결심해야 하는 것은 무엇인가?
3	내가 하나님을 영화롭게 할 수 있는 가장 좋은 기회는 어디에 있는가?
4	하나님께서 나에게 주신 달란트는 어떤 것인가?
5	하나님께서 바라시는 열매를 맺기 위하여 결심해야 할 것은 무엇인가?

---

19   위의 책, 100.

참고로, 메튜 헨리가 제시한 성찬 전 자기 점검 목록을 「웨스트민스터 소요리문답」의 자기 점검 목록, 「웨스트민스터 대요리문답」의 자기 점검 목록과 비교해 보면 다음과 같다.

웨스트민스터 소요리문답	웨스트민스터 대요리문답	메튜 헨리
주의 몸을 분별할 수 있는 신앙적인 지식이 있는지를 점검하고, 그리스도를 믿는 믿음이 있는지를 점검하고, 회개와 사랑과 순종의 결심이 있는지를 점검해야 한다.	자신이 그리스도 안에 있는지를 점검해야 하며, 자신의 죄와 결핍을 점검해야 한다. 자신에게 있는 신앙적인 지식, 믿음, 회개가 얼마나 진실하고 분량이 어느 정도 되는지도 점검해야 한다. 하나님에 대한 사랑과 믿음의 형제들에 대한 사랑과 모든 사람에 대한 자비의 마음이 얼마나 있는지, 또 자기에게 잘못한 사람을 진실하게 용서하는지도 점검해야 한다. 그리고 그리스도를 사모하는 마음과 새로운 순종을 다짐하는 마음이 분명한지도 점검해야 한다. 또한, 앞서 말한 여러 가지 은혜, 곧 신앙적인 지식, 믿음, 회개, 그리고 사랑과 자비의 마음을 새롭게 발휘하고, 진지하게 묵상하며, 간절하게 기도하는 일을 해야 한다.	점검 1. 나는 누구인가? 점검 2. 나는 지금까지 무엇을 했는가? 점검 3. 나는 지금 무엇을 하고 있는가? 점검 4. 나는 어떤 진보를 이루었는가? 점검 5. 나에게 필요한 것은 무엇인가? 점검 6. 내가 결심하는 것은 무엇인가?

6장.
무엇을 목적으로 준비해야 하는가?

✦

달리기 선수가 온 힘을 다해서 빠르게 달리는데, 만일 목표를 잘못 설정했거나 방향을 잘못 잡았다면 어떻게 될까? 그 선수는 아무리 빨리 달려도 결코 상을 받을 수 없을 것이다. 아니, 중간에 잘못된 곳으로 빠져 실격하고 말 것이다. 이런 일은 달리기 경주에만 있는 게 아니다. 무슨 일을 하든 그 일을 정확하게 하고 열심히 하는 것도 중요하지만, 먼저 그 일의 나아갈 방향과 성취할 목표를 올바르게 설정하지 않으면, 그 일을 정확하게 하고 열심히 해도 열매를 얻을 수 없으며 오히려 잘못된 길로 빠지기 쉽다.

성찬에 합당하게 참여하기 위해 미리 우리 자신을 살피는 일도 마찬가지다. 성찬식에 합당하게 참여하기 위해 미리 준비하는 일을 아무리 열심히 한다고 해도, 만일 그 준비의 방향과 목적이 잘못 설정되어 있으면, 우리는 그 준비를 통해서 오히려 성찬에 합당하게 참여할 수 없는 사람이 되고 만다. 그러므로 성찬에 합당하게 참여하기 위해 우리가 어떤 내용으로 준비해야 하는지도 알아야 하지만, 그 준비의 올바른 목표 또는 올바른 방향도 그에 못지않게 잘 알고 잘 설정해야 한다. 그 목표와 방향에 관하여 성경이 우리에게 뭐라고 말하는지 잘 들어 보자. 이와 관련하여 판단의 근거로 삼을 수 있는 성경 구절은 고린도전서 11장 26-29절이다.

> 너희가 이 떡을 먹으며 이 잔을 마실 때마다 주의 죽으심을 그가 오실 때까지 전하는 것이니라 그러므로 누구든지 주의 떡이나 잔을 합당하지 않게 먹고 마시는 자는 주의 몸과 피에 대하여 죄를 짓는 것이니라 사람이 자기를 살피고 그 후에야 이 떡을 먹고 이 잔을 마실지니 주의 몸을 분별하지 못하고 먹고 마시는 자는 자기의 죄를 먹고 마시는 것이니라 (고전 11:26-29)

여기에는 우리가 어떤 목적이나 어떤 방향으로 성찬식을 준비해야 한다는 명시적인 문장이 없다. 우리가 성찬식을 왜 미리 준비해야 하는지 그 이유만 적혀 있다. 하지만 그 이유를 보면, 우리가 어떤 목적과 어떤 방향으로 성찬식을 준비해야 하는지 유추해서 알 수 있다. 그러므로 고린도전서 11장 26-29절에서 그 목적이나 방향을 유추하자. 그리고 올바른 목적과 방향을 먼저 설정해 놓고 성찬을 준비하자. 고린도전서 11장 26-29절에서 유추할 수 있는 몇 가지는 다음과 같다.

첫째로, 우리가 예수를 참으로 믿고 신앙을 고백하여 교회의 지체가 되었다면, 매번 성찬식 앞에서 과연 내가 이번 성찬식에 참여해도 되는 사람

인지 아닌지를 판단하기 위해서, 또는 그런 방향으로 성찬식을 준비해서
는 안 된다. "사람이 자기를 살피고 그 후에야 이 떡을 먹고 이 잔을 마실
지니"라는 명령을 보라. 성경은 다음과 같이 말하지 않는다. "이 떡을 먹
고 이 잔을 마실 수 있는 사람인지 판단하고 결정하기 위해서 자기를 살
피라." 성경은 다음과 같이 말한다. "먼저 자기를 살피라. 그런 다음에 이
떡을 먹고 이 잔을 마셔라."

우리가 예수를 참으로 믿고 신앙을 고백하여 교회의 지체가 되었다면, 기
본적으로 우리는 성찬식이 열릴 때마다 그 성찬식에 참여하도록 이미 예
수님의 따뜻하고 간절한 초대를 받은 사람이다. 아니, 좀 더 정확하게 말
하자면, 그 성찬식에 반드시 참여하라는 엄중한 명령을 이미 받은 사람이
다. "이를 행하여 나를 기념하라." 예수님은 그렇게 우리에게 명령하셨다.
그러므로 참된 신자는 교회에서 성찬식이 열릴 때마다 기본적으로 다음
과 같이 생각해야 한다. '나는 이번 성찬식에 반드시 참여해야 하며, 적극
적으로 참여해야 한다.'

물론 우리가 신앙을 고백하고 세례까지 받았지만 실제로는 예수 그리스
도를 믿지 않는 사람이거나 마음과 삶에 있는 죄악을 회개하지 않고 거기
에서 돌이키지 않는 사람이라면, 우리는 그 문제가 해결되기 전까지 성찬
에 참여해서는 안 된다. 입으로 신앙을 고백하고 외적으로 세례를 받았으
니까 얼마든지 성찬식에 참여할 수 있다고 생각해서는 안 된다. 하지만
이런 경우가 아니라면, 반드시 성찬식에 참여하겠다는 마음을 가져야 하

고, 성찬에 참여하기 위해 성경이 명하는 자기 점검을 진지하게 이행해야
한다.

그러므로 성찬식이 있을 때마다 과연 내가 이번 성찬식에 참여해도 되는
사람인지 아닌지를 판단하기 위해서, 또는 그런 방향으로 성찬식을 준비
해서는 안 된다. 또, 성찬식을 준비하는 과정에서 내가 성찬식에 참여할
준비가 제대로 되지 않은 사람이라는 것이 조금이라도 드러나면 성찬식
에 참여하는 일을 유보하겠다는 생각을 미리 하고서 성찬식을 준비해서
도 안 된다. 예수님께서 성찬의 상으로 초대하시고 오라고 명하셨으니 어
떻게든 준비를 잘해서 참여하겠다는 다짐으로 성찬 전 준비를 해야 한다.

둘째로, 성찬식에 참여하여 주의 떡이나 잔을 합당하지 않게 먹고 마시는
일을 하지 않는 것을 목표로 삼아야 한다. 고린도전서 11장에서 "사람이
자기를 살피고 그 후에야 이 떡을 먹고 이 잔을 마실지니"(28절)라는 명령
의 바로 앞뒤에 무슨 말씀이 있는지 잘 보라. 앞에는 "그러므로 누구든지
주의 떡이나 잔을 합당하지 않게 먹고 마시는 자는 주의 몸과 피에 대하
여 죄를 짓는 것이니라"(27절)라는 말씀이 있고, 뒤에는 "주의 몸을 분별
하지 못하고 먹고 마시는 자는 자기의 죄를 먹고 마시는 것이니라"(29절)
라는 말씀이 있다.

그렇다면, 여기에서 바울이 말하는 "주의 떡이나 잔을 합당하지 않게 먹
고 마시는"의 의미는 무엇일까? 고린도 교회 안에서 신앙을 고백하고 세

례를 받은 사람들 가운데 예수님에 대한 참된 신앙이 없거나 마음과 삶에 있는 죄들을 회개하지 않는 사람들, 곧 성찬에 참여할 자격이 안 되는 사람들이 성찬에 자꾸 참여해서 떡을 먹고 잔을 마셨기 때문에, 바울은 그 일을 가리켜서 "주의 떡이나 잔을 합당하지 않게 먹고 마시는"이라는 표현을 쓴 것일까? 그런 일을 막기 위해서 각 사람에게 자기를 살피라고 명령한 것일까?

그렇지 않다. 바울이 고린도 교회에서 성찬 전 자기 점검을 명령한 배경은 다음과 같다. "그런즉 너희가 함께 모여서 주의 만찬을 먹을 수 없으니 이는 먹을 때에 각각 자기의 만찬을 먼저 갖다 먹으므로 어떤 사람은 시장하고 어떤 사람은 취함이라"(20-22절). 그러니까 고린도 교회 교인들은 참된 믿음으로 성찬에 참여했지만 정작 성찬의 상에서 떡과 잔을 먹고 마시는 일에서는 성찬의 본질을 잊고서 잘못된 행동을 한 것이고, 바울은 이런 일을 미리 방지하기 위해서 성찬 전 자기 점검을 명령한 것이다.

지금도 이런 일은 얼마든지 일어날 수 있다. 참된 믿음을 가지고 있는 신자라도 성찬의 상에서 떡과 잔을 합당하지 않게 먹고 마시는 일이 얼마든지 가능하다. 예를 들어, 성찬의 상에서 떡과 잔을 마실 때 그것이 상징하는 예수 그리스도의 죽으심을 깊이 신뢰하지 못한 채 단순히 떡과 잔만 먹고 마시는 일, 그것이 요구하는 예수 그리스도에 대한 사랑과 순종에 대한 결연한 의지가 없이 단순히 떡과 잔만 먹고 마시는 일, 같은 성찬을 받는 다른 교우들을 진실하게 사랑하는 마음 없이 단순히 떡과 잔만 먹고 마시는 일 등이다.

예수 그리스도에 대한 참된 믿음이 있어서 성찬식에 참여해 놓고도 정작 떡을 먹고 잔을 마실 때 이렇게 큰 잘못을 저지를 수 있다는 사실이 놀랍지 않은가! 그런데 이런 일이 지금도 실제로 일어날 수 있다. 그러므로 성찬식에 합당하게 참여하기 위해 준비할 때, 우리의 목표는 성찬 전 자기 점검을 철저히 해서 참된 신자라도 성찬식 안에서 자기도 모르게 행할 수 있는 이런 잘못에 빠지지 않고 주의 떡을 합당하게 먹고 주의 잔도 합당하게 마시는 것이어야 한다.

셋째로, 성찬식에 참여하여 떡을 먹고 잔을 마시는 행위 속에서 예수 그리스도의 죽으심을 더 온전하게 드러내고 선포하는 것을 목표로 삼아야 한다. 고린도전서 11장에서 사도 바울은 "사람이 자기를 살피고 그 후에야 이 떡을 먹고 이 잔을 마실지니"라고 명하기 전에 이런 말을 한다. "너희가 이 떡을 먹으며 이 잔을 마실 때마다 주의 죽으심을 그가 오실 때까지 전하는 것이니라 그러므로 누구든지 주의 떡이나 잔을 합당하지 않게 먹고 마시는 자는 주의 몸과 피에 대하여 죄를 짓는 것이니라"(26-27절).

이 말씀에 따르면, 성찬식에서 우리가 주의 떡이나 잔을 합당하게 먹고 마심으로써 궁극적으로 해야 하는 일은 '주의 죽으심을 그가 오실 때까지 전하는 것'이다. 다시 말해서, 예수 그리스도께서 십자가에 못 박혀 죽으신 일을 재림의 날까지 전하는 것이다. 이는 십자가에서 찢긴 그리스도의 살과 흘린 그리스도의 피를 상징하는 떡과 잔을 성찬식 안에서 먹고 마시는 순간에 그렇게 하는 것이고, 성찬식 후에는 일상의 삶에서 그 은혜를 의지하고 찬송하며 세상에 드러냄으로써 지속적으로 그렇게 하는 것이다. 17세기 영국의 청교도 목사 존 오웬은 이렇게 설교했다.

> 성찬식의 또 다른 목적은 주님의 죽으심을 전하는 것이다. 다시 말해서, 주님의 죽으심을 선포하고 선언하며 증거하고 드러내는 것이다. 물론 성찬식에서 그리스도와 더불어 특별한 교통을 나누는 것은 중요하다. 하지만 성찬식의 이 두 번째 목적을 망각해서는 안 된다. 주님의 죽으심을 전하는 것은 두 가지 방법으로 이루어진다. 첫 번째 방법은 주님의 죽으심을 우리 자신에게 나타내는 것이고, 두 번째 방법은 주님의 죽으심을 다른 사람들 앞에서 고백하는 것이다.[20]

그러므로 성찬식을 준비하는 과정에서 우리가 끊임없이 질문해야 할 내용은 다음과 같다. "어떻게 하면 이번 성찬식에서 주의 죽으심을 더 잘 선포하고 드러낼 수 있을까?", "어떻게 하면 지난번 성찬식에서 떡과 잔을 먹고 마실 때보다 이번 성찬식에서 떡과 잔을 마실 때 주의 죽으심을 더 잘 선포하고 드러낼 수 있을까?", "어떻게 하면 이번 성찬식을 통해서 주의 죽으심을 더 잘 선포하고 드러낼 수 있는 은혜와 힘을 얻어 성찬 후 일상의 삶에서 더 온전하게 주의 죽으심을 선포하고 드러낼 수 있을까?"

---

20 존 오웬, 『나를 기념하라』, 65-66.

이처럼 올바른 목적을 설정하고 올바른 방향으로 성찬 전 자기 점검을 성실하게 이행하면, 우리는 우리 자신에게서 많은 결핍과 부족을 발견하게 된다. 그래서 더 깊은 겸손과 더 참된 회개로 나아가게 된다. 하지만 성찬 전 자기 점검에서 우리는 우리 안에 하나님께서 은혜로 베풀어 주신 여러 가지 은혜의 열매들도 발견하게 된다. 비록 그것이 대단하지 않고 크지 않아도 하나님께서 우리 안에 베풀어 주신 위대한 선물이기에, 깊이 감사하게 되고 하나님의 은혜를 찬송하게 된다.

또한 이런 과정을 통해서 우리는 성찬식에서 먹고 마시게 될 떡과 잔이 상징하는 예수 그리스도의 죽으심을 더욱더 소중히 여기게 되고, 철저히 의지하게 되며, 오직 그것을 자랑하는 자리로 나아가게 된다. 또한 이런 과정을 통해서 우리는 이번에도 성찬의 상을 차려 놓으시고 우리를 초대하신 예수님에 대한 깊은 감사와 성찬의 상에서 예수님께서 새롭게 베풀어 주실 더 큰 은혜와 더 큰 사랑을 기대하게 된다. 그래서 사랑의 잔칫상인 성찬식에 참된 믿음과 참된 회개와 참된 사랑과 참된 순종의 결심을 가지고 나아가게 된다.

7장.
얼마나 준비해야 하는가?

✦

성찬식에 합당하게 참여하기 위해서 미리 준비할 때 어느 정도의 시간을 거기에 사용해야 할까? 성찬 전 자기 점검을 할 때, 어느 정도의 시간을 거기에 사용해야 할까? 혹시 성경은 그것에 관하여 우리에게 명확한 지침을 제시하고 있을까? 고린도전서 28-32절을 보면, 성경은 성찬 전 자기 점검의 필요성과 중요성을 강조하면서 우리에게 반드시 그 일을 하라고 명령할 뿐이다. 성경은 우리가 어느 정도의 시간을 성찬 전 자기 점검에 사용해야 올바른 성찬 준비가 되는지 말하지 않는다.

> 사람이 자기를 살피고 그 후에야 이 떡을 먹고 이 잔을 마실지니 주의 몸을 분별하지 못하고 먹고 마시는 자는 자기의 죄를 먹고 마시는 것이니라 그러므로 너희 중에 약한 자와 병든 자가 많고 잠자는 자도 적지 아니하니 우리가 우리를 살폈으면 판단을 받지 아니하려니와 우리가 판단을 받는 것은 주께 징계를 받는 것이니 이는 우리로 세상과 함께 정죄함을 받지 않게 하려 하심이라 (고전 11:28-32)

그러므로 먼저 한 가지를 분명하게 해 두자. 고린도전서 11장 28-32절 뿐만 아니라 성경 어디를 봐도, 우리가 성찬 전 자기 점검에 얼마만큼의 시간을 사용해야 하는지에 관한 언급은 전혀 없다. 성경은 성찬 전 자기 점검에 우리가 사용해야 하는 최소한의 시간 분량도, 최대한의 시간 분량도 말해 주지 않는다. 또한 성찬 전 자기 점검을 위해서 우리가 항상 반드시 사용해야 하는 고정된 시간의 분량이나 모든 사람이 사용해야 하는 획일적인 시간의 분량도 정해 주지 않는다.

왜 성경은 성찬 전 자기 점검에 사용되어야 하는 시간의 분량을 정해 주지도 않고 언급도 하지 않았을까? 시간의 분량이 전혀 중요하지 않기 때문일까? 그렇지 않다. 우리가 해야 할 일이 매우 중요한 의미가 있거나 많은 내용을 포함해야 하거나 힘든 일일 경우, 그 일을 준비하기 위해 우리가 쏟아부어야 할 시간의 분량은 그만큼 중요해진다. 그래서 우리는 그런 일이 있을 때 어느 정도의 시간을 그 일에 사용해야 할지 신중하게 생각한다. 그러니 성찬식을 준비하는 일에서 어떻게 시간의 분량이 중요하지 않을 수 있겠는가!

그렇다면, 성찬에 합당하게 참여하기 위해 사전에 준비하는 일이 5분이나 10분 정도의 시간만 들여도 충분히 할 수 있는 일이기 때문일까? 그래서 성경은 성찬 전 자기 점검에 사용되어야 하는 시간의 분량을 정해 주지도 않고 언급도 하지 않는 걸까? 그렇지 않다. 앞에서 본 것처럼, 성찬 전 자기 점검을 할 때 우리가 점검해야 할 목록은 그렇게 간단하지 않다.

제대로 하려면, 누구에게나 어느 정도 충분한 시간이 필요한 일이다. 충분한 시간을 들여야만 의미 있고 효과 있게 할 수 있는 일이다.

그런데도 성경이 성찬 전 자기 점검에 사용되어야 하는 시간의 분량을 정해 주지도 않고 언급도 하지 않는 이유는, 하나님께서 우리 각 사람의 판단에 그것을 맡겨 주셨기 때문이다. 성찬식에 합당하게 참여하기 위해서 자기를 점검하는 일에 필요한 적절한 시간은 사람마다 다를 수 있다. 똑같은 사람이라도 성찬 전 자기 점검을 하는 일에 필요한 적절한 시간은 상황마다 다를 수 있다. 그래서 하나님은 성찬식을 준비하는 일과 관련하여 시간의 분량을 정해 주지 않으시고 우리에게 자율권을 주셨다.

여기에서 한 가지 주의할 것이 있다. 하나님의 의도를 남용하지 말아야 한다는 것이다. 하나님께서 성찬 전 자기 점검에 사용해야 할 시간의 분량을 우리에게 정해 주지 않으시고 우리에게 자율권을 주신 의도는, 우리 마음대로 하라는 것이 아니라 우리가 처한 형편에 따라 적절한 시간의 분량을 잘 판단하고 결정하라는 것이다. 그러므로 하나님께서 우리 각 사람을 깊이 배려하시고 우리를 믿고 맡겨 주신 이 일과 관련하여 방종에 빠지는 사람이 없어야 한다.

다음과 같은 식으로 생각하는 사람이 없어야 한다. '성찬에 합당하게 참여하기 위해 어느 정도의 시간을 사용하는지는 전적으로 내가 결정할 일이다. 내 마음대로, 내 생각대로, 내가 원하는 대로, 내 편한 대로 시간을 정해서 그 일을 하면 그만이다. 하나님은 그 시간의 분량을 마음대로 정하도록 전적인 권한을 나에게 주셨다.' 이렇게 생각하는 것은 하나님의 친절한 배려에 대한 배신이다. 자유를 누리는 수준 높은 신앙이 아니라 방종에 빠져 사는 수준 낮은 신앙이다.

바울은 경고했다. "형제들아 너희가 자유를 위하여 부르심을 입었으나 그러나 그 자유로 육체의 기회를 삼지 말고"(갈 5:13). 그러므로 성찬 전 자기 점검에 어느 정도의 시간을 사용할 것인지를 결정할 때 우리 각자가 처해 있는 영적인 형편, 시간적인 형편, 상황적인 형편 등을 잘 고려하여 적절한 시간의 분량을 지혜롭게 판단하고 결정해야 한다. 그리고 정한 그 시간을 최대한 활용하여 성찬에 합당하게 참여할 준비를 최대한 잘해야 한다. 이것이 하나님의 친절에 대한 올바른 반응이고 선물로 받은 자유를 누리는 길이다.

이런 방식으로 성찬 전 자기 점검에 사용할 적절한 시간의 분량을 판단할 때 우리가 따르면 좋을 규칙이 세 가지 있다. 첫째, 판단의 근거가 무엇이어야 하는지 잘 알아야 한다. 성찬 전 자기 점검에 사용할 적절한 시간의 분량을 판단할 때, 판단의 근거가 되어야 할 것은 여러 가지다. 먼저는 성찬식의 중요함과 위대함이고, 다음으로는 우리의 영적인 상태이고, 다음으로는 하나님의 최근 섭리이고, 다음으로는 우리의 생활 형편이다. 그러므로 이 모든 것을 종합해서 적절한 시간의 분량을 판단해야 한다.

성찬 전 자기 점검에 사용할 적절한 시간의 분량을 판단할 때는 성찬식의 중요함과 위대함을 생각하면서 그에 합당하게 충분한 준비를 할 수 있도록 적절한 시간을 확보해야 하고, 우리 자신의 영적 상태가 좀 더 면밀한 자기 점검이 필요한 상태인지를 살펴서 적절한 시간을 확보해야 하고, 하나님의 섭리가 평소보다 좀 더 충분한 자기 점검을 요구하는지를 살펴서 적절한 시간을 확보해야 하고, 현실의 삶에서 우리가 어느 정도로 시간을 낼 수 있는지를 살펴서 적절한 시간을 확보해야 한다.

안타깝게도 오늘날은 성찬에 합당하게 참여하기 위해서 사전에 성실하게 준비하는 신자를 보기도 어렵지만, 그나마 준비하는 신자들을 보면 현실의 삶에서 자기에게 어느 정도의 시간이 있는지를 살피고 그것을 근거로 나름 적절한 시간을 확보하고 성찬을 준비하는 경우가 많다. 그래서 어떤 교회는 성찬식이 있기 한 달 전부터 성찬식이 있음을 미리 공지하고, 성찬 전 한 주간은 바쁜 일정이 없도록 삶을 잘 정돈해 놓으라고 권면하기도 한다. 그래야 교인들이 성찬에 합당하게 참여하기 위해 준비할 시간적인 여유가 생기기 때문이다.

하지만 그것은 근본적인 해결책이 아니다. 근본적인 해결책은 성찬 전 자기 점검을 위해 시간을 확보할 때 '나에게 시간적 여유가 얼마나 있는가?'를 먼저 살피고 그것을 근거로 적절한 시간을 확보하지 말라고 적극적으로 가르치는 것이다. 가장 먼저 성찬식의 중요함과 위대함을 생각하고, 다음으로는 우리의 영적 상태를 생각하고, 다음으로는 하나님의 최근 섭리를 생각하고, 마지막으로 우리의 생활 형편을 생각하고, 이 모든 것을 종합해서 적절한 시간의 분량을 확보해야 한다고 가르치고 훈련하는 것이다.

둘째, 판단의 목표를 바르게 설정해야 한다. 지나치게 많은 시간이나 지나치게 적은 시간을 확보하는 것이 목표가 되어서는 안 된다. 하나님께서 우리에게 맡기신 직업이나 가정의 일을 중단하거나 크게 희생하면서까지 시간을 많이 내어 성찬 전 자기 점검을 하는 것은 바람직하지 않다. 또한, 성찬 전 자기 점검을 충분하게 하지 못했다는 양심의 가책을 느끼지 않을 정도로 최소한의 시간만 확보하여 성찬 전 자기 점검을 하는 것도 바람직하지 않다. 올바른 목표는 성찬 전 자기 점검에 쓸 수 있는 최대한의 시간을 찾는 것이다.

여기서 '최대한의 시간'은 성찬을 앞두고 있더라도 우리가 중단하지 말아야 할 필수적인 일들을 먼저 하고 나서도 우리가 사용할 수 있는 시간 중에서, 우리가 성찬 전 자기 점검에 활용할 수 있는 가장 많은 분량의 시간이다. 평소 같으면 해도 되는 일이지만 성찬을 앞두고 있기에 우리가 기꺼이 그 일을 중단하고 적극적으로 여분의 시간을 만들어서, 성찬 전 자기 점검에 활용할 수 있는 시간의 분량을 늘려 만들어 낸 가장 많은 분량의 시간이다. 이런 시간을 찾는 것이 우리의 목표가 되어야 한다. 이와 관련하여 17세기 영국의 청교도 목사인 존 오웬은 이렇게 말한다.

성찬식 준비를 위해서 시간을 할당하되, 일상적인 일들을 하지 못할 정도로 많은 시간을 할당하거나 우리의 속사람이 감당할 수 없을 정도로 많은 시간을 할당하지 않도록 주의하십시오. (중략) 우리가 일상적인 일들조차 감당할 수 없을 정도로, 또 우리 속사람이 감당할 수 없을 정도로 무리해서 의무 이행에 매달린다면, 얼마 있지 않아서 우리는 지치게 되고, 의무 이행은 무거운 짐이 되며, 우리는 의무 이행에 쫓기게 될 것입니다.[21]

하지만 존 오웬은 다음과 같이 말하기도 한다.

성찬식을 준비하기 위해서 시간을 할당하되, 효과적인 준비가 불가능할 정도로 짧은 시간을 할애해서도 안 됩니다. 흔히 사람들은 몇 마디 기도를 간단히 해 버리고는 기도를 다 했다고 생각합니다. 차분히 앉아서 준비하지 않고서도 가장 엄숙한 의식인 성찬식을 위해 필요한 모든 준비를 다 했다고 쉽게 생각합니다. 그리하여 우리의 신앙고백은 그 능력과 영광을 상실하며 그 아름다움도 퇴색하고 맙니다.[22]

셋째, 판단의 결과를 지혜롭게 적용해야 한다. 성찬 전 자기 점검에 사용할 적절한 시간의 분량을 잘 판단하고 확보하는 것도 중요하지만, 그 시간을 가장 효과적으로 사용하는 일도 그만큼 중요하다. 만일 어떤 사람이 성찬 전 자기 점검을 위해서 충분한 시간을 확보하긴 했는데, 성찬식

---

21   존 오웬, 『나를 기념하라』, 115-116.
22   위의 책, 117.

이 열리기 2주 전에 그 시간을 다 써서 자기 점검을 다 마치고 정작 성찬 직전 한 주간은 평소와 똑같이 지낸다면 어떻게 되겠는가? 과연 충분한 시간을 들여 성찬식을 준비한 일이 성찬식 당일에 충분한 효과 또는 최선의 효과를 내겠는가?

성찬 전 자기 점검의 궁극적인 목적은 성찬식이 열리는 바로 그날 그 시간에 우리의 마음이 성찬에 합당하게 참여할 최상의 상태에 있도록 우리 자신을 준비하는 것이다. 그러므로 성찬 전 자기 점검에 사용할 적절한 시간의 분량을 잘 판단하고 확보한 다음에는, 그 시간을 가장 효과적으로 사용할 방법을 찾아야 한다. 성찬식이 열리는 바로 그날 그 시간에 우리 마음이 성찬에 합당하게 참여할 최상의 상태에 있도록, 우리 자신을 준비시켜 줄 수 있도록 그 시간을 지혜롭게 사용해야 한다.

경기를 앞둔 운동선수를 생각해 보자. 그는 경기에 참여하기 전에 자기의 몸을 잘 준비하기 위해서 충분한 시간을 미리 확보할 것이다. 하지만 충분한 시간을 확보했다고 해서 아무 생각 없이 경기 준비에 돌입하지는 않을 것이다. 확보한 충분한 시간을 어떻게 분배해서 사용해야 자기 몸이 경기 당일에 가장 좋은 상태에 있을지를 신중하게 고려하고 연습 시간을 지혜롭게 분배할 것이다. 성찬을 앞두고 성찬에 합당하게 참여하기 위해 준비하는 모든 신자에게도 이런 지혜가 필요하다.

구약 성경을 보면, 하나님은 유월절 하루 전날을 예비일로 지정하시고 그날 하루는 유월절 식사를 준비하게 하셨다. 그러니 우리도 성찬식이 있기 하루 전날인 토요일을 준비일로 지정하고 그날 하루 충분한 시간을 내서 성찬을 준비하는 것도 한 가지 방법이다. 만일 토요일 하루에 몰아서 성찬식 준비를 하는 것보다는 일주일 꾸준하게 성찬식 준비를 하는 것이 더 좋다고 생각하면 그렇게 해도 좋을 것이다. 신약의 성도들에게는 이 부분도 하나님이 자율권을 주셨으니 감사하는 마음으로 지혜롭게 그 권리를 사용하자.

8장.
자주 하는 질문과 답변

✦

질문 1. 성찬에 참여하기 전에 신자가 자기를 점검해야 한다는 규정은 정말 모든 시대, 모든 지역, 모든 교회, 모든 신자에게 적용되는 명령인가?

답변. 그렇다. 성경은 명확하게 말한다. "사람이 자기를 살피고 그 후에야 이 떡을 먹고 이 잔을 마실지니"(고전 11:28). 여기에서 "사람"이라는 단어를 보라. "사람" 앞에 그 어떤 수식어도 보이지 않는다. 어떤 시대나, 어떤 지역이나, 어떤 교회나, 어떤 상태의 신자만이 성찬 전 자기 점검을 해야 한다고 적혀 있지 않다. 그러므로 성찬에 합당하게 참여하기 위해 자기 자신을 살피는 일은 모든 시대, 모든 지역, 모든 교회, 모든 신자가 행해야 할 일이다.

질문 2. 예수를 믿고 성찬에 참여하기 시작한 지 한참 된 사람도 성찬식이 있을 때마다 성찬 전 자기 점검을 통해서 성찬에 참여할 준비를 해야 하는가?

답변. 그렇다. 성경은 명확하게 말한다. "사람이 자기를 살피고 그 후에야 이 떡을 먹고 이 잔을 마실지니"(고전 11:28). 여기에는 그 어떤 제한 조건도 없다. 예를 들어, 다음과 같이 적혀 있지 않다. "예수를 믿은 지 일 년이 채 안 되는 사람은 자기를 살피고 그 후에야 이 떡을 먹고 이 잔을 마실지니", "성찬에 참여한 횟수 50회가 아직 안 되는 사람은 자기를 살피고 그 후에야 이 떡을 먹고 이 잔을 마실지니." 그러므로 예수를 믿고 성찬에 참여하기 시작한 지 오래된 사람도 성찬식이 있을 때마다 성찬 전 자기 점검을 이행해야 한다.

질문 3. 한 해에 3-4회 성찬식을 거행하는 교회에서는 성찬에 참여하기 전에 미리 준비하는 일이 정말 필요할 것 같다. 하지만 내가 속한 교회는 주일마다, 또는 한 달에 한 번씩 성찬식을 거행한다. 그런 교회의 경우는 성찬에 참여하기 위해 따로 준비할 필요가 없는 것 아닌가?

답변. 그렇지 않다. 성경은 명확하게 말한다. "사람이 자기를 살피고 그 후에야 이 떡을 먹고 이 잔을 마실지니"(고전 11:28). 여기에는 교회의 성찬식 시행 횟수에 관한 언급이 전혀 없다. 예를 들어, 다음과 같이 적혀 있지 않다. "한 해에 3-4회 성찬식을 거행하는 교회에서는 사람이 자기를 살피고 그 후에야 이 떡을 먹고 이 잔을 마실지니." 그러므로 지역 교회가 성찬식을 시행하는 빈도와 상관없이 모든 교회의 모든 신자는 성찬에 참여하기 전에 성경이 명령한 자기 점검의 의무를 이행해야 한다. 다만, 지역 교회가 성찬식을 시행하는 빈도에 따라서 성찬 전에 자기를 점검하는 일을 지혜롭게 조정할 수는 있다. 예를 들어, 한 해에 3-4회 성찬식을 거행하는 교회에서는 성찬식 전 한 주간을 성찬식 준비에 사용할 수 있지만, 주일마다 성찬식을 거행하는 교회에서는 그렇게 할 수 없으니 상황에 맞게 준비하는 시간과 방법을 조정할 수 있다.

질문 4. 나는 평소에도 날마다 말씀을 묵상하고 기도하면서 주일 예배를 정성껏 준비하는 사람이다. 성찬식은 주일 예배 중의 한 부분이므로 나 같은 경우는 성찬식을 앞두고 따로 준비할 필요가 없는 것 같다.

답변. 그렇지 않다. 물론 성찬식은 예배 안에서 이루어지고 예배의 일부이기 때문에 하나님을 예배하는 일을 신중하고 성실하게 준비한 사람은 성찬식에 합당하게 참여할 어느 정도의 준비 또는 충분한 준비가 되어 있을 수 있다. 그런데도 성경은 예배의 일부가 되는 성찬식을 특별하게 준비하라고 따로 요구한다. "사람이 자기를 살피고 그 후에야 이 떡을 먹고 이 잔을 마실지니"(고전 11:28). 그러므로 평소에도 날마다 말씀을 묵상하고 기도하면서 주일 예배를 정성껏 준비하는 신실한 신자들도 성찬식과 관련하여 성경이 요구한 의무, 곧 자기를 살피는 일을 반드시 해야 한다.

질문 5. 나는 새벽에 출근해서 밤늦게 퇴근하는 직장에 다니고 있으므로 성찬식 전에 차분하게 성찬식을 준비할 시간적 여유가 전혀 없다. 어떻게 해야 하는가?

답변. 본인의 형편에서 가능한 방법을 찾으면 된다. 시간적 여유가 없어서 하루든 며칠이든 집중해서 성찬식을 준비할 수 없다면, 다른 사람보다 더 일찍 성찬식을 준비하기 시작하고 매일 조금씩 조금씩 준비하는 일을 쌓아라. 가랑비에 옷 젖는다는 말이 있듯이 매일 조금씩 조금씩 성찬식을 준비하는 일도 집중해서 며칠 준비하는 것처럼 효과적일 수 있다.

질문 6. 성찬에 참여하기 전에 자기 점검을 통해서 성찬에 참여할 준비를 해야 한다고 강조한 사람들은 신앙생활을 까다롭게 하기로 유명한 17세기 영국의 청교도들뿐인 것 같다.

답변. 그렇지 않다. 성찬에 합당하게 참여하기 위해 사람이 자기를 먼저 살펴야 한다고 강조한 최초의 사람은 성령의 감화를 받아 고린도전서 11장 28절 말씀을 기록한 사도 바울이다. 17세기의 청교도들은 성경이 요구하는 성찬 전 자기 점검의 중요성을 다시 깨닫고서 자기 점검의 구체적인 내용과 합당한 방식을 자세하게 정리하여 가르치며 실천했을 뿐이다. 교회의 역사를 보면, 하나님의 모든 말씀을 소중히 여기는 신실한 신자들은 시대를 막론하고 고린도전서 11장 28절 앞에서 성찬식에 합당하게 참여하기 위해 신자가 자기 점검을 이행해야 함을 깨달았고 실천했다. 그것을 가장 구체적으로 정리해서 자료로 남긴 사람들이 17세기 청교도들일 뿐이다.

질문 7. 성찬 전 자기 점검 목록을 보면 「웨스트민스터 소요리문답」의 목록과 「웨스트민스터 대요리문답」의 목록은 약간 차이가 나고, 청교도 목사들이 제시하는 목록도 사람마다 약간씩 다르던데, 그중에 어떤 목록을 사용해야 하는가?

답변. 먼저 알 것은 성경은 성찬 전 자기 점검의 목록을 구체적으로 제시하지 않는다는 것이다. 다음으로 알 것은 「웨스트민스터 소요리문답」이나 「웨스트민스터 대요리문답」을 작성한 사람들은 성경 전체를 살펴보면서 성찬 전 자기 점검의 목록을 작성했다는 것이다. 다음으로 알 것은 '소요리문답'은 어린이들에게 가르치는 내용이었기 때문에 '대요리문답'에 비해서 성찬 전 자기 점검의 목록이 짧다는 것이다. 다음으로 알 것은 많은 청교도들이 성찬 전 자기 점검의 목록을 제시할 때 영국과 스코틀랜드 교회의 공적인 인준을 받은 「웨스트민스터 소요리문답」과 「웨스트민스터 대요리문답」이 제시한 자기 점검 목록을 기준으로 삼아 어떤 청교도들은 그 목록 그대로를 따라서 자기 점검을 설명하고 어떤 청교도들은 그 목록을 변형하여 자기 점검을 설명했다는 것이다. 마지막으로 알 것은 성찬에 합당하게 참여할 수 있도록 우리 마음을 준비시켜 주는 목록이면 어떤 목록을 사용하든 상관없다는 것이다. 목록보다 더 중요한 것은 그 목록을 사용하는 사람이고, 사람보다 더 중요한 것은 하나님의 은혜이다.

질문 8. 성경은 성찬에 합당하게 참여하기 위해 자기를 살피라고만 명령하는데, 기도나 금식을 하면서 성찬을 준비하는 것도 괜찮은가?

답변. 물론이다. 하지만 한 가지 주의할 점이 있다. 성찬 준비에 관하여 성경이 명확하게 요구하는 자기 점검을 하지 않고서 기도나 금식만 해서는 안 된다는 것이다. 또한 자기 점검과 전혀 관계없이 기도나 금식을 해서는 안 된다는 것이다. 성찬에 합당하게 참여하기 위해 신자가 준비할 것으로서 성경이 명확하게 요구하는 것은 자기를 살피는 것이다. 그러므로 신자가 성찬을 준비할 때 제일 먼저 그리고 가장 집중해서 해야 할 일은 자기를 살피는 것이다. 그런데 자기를 올바르게 살피다 보면, 기도가 절로 나오게 되고 금식하고 싶은 의욕도 생길 수 있다. 아니면, 기도하고 금식함으로써 자기를 살피는 일을 더 깊이 있게 하고 싶을 수도 있다. 이런 차원에서 기도하고 금식하는 것은 얼마든지 가능하고 바람직하다.

질문 9. 성찬 전 자기 점검을 하면 내 자신의 허물과 연약함을 더 많이 보게 되어 성찬에 참여할 용기를 오히려 잃을 것만 같다. 어떻게 하면 좋은가?

답변. 성찬 전 자기 점검의 목표는 우리가 얼마나 훌륭한 사람이고 탁월한 신자인지를 확인하는 데 있지 않다. 오히려 우리가 참신자이지만 지금도 얼마나 연약하고 부족한지, 여전히 예수 그리스도의 많은 은혜가 얼마나 절박하게 필요한 사람인지를 확인하는 데 있다. 성경이 우리에게 성찬 전에 자기 점검을 필수적인 준비로 요구하는 이유는, 그런 확인을 통해서 우리를 영적으로 배고픈 사람으로 만들고 겸손한 사람으로 만들어서 성찬의 상에 앉히고 거기에서 예수 그리스도의 은혜를 배불리 먹게 하려는 데 있다. 그러므로 성찬 전 자기 점검을 통해서 자기 자신의 허물과 연약함을 더 많이 보게 된다면, 비록 허물과 연약함이 많다는 것이 좋은 일은 아니고 자랑할 일도 아니지만, 그 사람은 성찬에 참여할 준비가 더 잘 된 사람이라고 볼 수 있다. 그러므로 성찬 전 자기 점검을 하면 자기 허물과 연약함을 더 많이 보게 될까 봐 두려워하지 말고, 그것 때문에 성찬에 참여할 용기를 잃지도 말라. 성찬 전 자기 점검을 바르게 하면 누구나 자기 자신의 허물과 연약함을 더 많이 보게 되어 있다. 그렇지 않은 사람이 있다면, 그 사람은 위선자로 심한 책망을 받았던 바리새인과 서기관들 같은 부류의 사람일 것이다.

질문 10. 성찬에 합당하게 참여하기 위해 자기를 살피는 일은 신자가 개인적으로 은밀하게 해야 하는 일인가, 아니면 교회가 함께 해야 하는 일인가?

답변. 성경은 명확하게 말한다. "사람이 자기를 살피고 그 후에야 이 떡을 먹고 이 잔을 마실지니"(고전 11:28). 여기 보면, "사람이 자기를 살피고"라고 적혀 있다. 그러므로 성찬 전 자기 점검은 신자가 개인적으로 은밀하게 해야 하는 일이다. 물론 사람은 자기 자신을 살피는 일을 잘하지 못한다. 아니, 자기 자신을 살피는 일을 좋아하지도 않는다. 하지만 그렇다고 해서 다른 사람이 그 일을 대신해 줄 수 없다.[23] 성경은 각 사람이 자기 자신을 살펴야 한다고 말한다. 각 사람이 자기 자신을 살펴야만, 비록 한계가 있어도 그 과정에서 자기 자신의 허물과 연약함을 보며 예수 그리스도의 은혜에 더욱더 겸손히 매달리게 되기 때문이다. 사람이 자기 자신을 살피는 과정에서 느끼는 한계를 극복하고 해결

---

23 William Bradshaw and Arthur Hildersham, *Preparing for the Lord's Supper,* edited by Lesley A. Rowe (Grand Rapids, MI: Soli Deo Gloria, 2019), 71.

하는 방법은 목사에게 그 일을 맡기는 것이 아니라 사람의 폐부를 꿰뚫어 보시는 하나님을 의지하는 것이다. "하나님이여 나를 살피사 내 마음을 아시며 나를 시험하사 내 뜻을 아옵소서 내게 무슨 악한 행위가 있나 보시고 나를 영원한 길로 인도하소서"(시 139:23-24)

질문 11. 성찬에 합당하게 참여하기 위해 자기 자신을 준비하는 신자들을 위해서 교회가 할 수 있는 일은 무엇인가?

답변. 성찬식은 개인이 혼자서 행하는 예식이 아니라 교회가 함께 참여하는 예식이기 때문에 교회가 주도적으로 성찬을 준비해야 한다. 첫째, 교회는 세례를 받기 위해서 교육을 받는 교인들에게 성찬에 관해서도 철저하게 가르치고, 문답할 때도 성찬을 바르게 이해하고 있는지 확인해야 한다. 세례를 받고 나면 성찬에 참여하게 되는데, 세례를 받는 것에 관해서만 교육하고 성찬에 관해서는 가르치지 않는다면 이상하지 않은가! 둘째, 성찬식이 있을 때 교회는 성찬식이 있을 것을 공고만 하지 말고 성찬에 관한 설교를 미리 함으로써 교인들이 성찬식에 관한 이해를 새롭게 하고 각자 성찬을 준비할 수 있도록 도와야 한다. 셋째, 성찬식이 있는 주일 직전 주간에 교회는 특별새벽기도회를 열거나 수요 예배를 활용하여 교인들이 자기 점검을 할 때 묵상할 수 있는 설교를 전달하여 교인들을 도울 수 있다. 성경이 지키라고 명하지도 않은 절기인 부활절을 지킬 때는 반드시 직전에 한 주간 특별새벽기도회를 하면서, 성경이 지키라고 명한 특별한 예식인 성찬식 직전에는 한 주간 특별새벽기도회를 하지 않는다면 이상하지 않은가! 넷째, 교회는 교인들이 개인적으로 성찬을 준비할 때 활용할 수 있는 가이드북을 한 권씩 구비하게 하고 그것을 활용할 수 있도록 도울 수 있다. 세례를 받는 교인들에게 이런 가이드북을 한 권씩 선물한다면, 나중에 모든 교인이 성찬 준비 가이드북을 다 소지하고서 쉽게 활용할 수 있을 것이다.

PART

02

성찬 전 묵상
자료

01

성찬의
본질

월요일 묵상

✦

예수님께서 유월절 식사를 성찬식으로 전환해 주시는 자리에서 하신 말씀을 묵상해 본다. "내가 고난을 받기 전에 너희와 함께 유월절 먹기를 원하고 원하였노라"(눅 22:15). 여기서 예수님은 "(내가) 원하고 원하였노라"라는 표현을 쓰셨다. 자신의 제자들에게 성찬의 상을 차려 주시고 그들에게 성찬의 떡과 잔을 먹여 주시는 일을 예수님께서 얼마나 간절히 원하셨으면 그런 표현을 쓰셨을까? 그렇다. 예수님은 제자들을 위해 성찬의 상을 차려 주시기를 간절히 원하셨고, 제자들이 성찬의 상에 참여하기를 간절히 원하셨으며, 성찬의 상에서 제자들과 함께 먹고 마시기를 간절히 원하셨다. 이처럼 성찬식은 예수님께서 신자들을 위해 간절한 마음으로 친히 차려 주시고 친히 먹여 주시는 식사의 자리이다. 아, 나도 성찬의 상에 앉아 다음과 같이 말할 수 있기를! "주님, 오늘 성찬의 상에서 주님과 함께 먹고 마시기를 저도 원하고 원했습니다."

예수님께서 집례하신 첫 번째 성찬식에 참여한 제자들이 어떤 사람들이었는지를 생각해 본다. 그들은 신앙적으로나 인격적으로나 결함이 많았다. 그들은 십자가에서 못 박혀 죽으실 예수님을 배신할 사람들이었고, 목숨을 건지기 위해 숨고 도망칠 사람들이었다. 하지만 예수님은 그들에게 성찬의 상을 베풀어 주셨다. 그리고 그 자리에서 그들의 구원을 위해 자신이 십자가에서 고난받고 죽으실 것을 사랑으로 말씀해 주셨다. "이것은 너희를 위하여 주는 내 몸이라"(눅 22:19). "이것은 죄 사함을 얻게 하려고 많은 사람을 위하여 흘리는바 나의 피, 곧 언약의 피니라"(마 26:28). 예수님은 자기 사람들을 얼마나 사랑하시길래 이렇게 하실 수 있었을까? 아, 성찬식은 잘나고 훌륭한 신자들만 아니라 못나고 부족한 신자들을 위해 우리 구주 예수 그리스도께서 깊고 큰 사랑으로 차려 주시는 식사의 자리이다. 성찬의 상에 앉을 때 나는 주님께 고백할 것이다. "주님, 자격 없고 못난 사람이지만 주님의 사랑에 이끌려 이 상에 앉았습니다."

성찬식을 제정해 주시면서, 예수님은 다음과 같이 말씀하셨다. "이를 행하여 나를 기념하라"(눅 22:19). 예수님은 왜 우리에게 성찬식을 행하라고 명령하셨을까? 예수님은 왜 성찬식을 행함으로써 자기를 기념하라고 명령하셨을까? 생각해 보면, 우리가 성찬의 상에서 예수님을 기념하고 예수님께서 우리를 위해 고난받고 죽으신 것을 기념하면, 그것이 우리에게 놀라운 유익이 되기 때문이다. 또 생각해 보면, 우리가 성찬의 상에 앉아 주님께서 주시는 떡과 잔을 먹고 마시면서 예수님을 기념하게 되면, 우리의 믿음이 강화되고 예수 그리스도와 우리의 연합은 더 견고해지며 우리가 누리게 되는 영적인 유익과 복이 더 풍성해지기 때문이다. 아, 예수님은 순전히 우리의 유익을 위해 성찬식을 제정해 주시고 그것을 행하라고 명령하셨다. 아, 성찬식은 예수님이 우리에게 신령한 유익을 주기 위해 차려 주시는 거룩한 식사의 자리이다. 내가 성찬의 상에 앉을 때, 주님은 말씀하실 것이다. "성찬의 상에서 내 은혜를 풍성히 받고 누려라."

더 깊은 묵상과 기도

화요일 묵상

✦

내가 참여할 성찬의 상을 머릿속에 그려 본다. 성찬의 상은 화려하지 않다. 떡과 잔이 있을 뿐이다. 성찬의 상에 앉아 우리가 하는 식사도 화려하지 않다. 적은 분량의 떡과 잔을 먹고 마실 뿐이다. 하지만 예수님의 말씀을 생각해 보면, 성찬식은 결코 소박하거나 간단한 식사가 아니다. 예수님은 떡과 잔을 들고 말씀하셨다. "이것은 너희를 위하여 주는 내 몸이라"(눅 22:19). "이것은 죄 사함을 얻게 하려고 많은 사람을 위하여 흘리는바 나의 피 곧 언약의 피니라"(마 26:28). 예수님의 이 말씀 때문에 성찬의 상에서 우리가 먹고 마시는 것은 평범한 떡과 포도주이지만, 그것을 먹고 마실 때 우리는 예수님이 십자가에서 찢겨 주신 살과 흘려 주신 피를 신령한 방식으로 먹고 마시게 된다. 그래서 바울은 이렇게 말했다. "우리가 축복하는바 축복의 잔은 그리스도의 피에 참여함이 아니며 우리가 떼는 떡은 그리스도의 몸에 참여함이 아니냐"(고전 10:16). 그래서 나는 성찬식을 바라볼 때마다 옛날 모세가 광야에서 불타는 떨기나무를 보았던 때처럼 마음이 떨린다.

성찬의 상은 그 자체로도 신비한 식사이지만 성령 하나님께서 역사하실 때 실제로 신비로운 식사가 된다. 바울은 말했다. "오직 하나님이 성령으로 이것을 우리에게 보이셨으니 성령은 모든 것 곧 하나님의 깊은 것까지도 통달하시느니라"(고전 2:10). 우리가 성찬의 상에 앉아 떡과 잔을 받아 눈으로 보며 입으로 먹을 때, 성령 하나님은 그리스도의 몸이 나를 위해 찢어진 일과 그리스도의 피가 나를 위해 흘린 일의 참된 의미를 보여 주시고, 믿을 수 있게 하시며, 그 은택을 더 풍성히 경험하게 하신다. 바로 이때 성찬의 상은 나에게 실제로 신비로운 식사가 된다. 그러니 성찬식에는 사람의 감정을 자극하는 음악이나 영상이 필요 없다. 예수님은 그런 것 없이 첫 번째 성찬식을 집례하셨다. 성찬식에 정말 필요한 것은 성령 하나님의 역사이다. 그래서 성찬식을 앞두고 있을 때마다 나는 더 간절히 기도하게 된다. "오, 주여! 이번 성찬의 상에서 성령 하나님께서 모든 신자의 마음에 놀랍고도 풍성하게 역사하게 하여 주옵소서."

문득 히브리서 11장 6절 말씀이 떠오른다. "믿음이 없이는 하나님을 기쁘시게 하지 못하나니 하나님께 나아가는 자는 반드시 그가 계신 것과 또한 그가 자기를 찾는 자들에게 상 주시는 이심을 믿어야 할지니라" 성찬의 상에서 성령 하나님께서 은혜로운 역사를 진행하실 때, 그것을 실제로 경험하는 사람은 어떤 사람일까? 성찬식이 떡 한 조각 먹고 잔 한 모금 마시면 끝나는 식사라며 가볍게 여기고 별 기대감 없이 성찬식에 참여하는 사람일까? 성찬의 상에 앉아 자신의 기억력이나 감성을 총동원하여 예수님의 죽으심을 기념하려고 혼자서 애쓰는 사람일까? 믿음으로 성찬의 상에 앉아 그리스도의 영광을 신자에게 나타내 주시는 성령 하나님의 신비로운 작용을 의지하는 사람일까? 오늘 나는 굳게 다짐한다. "나를 위해 십자가에서 고난받고 죽으신 예수님을 믿는 믿음, 성찬의 상을 신비로운 식사로 만드신 예수님을 믿는 믿음, 성찬의 상에서 은혜로운 역사를 베푸시는 성령 하나님을 의지하는 믿음, 나는 믿음으로 이번 성찬식에 참여할 것이다."

더 깊은 묵상과 기도

수요일 묵상

✦

성찬의 상을 바라볼 때마다 내 마음은 행복해진다. 예수님께서 성찬의 상을 차려 놓으시고 우리더러 와서 먹으라고 부르시는 이유 때문이다. 어떤 엄마가 자기가 낳은 자식에게 때를 따라 먹을 것을 주려는 이유가 무엇이겠는가! 자기가 낳은 자식이 먹어야 살 수 있고, 먹어야 건강해질 수 있고, 먹어야 자랄 수 있기 때문이다. 예수님께서 우리에게 성찬의 상을 차려 주시고 와서 먹으라고 초대하시는 이유도 똑같다. 예수님은 우리가 뭘 특출하게 잘했거나 영적으로 대단한 성장을 이루었기에 성찬의 상을 차려 놓고 우리를 부르시는 게 아니다. 그래서 예수님은 성찬의 상을 차려 놓고 모든 신자를 초대하시되 연약한 신자들, 모자란 신자들, 실패한 신자들, 힘을 잃은 신자들을 더 특별하게 초대하신다. 그런 신자들이 성찬의 상에서 주님의 살과 피를 먹고 마심으로 다시 소생하고 강건해지기를 애타게 바라시기 때문이다. 그래서 나는 성찬의 상을 바라보며 감탄한다. "아, 성찬의 상을 차려 놓고 우리를 초대하신 주님의 마음은 이처럼 고마운 마음이구나!"

성찬의 상을 바라볼 때마다 내 마음은 행복해진다. 예수님의 영적인 임재 때문이다. 첫 번째 성찬식에서 예수님은 처음부터 끝까지 제자들과 함께하셨다. 친히 떡을 떼어 주시고 잔을 건네 주셨다. 그렇게 첫 번째 성찬식을 친히 집례하시고서 우리에게 성찬식을 행하라고 명령하신 예수님께서 지금 우리가 행하는 성찬식에 함께하지 않으실까? 그러실 리가 없다. 비록 지금 예수님의 몸은 하나님의 보좌 우편에 앉아 계시지만, 예수님은 지금도 성찬식 가운데 영적으로 임재하셔서 신령한 양식으로 우리를 친히 먹여 주시며 우리와 더불어 신령한 교제를 나누어 주신다. 평소에 강단에서 복음을 설교하는 목사가 성찬식에서 우리에게 떡을 떼어 주고 잔을 건네 주는 것은 성찬식 안에서 우리와 함께하시는 예수님을 대리하는 신령한 행동이다. 그래서 나는 성찬의 상을 바라보며 감격한다. "아, 나 같은 사람이 주님과 한 상에 앉아서 주님께서 친히 먹여 주시는 복을 누리다니!"

성찬의 상을 바라볼 때마다 내 마음은 행복해진다. 내가 신앙적으로 아무리 약하고 부족해도 성찬의 상에서는 그것이 문제가 되지 않기 때문이다. 어느 때는 마치 식욕을 잃어 밥 생각이 전혀 없는 사람처럼, 성찬에 참여하여 예수님과 신령한 교제를 나누고픈 의욕이 매우 낮을 때도 있다. 어느 때는 마치 기운이 바닥나서 숟가락 들 힘조차 없는 사람처럼 믿음으로 성찬에 참여하여 떡과 잔을 먹고 마실 힘이 매우 적을 때도 있다. 어느 때는 마치 몸에 병이 든 사람처럼 내 영혼이 여러 가지 질병으로 심하게 앓을 때도 있다. 하지만 자식이 입맛이 없거나 숟가락 들 힘조차 없거나 몸에 병이 많을수록 더 애써서 그 자식을 식탁에 앉히고 친히 먹여 주는 엄마처럼, 우리 구주 예수 그리스도도 더욱 애써 나를 성찬의 상으로 부르시고, 그 자리에 앉게 해 주시고, 그 자리에서 나를 신령한 양식으로 먹여 주신다. 그래서 나는 성찬의 상을 바라보며 탄복한다. "아, 내가 연약할수록 성찬의 상에서 주님은 나를 더 자비롭게 대해 주시는구나!"

더 깊은 묵상과 기도

목요일 묵상

✦

생각해 보면, 성찬은 성부 하나님과 함께하는 식사이다. 첫 번째 성찬식에서 예수님은 떡과 잔을 들고 먼저 성부 하나님께 감사의 기도를 올리셨다. "그들이 먹을 때에 예수께서 떡을 가지사 축복하시고… 또 잔을 가지사 감사 기도하시고"(막 14:22, 23). 성찬식에서 왜 예수님은 제일 먼저 성부 하나님을 우러러보며 감사하셨을까? 우리가 식사할 때 먼저 어떤 사람에게 감사한다면, 그 이유는 그 사람이 음식을 직접 요리했든지, 그 식사를 위한 비용을 지불했든지 둘 중 하나이다. 예수님이 성찬식에서 떡과 잔을 들고 먼저 성부 하나님께 감사하신 것은 성찬이라는 식사가 가능하게 하신 장본인이 성부 하나님이시기 때문이다. 그래서 성찬식은 성자 예수 그리스도와 신령한 교통을 나누는 자리인 동시에 성부 하나님과도 신령한 교통을 나누는 자리이다. 요한일서 1장 3절이 기억난다. "우리가 보고 들은 바를 너희에게도 전함은 너희로 우리와 사귐이 있게 하려 함이니 우리의 사귐은 아버지와 그의 아들 예수 그리스도와 더불어 누림이라."

생각해 보면, 성찬은 성령 하나님과 함께하는 식사이기도 하다. 첫 번째 성찬식에 관한 성경의 기록에는 성령 하나님이 언급되지 않는다. 하지만 예수님은 다른 곳에서 말씀하셨다. "진리의 성령이 오시면 그가 너희를 모든 진리 가운데로 인도하시리니… 그가 내 영광을 나타내리니 내 것을 가지고 너희에게 알리시겠음이니라"(요 16:13, 14). 이 말씀에 비추어 볼 때, 성령 하나님은 성찬식과 무관하실 수가 없다. 성찬식 안에서 예수님은 우리를 구원하시는 자신의 영광을 우리에게 보여 주고 싶어 하시고, 자신이 고난받고 죽음으로써 사신 영원한 생명을 우리 안에 실제로 전달해 주고 싶어 하시는데, 어떻게 성령 하나님이 성찬식 안에서 가만 계시겠는가! 이런 점에서 우리는 성찬식에서 성령 하나님과도 신령한 교제를 나누게 된다. 아니, 좀 더 정확하게 말하자면, 성찬식에서 성령 하나님은 매우 적극적으로 우리에게 다가오시며 우리와 신령한 교제를 나누어 주신다.

이렇게 생각해 보면, 결국 성찬은 성부, 성자, 성령 삼위 하나님과 함께하는 식사이다. 성찬식에서 거룩하신 삼위일체 하나님은 성찬의 상에 둘러앉아 떡과 잔을 먹고 마시는 한 사람 한 사람을 신령한 양식으로 배불리 먹이시려고 각자 맡은 일을 하시며 또한 협동 작전을 펼치신다. 그래서 우리는 성찬식에서 성부, 성자, 성령 하나님이 우리에게 먼저 베풀어 주시는 친밀한 교제에 참여하게 된다. 그러니 성찬식보다 더 존귀하고 더 영광스러운 식사의 자리는 이 세상에 없다. 우리 눈에 보이는 성찬식은 정말 초라한 식사이다. 성찬식은 화려한 장소에서 진행되는 것도 아니고 참여하는 사람들도 화려한 사람들이 아니다. 성찬식에서 우리가 먹는 떡과 마시는 포도주는 세상 평범한 음식이다. 더욱이 우리는 그것을 아주 적은 분량만 먹는다. 그것을 먹고 마시는 시간도 매우 짧다. 하지만 성찬식은 우리가 이 땅에서 참여할 수 있는 모든 식사 중에서 가장 영광스러운 식사의 자리이다. 나는 이번에도 성찬의 상에서 그 영광을 누릴 것이다.

더 깊은 묵상과 기도

금요일 묵상

✦

사도 바울은 성찬식 안에서 우리가 떡과 잔을 받아서 먹고 마실 때, 우리의 그런 행동이 무엇을 의미하는지 설명했다. "너희가 이 떡을 먹으며 이 잔을 마실 때마다 주의 죽으심을 그가 오실 때까지 전하는 것이니라"(고전 11:26). 여기에서 '전하다'라는 동사는 '공개적인 자리에서 큰 소리로 선언하다 또는 강력하게 선포하다'라는 뜻을 지니고 있다. 그러니까 우리가 성찬식에서 떡과 잔을 받아서 먹고 마실 때 우리의 그런 행동은 당장 그 자리에서부터 무엇인가를 공개적으로 또한 강력하게 선포하는 행위라는 말이다. 그런데 다른 것을 전하는 것이 아니라, '주의 죽으심'을 전하는 것이라고 했으니, 성찬의 떡과 잔이 상징하는바 예수 그리스도의 대속적인 죽으심을 공개적으로 강력하게 선포하는 행위라는 말이다. 이렇게 생각해 보면, 성찬의 상은 삼위 하나님께서 우리에게 신령한 양식을 먹여 주시는 자리이기도 하지만, 우리 쪽에서도 예수 그리스도의 대속적인 죽으심을 공개적으로 강력하게 선포하는 자리이기도 하다.

그러면 성찬식에서 우리는 그리스도의 죽으심과 관련하여 최소한 어떤 내용을 선포해야 하는 걸까? 비슷한 경우를 생각해 본다. 어떤 사람이 어떤 결혼식 피로연에 참석하여 식사한다면, 그 사람의 그런 행동은 그 자리에서 무엇을 공개적으로 선언하는 행동이라고 말할 수 있을까? 최소한 다음 몇 가지일 것이다. 첫째로, 자기가 신랑이나 신부의 지인이라는 사실. 둘째로, 자기가 두 사람의 결혼을 진심으로 축하한다는 사실. 셋째로, 자기가 두 사람의 행복을 진심으로 바란다는 사실이다. 이렇게 생각해 보면, 우리가 성찬식에 나아가 떡과 잔을 먹고 마신다는 것은 최소한 다음 세 가지를 공개적으로 선포하는 것이라고 말할 수 있다. 첫째, 예수님의 죽으심이 나의 죄 때문이며 나의 구원을 위한 대속의 죽음이라는 것. 둘째, 예수님의 죽으심이 우리에게 구원의 능력이 된다는 것을 내가 진실하게 믿고 의지한다는 것. 셋째, 예수님의 죽으심에 내가 더 깊이 연합하여 그 죽으심이 우리에게 가져오는 풍성한 구원을 더 풍성하게 경험하고 싶다는 것이다.

그러면 성찬식에서 우리는 누구를 향해 위와 같은 것을 선포하는 것일까? 일차적으로는 우리가 성찬의 상에 앉아 떡과 잔을 받을 때 그것을 지켜보는 이들에게 선포하는 것이리라. 제일 먼저는 거룩하신 삼위일체 하나님이고, 다음으로는 우리와 함께 성찬의 상에 둘러앉은 교우들이다. 다음으로는 성찬식을 지켜보는 모든 교우이다. 물론 우리는 세상 사람들에게도 그리스도의 죽으심을 선포해야 한다. 하지만 성찬식은 교회 안에서 이루어지는 의식이니만큼 우선 삼위일체 하나님과 교우들 앞에서 그리스도의 죽으심을 선포하는 자리가 된다. 그렇게 함으로써 먼저는 교회 안에 예수 그리스도의 죽으심이 풍성하게 선포되고 성찬식에서 그렇게 한 교우들이 세상에 나아가 예수 그리스도의 죽으심을 선포하는 일이 이어지게 된다. 그래서 오늘 나는 질문한다. "나는 성찬의 상에 앉아 하나님 앞과 교회 앞에서 주님의 죽으심을 올바르고 강력하게 선포할 준비가 되어 있는가? 또 실제로 그렇게 선포하는가? 또 세상에도 그렇게 선포하는가?"

더 깊은 묵상과 기도

토요일 묵상

✦

성찬의 상에서 그리스도의 죽음을 선포하는 일을 생각하면서 다음과 같이 물을 수 있다. "나는 성찬의 상에서 거룩하신 삼위 하나님 앞과 모든 교우 앞에서 그리스도의 죽으심을 선포할 때, 구체적으로 뭐라고 선포해야 하는 걸까?" 먼저는 다음과 같은 내용을 진실하고 강력하게 선포해야 한다. "하나님, 저는 하나님 앞에서 죄인입니다. 제가 십자가에 못 박혀야 했고, 제가 지옥에 떨어져 하나님의 영원한 진노를 받아야 했습니다. 그런데 죄 없으신 예수님께서 저 대신 십자가를 지시고, 저 대신 하나님의 진노를 받으셨습니다. 그래서 오늘 저는 이렇게 성찬의 상에 앉아 떡과 잔을 받아서 먹고 마십니다. 교우 여러분, 여러분이 저를 어떻게 생각하시는지 잘 몰라도 사실 저는 여러분이 알고 있는 것보다 훨씬 더 큰 죄를 지었고 훨씬 더 악한 사람입니다. 죄 없으신 예수님께서 저를 대신해서 죽지 않으시면 제 죄가 해결될 수 없을 정도로 그렇게 큰 죄를 지은 악한 사람입니다. 그래서 오늘 저는 이렇게 성찬의 상에 앉아 떡과 잔을 받아서 먹고 마십니다."

또 다음과 같이 물을 수 있다. "나는 성찬의 상에서 거룩하신 삼위 하나님 앞과 모든 교우 앞에서 그리스도의 죽으심을 선포할 때 구체적으로 뭐라고 선포해야 하는 걸까?" 다음과 같은 내용을 진실하고 강력하게 선포해야 한다. "하나님, 예수님이 십자가에서 고난을 받으신 모든 일은 저의 모든 죄와 허물을 깨끗하게 하고 저에게 완전한 의를 선물로 주는 놀라운 능력이 됩니다. 저는 그것을 믿고 경험한 사람입니다. 그것에 대한 고백으로 오늘 저는 여러분과 함께 떡과 잔을 받아서 먹고 마십니다. 교우 여러분, 성찬의 상에 앉은 저를 보십시오. 저도 여러분이 믿고 의지하는 예수님을 똑같이 믿고 의지하는 사람입니다. 저도 여러분과 똑같이 십자가에 달려 죽으신 예수님을 믿고 그 믿음으로 구원받은 사람입니다. 그것에 대한 고백으로 오늘 저는 여러분과 함께 떡과 잔을 받아서 먹고 마십니다. 저와 여러분은 다른 점이 많지만 똑같은 믿음을 가지고 있습니다. 우리는 믿음 안에서 하나입니다. 저와 여러분은 믿음 안에서 가족입니다.”

또 다음과 같이 물을 수 있다. “나는 성찬의 상에서 거룩하신 삼위 하나님 앞과 모든 교우 앞에서 그리스도의 죽으심을 선포할 때 구체적으로 뭐라고 선포해야 하는 걸까?” 다음과 같은 내용을 진실하고 강력하게 선포해야 한다. “하나님, 저는 오래전에 예수님을 믿었고 예수님께서 죽으심으로 저를 구원하시는 능력을 경험했습니다. 하지만 저는 예수님의 죽으심에 더 깊이 연합하고 싶습니다. 예수님께서 죽으심으로 우리에게 주시는 영원한 생명이 제 영혼에 더 크고 풍성하게 임하기를 원합니다. 그래서 오늘 성찬의 자리에 앉아 주님의 은혜를 고대합니다. 교우 여러분, 저는 여러 면에서 부족과 결핍이 있는 사람입니다. 예수님의 생명을 더 풍성하게 공급받아야 할 필요가 절실한 사람입니다. 저는 영적으로 성장하고 싶고 풍요로워지고 싶습니다. 그래서 저는 오늘 여러분과 함께 성찬의 상에 앉아 떡을 받아서 먹고 잔을 받아 마십니다. 주님께서 제게 생명을 더 풍성하게 해 주시면 여러분을 더 사랑하고 더 섬기고 싶습니다.”

더 깊은 묵상과 기도

묵상 주제

02

그리스도의
고난과
죽음(1)

월요일 묵상

✦

첫 번째 성찬식에서 예수님은 성찬식의 목적을 다음과 같이 말씀하셨다. "너희가 이를 행하여 나를 기념하라"(눅 22:19). 그리고 떡과 잔을 들고 말씀하셨다. "이것은 너희를 위하여 주는 내 몸이니라"(19절). "이 잔은 내 피로 세우는 새 언약이니 곧 너희를 위하여 붓는 것이라"(20절). 종합해 보면, 성찬식의 1차 목적은 우리가 예수 그리스도를 기념하는 데 있다. 더 구체적으로 말하자면, 예수 그리스도께서 우리를 구원하시기 위해 고난받으시고 죽으셨던 일을 기념하는 데 있다. 그러므로 성찬식 참여를 준비할 때 우리가 가장 먼저 해야 할 일, 가장 중요하게 해야 할 일은 예수 그리스도와 그리스도의 고난을 집중해서 묵상하고 더 확고하게 믿는 것이다. 성찬의 상에 앉아 떡과 잔을 보고 만지고 먹으면서 우리가 제일 중요하게 해야 할 일도 바로 그 일이다. 사도 바울의 결심이 우리에게도 필요하다. "내가 너희 중에서 예수 그리스도와 그가 십자가에 못 박히신 것 외에는 아무것도 알지 아니하기로 작정하였음이라"(고전 2:2).

성찬식을 앞두고 예수 그리스도와 그리스도의 고난을 묵상하려니 19세기 영국 런던의 침례교회 설교자 찰스 스펄전(Charles Spurgeon) 목사의 말이 생각난다. "그리스도께서 우리를 위해서 대신 받으신 고난을, 나는 설교자로서 온전하게 설명할 능력이 없습니다. 그 고난은 인간의 지혜나 지식으로 헤아려 알 수 있는 것도 아니며, 사람의 어떤 말로 설명할 수 있는 것도 결코 아닙니다. 그 고난은 하나님께서 우리에게 친히 보여 주시고 가르쳐 주시지 않으면 결코 알 수 없는 매우 신비로운 고난입니다."[24] 설교의 황태자라고 불

---

24   출처 미상

리는 스펄전 목사가 그렇게 말할 정도였다면, 나 같은 평범한 사람이 그리스도의 고난을 깊이 묵상하고 상상력을 최대한 동원하여 십자가의 고난을 묵상한다고 해서 그리스도의 고난을 제대로 이해할 수 있을까? 불가능한 일이다. 하지만 소망이 없는 건 아니다. 예수님은 이렇게 말씀하셨다. "내 아버지께서 모든 것을 내게 주셨으니 아버지 외에는 아들을 아는 자가 없고 아들과 또 아들의 소원대로 계시를 받는 자 외에는 아버지를 아는 자가 없느니라"(마 11:27).

그래서 스펄전 목사는 이런 말을 덧붙였다. "모세가 호렙산 떨기나무 아래서서 그 불을 보고 나아갈 때 신발을 벗었던 것처럼, 하나님 앞에서 경외심을 품고 여러분의 신발을 벗으십시오. 그런 다음 하나님께서 보여 주시는 그리스도의 고난을 들여다보십시오." 그래서 오늘 나는 간구한다. "하나님 아버지, 성찬의 상에 한 번 더 참여할 수 있도록 저를 불러 주시니 감사합니다. 저는 지금 하나님의 부르심을 따라 성찬의 상에 나아가려고 준비를 하고 있습니다. 제가 성찬의 상에 합당하게 참여하려면 예수 그리스도와 그리스도의 고난을 바르게 알고 믿어야 하는데, 저의 힘과 노력으로는 불가능한 일입니다. 그러니 하나님, 저는 하나님의 은혜와 긍휼을 의지합니다. 저를 불쌍히 여기시고 은혜를 베풀어 주옵소서. 예수 그리스도와 그의 고난을 저에게 더 깊이 가르쳐 주시고, 더 온전히 믿게 하시며, 그리스도와 그리스도의 구원을 즐거워하며 감사하게 하옵소서."

더 깊은 묵상과 기도

화요일 묵상

✦

예수님은 평생에 걸쳐 고난을 받으셨다. 하지만 겟세마네 동산에 들어가시면서부터 본격적으로 극심한 고난을 겪기 시작하셨다. 이때 예수님은 제자들에게 매우 이례적인 말씀을 하셨다. "내 마음이 매우 고민하여 죽게 되었으니"(마 26:38). 예수님은 사람에게 기대거나 의존하시는 분이 결코 아니셨다. 그런데 겟세마네 동산에서는 예수님을 짓누르는 고통이 얼마나 컸던지 매우 이례적으로 당신의 고통을 그렇게 토로하셨다. 마가복음은 이때 예수님께서 느끼신 감정을 좀 더 자세하게 설명한다. "심히 놀라시며 슬퍼하사 말씀하시되 내 마음이 심히 고민하여 죽게 되었으니"(막 14:33-34). 이처럼 겟세마네 동산에서 극심한 놀람과 슬픔과 고통이 한꺼번에 예수님의 몸과 영혼을 짓누르고 있었다. 이런 상황에서 땅에 엎드려 기도하시는 예수님의 몸에서는 고통의 극심함을 보여 주는 반응이 나타나고 있었다. "땀이 땅에 떨어지는 핏방울같이 되더라"(눅 22:44). 아, 이때 예수님은 얼마나 고통스러우셨을까?

겟세마네 동산에서 예수님께서 겪으신 고난의 정체는 무엇이었을까? 예수님께서 하나님을 향해 드린 기도에서 그것을 알 수 있다. "아빠 아버지여 아버지께는 모든 것이 가능하오니 이 잔을 내게서 옮기시옵소서"(막 14:36). 여기에서 '잔'은 구약 성경에서 자주 언급되는 '하나님께서 내리시는 진노의 잔'을 의미한다. "이스라엘의 하나님 여호와께서 이같이 내게 이르시되 너는 내 손에서 이 진노의 술잔을 받아 가지고 내가 너를 보내는바 그 모든 나라로 하여금 마시게 하라"(렘 25:15). 따라서 예수님께서 기도 중에 언급하신 '잔'

은 궁극적으로 십자가의 고난과 죽음을 가리킨다. 그런데 예수님은 기도 중에 '이 잔'이라는 표현을 사용하셨다. 마치 하나님께서 내리시는 진노의 잔을 자신이 이미 마시고 있는 것처럼 말씀하신 것이다. 그렇다. 겟세마네 동산에서 예수님은 십자가에 못 박혀 겪게 될 하나님의 진노와 영원한 형벌을 이미 맛보고 계셨다. 그래서 예수님은 겟세마네 동산에 들어가시면서 심히 놀라셨고 깊이 슬퍼하셨으며 죽을 정도로 괴로워하셨다.

겟세마네 동산에 계실 때, 예수님은 아직 십자가에 못 박히지 않은 상태였다. 하나님의 영원한 진노가 완전한 분량으로 쏟아지는 상황도 아니었다. 그런데도 하나님의 진노를 맛보시는 순간부터 견딜 수 없는 고통을 몸과 영혼에 느끼셨다. 그러니 십자가에 못 박혀 하나님의 영원한 진노를 한 몸에 다 받아야 했을 때, 얼마나 더 고통스러우셨을까? 얼마나 더 힘드셨을까? 예수님도 겟세마네 동산에서 죄에 대한 하나님의 진노를 맛보는 순간 아셨을 것이다. 십자가에 못 박혀 하나님의 영원한 진노를 한 몸에 다 받는 것이 얼마나 참혹한 일인지! 그래서 "할 수만 있으면 이 잔을 내게서 옮기시옵소서"라고 기도하셨을 것이다. 하지만, 예수님은 거기에서 꺾이지 않으셨다. 예수님은 자신이 받아야 할 고난의 극심함을 미리 다 맛보셨지만, 우리를 구원하시기 위해 성부 하나님의 뜻을 따라 십자가의 고난과 죽음을 받아들이셨다. "그러나 나의 원대로 마시옵고 아버지의 원대로 하옵소서"(막 14:36).

더 깊은 묵상과 기도

수요일 묵상

✦

겟세마네 동산에서 예수님은 철저히 혼자였다. 물론 제자들이 예수님과 함께 있었다. 하지만 그들은 예수님께서 겪고 계신 고통을 이해하지 못했다. 예수님은 그들에게 "나와 함께 깨어 있으라"(마 26:38)라고 부탁하셨지만, 그들은 예수님을 혼자 버려두고 깊은 잠에 빠져들었다. 그래서 예수님은 몸과 마음을 짓누르는 견딜 수 없는 중압감을 혼자 견디며 버티셔야 했고 혼자 눈물로 간구하셔야 했다. 그러니 겟세마네 동산에서 예수님이 겪으신 고난은 우리의 죄 때문에 하나님께서 내리시는 맹렬한 진노를 맛보는 것만은 아니었다. 그곳에서 예수님은 처절한 외로움도 함께 겪으셔야 했다. 평소에도 "여우도 굴이 있고 공중의 새도 거처가 있으되 인자는 머리 둘 곳이 없다"(마 8:20)라고 말씀하셨던 예수님은 겟세마네 동산에서 더 힘들고 더 처절한 외로움을 견디고 계셨던 것이다. 얼마나 처절한 외로움을 느끼셨으면, 잠든 제자들을 깨우시며 말씀하셨을까! "너희가 나와 함께한 시간도 이렇게 깨어 있을 수 없더냐"(마 26:40).

처절한 외로움은 이후에도 계속되었다. 로마 군인들에게 체포되실 때도 예수님은 혼자셨다. 제자들이 예수님을 버려두고 달아나 버렸기 때문이다. 체포된 후 밤새도록 여기저기 끌려다니며 말도 안 되는 재판을 받으시는 동안에도 예수님은 혼자셨다. 예수님을 변호해 주는 사람은 물론이고 예수님과 함께하는 사람조차 없었다. 밤샘 재판이 끝나고 새벽에 로마 군인들에게 온갖 조롱을 당하며 채찍을 맞을 때도 예수님은 혼자셨다. 십자가를 짊어지시고 골고다 언덕으로 걸어가시는 길부터는 예수님을 동정하며 울어 주는 사람들이 생겼지만, 사실 그때도 예수님은 혼자셨다. 예수님께서 겪고 있는 고통을 이해하는 사람은 아무도 없었고, 그 고통을 조금이라도 나눠 질 수 있는 사람도 없었다. 마지막으로 십자가에 못 박혀 고난을 받는 중에는, 지금까지 겪은 모든 외로움을 다 합한 것보다 더 큰 외로움을 겪으셔야 했다. 성부 하나님마저도 예수님을 버리셨기 때문이다. "나의 하나님 나의 하나님 어찌하여 나를 버리셨나이까"(마 27:46).

예수님은 왜 이렇게 처절한 외로움을 겪으셔야 했던 걸까? 처절한 외로움은 예수님께서 우리의 죄를 대신 감당하실 때 반드시 함께 감당해야 할 고난이었기 때문이다. 사마리아 우물 곁에서 예수님은 말씀하셨다. "내게는 너희가 알지 못하는 먹을 양식이 있느니라. 나의 양식은 나를 보내신 이의 뜻을 행하며 그의 일을 온전히 이루는 이것이니라"(요 4:32-34). 성부 하나님은 우리의 구원을 위해 예수님을 이 세상에 보내셨고, 예수님은 성부 하나님의 뜻을 행하기 위해 우리 죄를 대신 짊어지시고 고난받으시고 십자가에 못 박혀 죽으셔야 했는데, 그 모든 일은 우리가 조금이라도 도울 수 없고 예수님 혼자서 감당하셔야 하는 일이었다. 그래서 예수님은 평생 처절한 외로움을 겪으셔야 했고, 겟세마네 동산부터는 더 처절한 외로움을 겪으시다가, 십자가 위에서는 성부 하나님으로부터 버림을 받는 최고의 외로움까지 겪으셔야 했다. 아, 우리의 구원을 위해 예수님은 가장 극심한 고통과 가장 극심한 외로움을 함께 감당하셨다!

더 깊은 묵상과 기도

목요일 묵상

✦

예수님은 제자들에게 자기의 고난과 죽음을 미리 설명해 주셨다. "인자가 이 방인들에게 넘겨져 희롱을 당하고 능욕을 당하고 침 뱉음을 당하겠으며 그들은 채찍질하고 그를 죽일 것이나 그는 삼 일 만에 살아나리라 하시되"(눅 18:32-33). 이처럼 예수님은 자신이 죽임을 당하는 과정에서 여러 가지 고난을 겪을 거라고 말씀하셨는데, 세어 보면 네 가지다. 희롱을 받는 것, 능욕을 받는 것, 침 뱉음을 받는 것, 채찍질을 당하는 것. 예수님은 왜 자신의 고난과 죽음을 예고하시면서 자신이 죽음에 이르는 과정에서 겪게 될 이 네 가지를 언급하셨을까? 자신이 받으실 고난과 죽음의 모든 과정이 굉장히 수치스럽고 치욕스럽다는 것을 우리에게 알려 주시기 위함이 아니었을까? 일찍이 선지자 이사야는 이것을 중요한 고난으로 예언한 바 있다. "그는 멸시를 받아 사람들에게 버림받았으며 간고를 많이 겪었으며 질고를 아는 자라 마치 사람들이 그에게서 얼굴을 가리는 것같이 멸시를 당하였고 우리도 그를 귀히 여기지 아니하였도다"(사 53:3).

겟세마네 동산에서 군인들에게 체포되실 때, 예수님은 심한 치욕을 당하셨다. 군인들이 마치 무슨 잡범이나 흉악범을 잡는 것처럼 검과 몽치를 들고 와서 예수님을 체포했기 때문이다. 밤새 다섯 번의 재판을 받으시면서 예수님은 더 심한 치욕을 당하셨다. 유대인들이 예수님의 얼굴을 가리고 주먹으로 치고 침을 뱉는 등 밤새 예수님을 능욕했기 때문이다. 날이 밝았을 때는 로마 군인들로부터 고문을 받는 과정에서 더 심한 치욕을 당하셨다. 군인들이 예수님의 옷을 벗기고 가시 면류관을 엮어 머리에 씌우고 갈대를 예수님의 손에 들게 하고 조롱하며 얼굴에 침을 뱉고 갈대로 머리를 내리쳤기 때문이다. 그리고 이어진 십자가 처형의 모든 과정에서 예수님은 가장 심한 치욕을 당하셨다. 원래 십자가의 죽음이 가장 수치스럽다지만, 예수님의 십자가 죽음에는 다른 사람의 십자가 죽음에는 없는 수치와 치욕이 있었다. 아, 예수님은 우리의 구원을 위해 가장 극심한 고통과 가장 처절한 외로움과 가장 부끄러운 치욕을 함께 당하셨다.

시편 69편에 기록된 예수님의 탄식이 생각난다. "하나님이여 나를 구원하소서 물들이 내 영혼에까지 흘러 들어왔나이다. 나는 설 곳이 없는 깊은 수렁에 빠지며 깊은 물에 들어가니 큰 물이 내게 넘치나이다. 내가 주를 위하여 비방을 받았사오니 수치가 나의 얼굴에 덮였나이다. 주께서 나의 비방과 수치와 능욕을 아시나이다. 비방이 나의 마음을 상하게 하여 근심이 충만하니 불쌍히 여길 자를 바라나 없고 긍휼히 여길 자를 바라나 찾지 못하였나이다"(1, 2, 7, 19, 20절). 예수님은 왜 죽음의 과정에서 고통스러운 수치를 당하셔야 했을까? 우리의 죄 때문이다. 우리가 죄 때문에 받아야 할 모든 수치와 치욕을 예수님께서 우리의 죄를 짊어지시고 고난받으실 때 다 받으신 것이다. 우리를 위해서다. 우리가 하나님의 심판대 앞에서 부끄러움을 당할 일이 없도록 우리가 당해야 할 모든 부끄러움을 예수님께서 우리 대신 다 당하신 것이다. 이제 예수님은 우리에게 보장하신다. "나를 믿는 자는 부끄러움을 당하지 아니하리라"(롬 10:11).

더 깊은 묵상과 기도

금요일 묵상

✦

예수님은 평생 고난받으셨지만, 겟세마네 동산에서부터 본격적으로 고난받으셨고 십자가 위에서 최고 절정의 고난을 받으셨다. 예수님은 십자가에 못박히는 순간부터 죽는 순간까지 약 여섯 시간에 걸쳐 고난받으셨는데, "내가 목마르다"라고 말씀하신 것 외에는 자신의 신체적인 고통을 호소하지 않으셨다. 하지만 세 시간의 흑암이 거의 끝나고 십자가에 못 박히신 지 여섯 시간이 거의 다 되었을 때, 예수님은 다음과 같이 큰 소리로 절규하셨다. "나의 하나님, 나의 하나님, 어찌하여 나를 버리셨나이까"(마 27:46). 이 절규를 통해 예수님께서 확실하게 보여 주신 것이 있다. 십자가 위에서 예수님이 당하신 모든 고난의 가장 본질적인 내용이 성부 하나님으로부터 영원한 진노를 받고 철저하게 버림받는 것이라는 사실이다. 아, 영원 전부터 하나님과 함께 계셨고 이 땅에 사람으로 살면서도 "나와 아버지는 하나이니라"(요 10:30)라고 말씀하신 예수님이 우리의 죄 때문에 성부 하나님에게서 버림을 받으셨다니 얼마나 고통스러우셨을까!

왜 예수님은 십자가 위에서 고난받으실 때 하나님으로부터 철저하게 버림받으신 걸까? 죄에 대한 하나님의 모든 진노와 형벌의 본질이 하나님께서 죄인을 완전하게 버리시는 것이기 때문이다. 사도 바울은 말한다. "하나님을 모르는 자들과 우리 주 예수의 복음에 복종하지 않는 자들에게 형벌을 내리시리니 이런 자들은 주의 얼굴과 그의 힘의 영광을 떠나 영원한 멸망의 형벌을 받으리로다"(살후 1:8-9). 그렇다. 모든 죄인은 하나님으로부터 완전하게 버림을 받고 하나님과 완전하게 분리가 된 상태에 떨어지게 되는데, 바로 이것이 죄인이 받아야 할 영원한 형벌의 가장 본질적인 내용이고 영원한 형벌을 실제로 받는 죄인이 겪게 될 가장 큰 고통이다. 예수님은 십자가에 못 박혀 계시는 동안 우리의 죄를 실제로 다 짊어지고 계셨기에 우리가 받아야 할 영원한 형벌의 가장 본질적인 부분을 다 당하신 것이고, 그것이 영원한 형벌의 가장 큰 고통이었기에 "나의 하나님, 나의 하나님, 어찌하여 나를 버리셨나이까"라고 절규하신 것이다.

생각해 보면, 예수님의 이 절규는 하나님의 사랑에 대한 깊은 감탄이기도 하다. "아버지, 나는 아버지께서 죄인들의 구원을 얼마나 간절히 바라시고 그들을 얼마나 사랑하시는지 다 안다고 생각했습니다. 하지만 이렇게 십자가 위에서 모든 고난을 실제로 다 받아 보니 아버지께서 아들인 나를 죽음에 내어 주면서까지 죄인들을 사랑하시고 구원하신다는 사실이 너무나 위대하고 경이롭게 느껴집니다." 또한, 예수님의 이 절규는 우리를 향한 위로와 소망의 외침이기도 하다. "이제 너희는 죄 때문에 하나님에게서 버림받을까 걱정하지 않아도 된다. 나를 믿는 너희에게 그런 일은 결코 일어나지 않을 것이다. 죄 때문에 하나님으로부터 버림받는 모든 저주를 내가 너희 대신 십자가 위에서 다 감당했기 때문이다. 아니, 성부 하나님이 너희를 버리지 않기 위해서 아들인 나를 너희 대신 십자가에서 철저히 버리셨기 때문이다. 그러므로 너희는 두려워하지 말아라. 하나님은 결코 너희를 버리지 않을 것이다."

더 깊은 묵상과 기도

토요일 묵상

✦

예수님이 십자가 위에서 죽음을 맞이하신 순간을 생각해 본다. 성경은 그 순간을 매우 간단하게 기록했는데, 한글 성경에 따르면 다음과 같은 내용이다. "영혼이 떠나시니라"(마 27:50), "영혼이 떠나가시니라"(요 19:30), "숨지시니라"(막 15:37; 눅 23:46), 그런데 킹제임스 영어 성경을 보면, "(Jesus) gave(yielded) up the ghost"(예수께서 영혼을 내어 주셨다)라고 번역해 놓았다. 그리스어로 기록된 성경 원문에 그런 표현으로 적혀 있기 때문이다. "예수께서 영혼을 내어 주셨다." 매우 독특한 표현이다. 성경에는 어떤 사람이 죽었다는 문장이 많이 나오는데, 그 어디에서도 이런 표현을 쓰지 않았다. 그러면 성경은 왜 예수님이 십자가 위에서 죽는 마지막 순간을 기록할 때 이 표현을 쓴 것일까? 요한복음 10장 18절에 기록된 예수님의 말씀이 생각난다. "이를 내게서 빼앗는 자가 있는 것이 아니라 내가 스스로 버리노라." 바로 이 말씀에서 예수님의 죽으심을 정확하게 이해할 수 있는 실마리를 찾을 수 있을 것 같다.

19세기 영국의 설교자 존 라일 목사는 다음과 같이 설명한다. "성경이 '예수님이 자기 영혼을 내어 주셨다'라고 표현한 것은 예수님의 죽음이 자발적인 행위임을 보여 준다. 예수님은 자신이 죽기로 선택한 시간이 된 것을 보고서 자신의 자유 의지를 발휘하여 자신의 영혼을 내어 주심으로써 죽으셨다."[25] 이런 관점으로 예수님의 죽음을 다시 생각해 본다. 예수님은 십자가 위에서 여섯 시간 동안 몸과 영혼에 극심한 고통을 받다 보니 몸이 다 망가져서, 그

---

25 존 라일, 『요한복음서 강해 III』, 지상우 역 (서울: 기독교문서선교회, 1986), 282.

런 몸에 영혼이 더는 붙어 있을 수 없어서 죽으신 것이 아니다. 죄인들을 구원하기 위해 십자가 위에서 대신 받아야 할 모든 형벌과 진노를 하나도 남김없이 다 받으셨음을 아셨기 때문에, 자신의 고난과 죽음이 죄인들을 구원하기에 충분하면서도 완전한 효력이 있다는 것을 아셨기 때문에, 예수님은 안심하고 자신의 자유 의지를 발휘하여 자기 영혼을 내어 주신 것이다. "예수께서 신 포도주를 받으신 후에 이르시되 다 이루었다 하시고 머리를 숙이니 영혼이 떠나가시니라"(요 19:30).

예수님의 죽음이 이런 성격의 죽음이기 때문에 나는 안심하고 확신할 수 있다. 예수님의 십자가 고난과 죽음은 내 모든 죄를 용서하고 나를 영원한 멸망에서 구원하는 데 충분하며 완전하다. 또한, 예수님의 십자가 고난과 죽음은 내가 하나님 앞에서 용납을 받고 하나님의 자녀가 되며 영원한 천국의 백성이 되는 데 충분하며 완전하다. 나는 불안한 마음으로 질문하지 않는다. "예수님이 십자가에 못 박혀 고난받으신 시간은 여섯 시간밖에 안 되는데, 과연 그 짧은 시간 동안 우리가 지옥에서 영원토록 받아야 할 모든 진노와 형벌을 다 받으실 수 있으셨을까?" 나는 그렇게 질문할 필요를 전혀 느끼지 못한다. 참하나님이신 예수님 자신이 자기가 받은 고난의 충분함과 완전함을 다 확인하고서 "다 이루었다"라고 선포까지 하신 후에, 안심하고 자기 영혼을 스스로 죽음에 내어 주셨기 때문이다. 아, 예수님께서 죽으시는 장면은 우리에게 얼마나 행복한 위로와 확신을 주는가! 이런 예수님 때문에 나는 확신 가운데 성찬의 상에 나아간다.

더 깊은 묵상과 기도

03

그리스도의
고난과
죽음(2)

월요일 묵상

✦

예수님은 첫 번째 성찬식에서 떡을 나누어 주시기 전에 먼저 성부 하나님께 감사의 기도를 드리셨다. 그래서 지금도 성찬식을 인도하는 목사는 떡과 잔을 나누어 주기 전에 먼저 성부 하나님께 감사의 기도를 드린다. 하지만, 성찬식에서 이 기도는 식사 전에 하는 감사의 기도가 아니다. 성찬식에서 이 기도는 우리가 성찬식에서 기념하는 예수 그리스도와 그의 고난, 또한 우리의 모든 구원이 하나님으로부터 시작되었음을 고백하며 감사하는 기도다. 우리의 구원을 위해 그리스도의 대속적 고난을 작정하시고 계획하신 분은 성부 하나님이시다. "그가 하나님께서 정하신 뜻과 미리 아신 대로 내준 바 되었거늘"(행 2:23). 십자가 위에서 우리를 위한 희생 제물이 되신 예수 그리스도를 세상에 보내 주신 분도 성부 하나님이시다. 그래서 예수님은 우리를 위한 구원의 사역을 진행하실 때 다음과 같이 말씀하셨다. "아버지께서 내게 하라고 주신 일을 내가 이루어 아버지를 이 세상에서 영화롭게 하였사오니"(요 17:4).

사실, 성부 하나님에게는 이런 일을 행할 의무가 전혀 없으셨다. 하나님을 배반하고 타락한 인류와 관련하여 하나님에게 어떤 의무가 있었다면, 교만한 마음으로 타락한 죄인들을 철저하게 심판하고 영원히 파멸시킬 의무만 있으셨을 뿐이다. 처음부터 하나님은 분명하게 경고하셨다. "여호와 하나님이 그 사람에게 명하여 이르시되 동산 각종 나무의 열매는 네가 임의로 먹되 선악을 알게 하는 나무의 열매는 먹지 말라 네가 먹는 날에는 반드시 죽으리라 하시니라"(창 2:16-17). 그렇다. 거룩하시고 의로우신 하나님은 죄를 범하여 하나님의 영광에 감히 도전하고 악행을 저질러 하나님의 나라를 더럽힌 죄인들을 심판하고 영원히 멸망시킬 의무만 있으셨다. 그러니 만일 성부 하나님께서 타락한 인류와 관련하여 자기의 이런 의무만 성실히 행하시겠다고 결심하시고, 그 결심대로 하셨다면 타락한 인류는 어떻게 되었을까? 지금 이 세상은 어떻게 되었을까? 앞으로 나는 어떻게 될까?

그런데 성부 하나님은 타락한 인류 가운데 어떤 이들을 구원하여 자기의 자녀로 삼을 목적으로 선택하시고, 그들을 구원하시기 위해 자기의 외아들 예수 그리스도를 대신 희생하기로 작정하셨으며, 실제로 그 모든 구원의 계획을 실현하셨다. 아, 얼마나 놀라운 일인가! 아, 얼마나 감사한 일인가! 그래서 우리는 늘 성부 하나님을 찬송한다. "찬송하리로다 하나님 곧 우리 주 예수 그리스도의 아버지께서 그리스도 안에서 하늘에 속한 모든 신령한 복을 우리에게 주시되 곧 창세 전에 그리스도 안에서 우리를 택하사 우리로 사랑 안에서 그 앞에 거룩하고 흠이 없게 하시려고 그 기쁘신 뜻대로 우리를 예정하사 예수 그리스도로 말미암아 자기의 아들들이 되게 하셨으니 이는 그가 사랑하시는 자 안에서 우리에게 거저 주시는바 그의 은혜의 영광을 찬송하게 하려는 것이라"(엡 1:3-6). 그래서 우리는 성찬의 상에서 떡과 잔을 들고 제일 먼저 성부 하나님을 바라보며 감사의 기도를 올린다. 이번 성찬식에서 나는 성부 하나님을 찬송할 것이다.

더 깊은 묵상과 기도

화요일 묵상

✦

성부 하나님이 죄인들의 구원을 계획하시고 작정하실 때, 성자 예수님은 마음이 어떠셨을까? 성부 하나님의 계획에 따르면, 성자 예수님이 구원자가 되어 사람으로 이 세상에 태어나 온갖 고난을 겪고 마지막에는 십자가에 매달려 하나님의 영원한 진노와 형벌을 받고 죽어야 하는데, 예수님은 성부 하나님의 구원 계획을 어떤 마음으로 받아들이셨을까? 성부 하나님의 계획이 달갑지도 않으시고 그 계획에 동의하지도 않으시지만, 아버지 되시는 하나님께서 아들인 자기에게 명령하시니까 어쩔 수 없이 그 계획을 받아들이고 순종하셨을까? 이것을 알기 위해 두 개의 성경 구절을 연결해 본다. "하나님이 세상을 이처럼 사랑하사 독생자를 주셨으니"(요 3:16)와 "그리스도께서 교회를 사랑하시고 그 교회를 위하여 자신을 주심같이 하라"(엡 5:25). 앞에 있는 말씀은 성부 하나님의 마음을 보여 주고, 뒤에 있는 말씀은 성자 예수님의 마음을 보여 준다. 그런데 두 구절에 공통적인 내용이 있다. 그것은 '사랑'이다.

이 땅에 오셔서 우리의 구원을 위해 고난받으실 때, 예수님은 기쁜 마음으로 우리를 사랑하여 자발적으로, 그리고 적극적으로 고난을 향해 뚜벅뚜벅 걸어가셨다. 예수님은 십자가 고난을 받으시려고 예루살렘으로 올라가실 때, 자기 앞에 참혹한 고난과 수치스러운 죽음이 놓여 있음을 다 아시면서도 제자들 앞에 서서 힘차게 걸어가셨다. 가룟 유다가 자기를 배신하고 팔아넘길 것을 다 아시면서도 "네가 하는 일을 속히 하라"(요 13:27)라고 말씀하셨다. 나중에 로마 군인들이 예수님을 체포하러 왔을 때도 예수님은 군인들이 자기를 찾아낼 때까지 기다리지 않으시고, 자기가 그들이 찾는 예수라고 설명하시며 적극적으로 체포되셨다. 십자가 위에서도 예수님은 자기가 받아야 할 모든 고난에 자발적이고 적극적인 모습을 처음부터 끝까지 보이셨다. 도대체 예수님은 우리를 얼마나 사랑하시는 걸까? 얼마나 사랑하시면 한결같이 그러실 수 있었던 걸까? 아무리 생각해 봐도 계산이 되지 않는다.

불가능한 계산을 멈추고 차라리 다른 생각을 한다. 지금 예수님은 우리에게 은혜를 베푸시는 일에 있어서 어떤 마음이실까? 성찬의 상에서 우리에게 사랑을 나타내시는 일에 있어서 어떤 마음이실까? 혹시 소극적인 마음이실까? 차지도 덥지도 않은 마음이실까? 결코 그럴 리 없다. 영원 전에 성부 하나님의 구원 계획 앞에서 우리를 한없이 사랑하시기에 한없는 기쁨으로 그 계획을 받아들이시고 그 계획에 순종하기로 적극적으로 결심하신 예수님께서 지금 어찌 그러실 수 있겠는가! 이 땅에 오셔서 우리를 위해 고난을 받으실 때 항상 자발적이고 적극적으로 고난을 받으신 예수님께서 지금 어찌 그러실 수 있겠는가! 예수님은 죄인을 구원하시기 위해 고난받고 죽는 일에도 한없는 기쁨, 꺼지지 않는 열심, 자발적인 마음으로 힘차게 움직이신 분이시다. 그러므로 부활하신 예수님은 자신의 고난과 죽음에 근거하여 우리에게 은혜와 사랑을 베풀어 주실 때 더 큰 기쁨, 더 뜨거운 열심, 더 자발적인 마음으로 힘차게 움직이실 것이다.

더 깊은 묵상과 기도

수요일 묵상

✦

유럽의 개혁 교회가 만든 교리문답서인 「하이델베르크 요리문답」 제37문답은 다음과 같이 그리스도의 고난을 설명한다. "그리스도는 이 세상에 사셨던 모든 기간에, 특별히 생의 마지막 시기에 모든 인류의 죄에 대한 하나님의 진노를 자기 몸과 영혼에 짊어지셨다." 이 진술이 옳은 진술일까? 예수님의 일생을 생각해 본다. 이 세상에 사람으로 오시면서 예수님은 영원 전부터 성부 하나님과 누리던 천상의 영광과 즐거움과 복을 내려놓으셨다. 우리와 똑같은 육신을 입으셨기에 죄만 없으셨을 뿐 우리가 겪는 모든 연약함을 겪으셔야 했다. 가난한 목수의 집안에 태어나 가난을 경험해야 했고, 공생애를 사실 때도 머리 둘 곳이 없다고 말씀하실 정도로 외로움에 시달리셨다. 또한, 사람들의 악의에 찬 비방과 미움, 모욕과 배신, 질투와 거짓말, 거부와 핍박을 당하셨다. 그러다가 마지막에는 십자가 사형 형틀에 매달려 타락한 인류의 죄에 대한 하나님의 영원하고도 무서운 진노를 한 몸에 다 받으시고 죽으셨다. 아, 평생에 걸친 고난이 맞다.

영국과 스코틀랜드에서 발달한 장로교회의 교리문답인 「웨스트민스터 대요리문답」은 그리스도의 고난을 "그리스도의 낮아지심"이라고 부르면서 그리스도의 일생을 네 단계로 나누어 각각의 단계에서 그리스도께서 겪으신 고난을 정리한다. 1단계는 잉태와 출생의 단계이다. "제47문: 사람으로 잉태되고 태어나셨을 때 그리스도께서는 어떻게 낮아지셨습니까? 답: 영원 전부터 하나님의 아들로서 성부의 품에 계셨지만, 정한 때가 되었을 때 기꺼이 비천한 여인에게서 사람으로 잉태되어 사람의 아들이 되시고 그 여인에게서 태어나시되 그 어느 사람보다도 비천한 형편에서 태어나셨습니다." 2단계는 사람으로 사는 단계이다. "제48문: 사람으로 사시는 동안 그리스도께서는 어떻게 낮아지셨습니까? 답: 율법 아래 처하여 율법을 온전히 지키시고 세상의 모욕, 사탄의 시험, 사람이면 누구나 겪는 육신의 연약함 또는 낮아지신 형편에 특별히 따라오는 육신의 연약함과 싸우셨습니다."

3단계는 십자가의 고난과 죽음의 단계이다. "제49문: 그리스도께서는 죽으실 때 어떻게 낮아지셨습니까? 답: 가룟 유다에게서 배반당하시고, 제자들에게서 버림당하시고, 세상에게서 멸시받고 싫어 버린 바 되시고, 빌라도에게서 정죄당하시고, 핍박하는 자들에게서 채찍질을 당하시고, 사망의 공포와 흑암의 권세와 싸우시고, 하나님의 진노를 맛보고 감당하시면서, 자기 생명을 죄를 대속하는 제물로 내어 주시고, 고통스럽고 수치스럽고 저주스러운 십자가의 죽음을 견디셨습니다." 마지막 4단계는 무덤에 묻히신 단계이다. "제50문: 죽으신 이후에 그리스도께서는 어떻게 낮아지셨습니까? 답: 무덤에 장사 되셨고 죽은 상태로 며칠 계셨으며 죽은 지 사흘까지 사망의 권세 아래 계셨습니다. 다시 말하자면 음부에 내려가셨습니다." 아, 예수님은 십자가 위에서만 고난받으신 것이 아니다. 예수님은 평생에 걸쳐서 우리의 구원을 위해 고난받으셨다. 아, 우리는 예수님의 평생에 걸친 고난에 빚을 진 사람들이다. 아, 예수님은 얼마나 위대한 구주이신가!

더 깊은 묵상과 기도

목요일 묵상

✦

성경은 예수님이 십자가 위에서 크게 세 가지 일을 적극적으로 행하셨다고 가르친다. 첫째는, 우리의 죄를 대신 짊어지시고 하나님의 영원한 진노와 형벌을 우리 대신 받으신 일이다. "나의 하나님, 나의 하나님, 어찌하여 나를 버리셨나이까"(마 27:46)라는 예수님의 절규는 그것을 잘 보여 준다. 일찍이 선지자 이사야는 예언했다. "그가 찔림은 우리의 허물 때문이요 그가 상함은 우리의 죄악 때문이라 그가 징계를 받으므로 우리는 평화를 누리고 그가 채찍에 맞으므로 우리는 나음을 받았도다 우리는 다 양 같아서 그릇 행하여 각기 제 길로 갔거늘 여호와께서는 우리 모두의 죄악을 그에게 담당시키셨도다"(사 53:5-6). 하지만 십자가 위에서 예수님은 단순히 희생 제물로만 매달려 계시지 않았다. 십자가 위에서 예수님은 위대한 제사장이시기도 했다. 예수님은 제사장으로서 우리의 죄를 위해 하나님 앞에 자기 자신을 제물로 바치고 죄인들을 위해 기도하는 사역을 행하셨다. 죄를 속(贖)할 희생 제물도 없고, 희생 제물을 가지고 하나님 앞에 나아갈 수도 없는 우리를 위해 예수님은 친히 희생 제물과 제사장이 되어 주신 것이다.

둘째는, 일곱 번에 걸쳐 입을 열고 말씀하신 일이다. 십자가에 못 박혀 있는 시간이 길어지면 몸에서 물과 피가 그만큼 많이 빠져나가기 때문에 입이 바싹 마르고 혀가 입천장에 달라붙어 말하기가 힘들 뿐 아니라 매우 고통스럽게 된다. 하지만 예수님은 십자가 위에서 일곱 번이나 입을 열어 말씀하셨다. "아버지 저들을 사하여 주옵소서 자기들이 하는 것을 알지 못함이니이다"(눅 23:34), "오늘 네가 나와 함께 낙원에 있으리라"(눅 23:43), "여자여 보소서 아들이니이다… 보라 네 어머니라"(요 19:26-27), "나의 하나님, 나의 하나님, 어찌하여 나를 버리셨나이까"(마 27:46), "내가 목마르다"(요19:28), "다 이루었다"(요 19:30), "아버지, 내 영혼을 아버지 손에 부탁하나이다"(눅 23:46). 이처럼 예수님께서 여러 말씀으로 자기가 받는 고난의 의미를 우리에게 설명해 주신 것은 선지자로서 우리를 가르쳐 주시는 사역이었다. 영적으로 무지한 우리를 위해 그렇게 예수님은 극한 고난을 받으시면서도 선지자로서 일하신 것이다.

셋째는, 다른 십자가에 못 박혀 있는 흉악한 강도를 구원하신 일이다. 세상 법정에서 악인 중의 악인이라고 판단하여 십자가에 못 박은 그 강도, 착한 사람으로 변할 수 없다고 판단하여 십자가에 못 박은 그 강도, 십자가에 못 박혀서도 악한 마음으로 한참 예수님을 조롱하고 욕했던 그 강도, 그런 강도를 예수님은 십자가에 못 박혀 고난을 받으시면서도 신비한 능력과 사랑으로 구원하시고 낙원을 보장하셨다. "오늘 네가 나와 함께 낙원에 있으리라"(눅 23:43). 이처럼 예수님께서 십자가 위에서 구제 불능인 죄인을 구원하신 것은 왕으로서 자신의 구원하는 능력을 발휘하시는 사역이었다. 죄로 인해 전적으로 부패해 있어서 스스로는 회개도 할 수 없고 믿음도 발휘할 수 없는 우리, 마귀에게 포로가 되어 스스로는 마귀의 강력한 힘에서 벗어날 수 없는 우리, 타락한 세상을 지독하게 사랑하기에 하나님께서 원수라고 정죄하신 세상과 함께 망해도 좋다고 생각하는 우리를 위해 예수님은 그렇게 고난을 받으시면서도 왕으로서 일하신 것이다.

더 깊은 묵상과 기도

금요일 묵상

✦

살다 보면 다른 사람에게 일을 맡길 때가 있다. 그런데 어느 때는 일을 맡긴 후에 우리의 마음이 불안하다. 그 사람이 맡은 일을 잘해 낼 수 있을까 확신이 안 들어서다. 어느 때는 일이 진행되는 동안 마음이 불편하다. 그 사람이 일하는 방식이 마음에 들지 않기 때문이다. 어느 때는 일이 끝난 후에 결과를 보면서 실망한다. 결과가 나쁘기 때문이다. 그런데 성부 하나님과 예수님 사이에는 우리를 구원하시는 일과 관련하여 이런 불편한 감정이 전혀 없으셨다. 성부 하나님은 아들에게 구원 사역을 맡겨 놓으신 다음에, 예수님이 실제로 구원 사역을 감당하시는 동안에, 그리고 예수님이 십자가에서 그 구원 사역을 마치신 이후에, 단 한 번도 불안함, 불편함, 불만족을 느끼지 않으셨다. 오히려 완전하게 만족하셨고, 완전하게 신뢰하셨고, 완전하게 기뻐하셨다. "내가 붙드는 나의 종, 내 마음에 기뻐하는 자 곧 내가 택한 사람을 보라"(사 42:1). 하나님은 아들이 사람으로 이 세상에 나시기 수백 년 전부터 아들을 무한 신뢰하시며 큰 기쁨으로 노래하셨다.

아들에 대한 하나님의 기쁨과 신뢰와 자랑이 예수님의 생애에서 어떻게 드러났는지 생각해 본다. 예수님께서 태어나시는 날, 하나님은 베들레헴 들판에 천군 천사를 보내 하늘의 기쁨을 노래하게 하셨다. "지극히 높은 곳에서는 하나님께 영광이요 땅에서는 하나님이 기뻐하신 사람들 중에 평화로다"(눅 2:14). 예수님께서 공생애를 시작하시면서 물로 세례를 받으실 때는 하나님께서 친히 하늘로부터 기쁨을 드러내셨다. "이는 내 사랑하는 아들이요 내 기뻐하는 자라"(마 3:17). 공생애 후반에 예수님과 제자들이 변화산에 올랐을 때도, 하나님은 아들에 대한 무한 신뢰와 기쁨을 친히 음성으로 들려주셨다. "이는 내 사랑하는 아들이요 내 기뻐하는 자니 너희는 그의 말을 들으라"(마 17:5). 예수님이 십자가에서 죽으시고 무덤에 묻히셨을 때는 그분을 사흘 만에 다시 살아나게 하심으로써, 승천하게 하심으로써, 하나님의 우편에 앉게 하심으로써, 하나님께서 맡기신 구원의 사역을 아들이신 예수님께서 완전하게 이루셨다는 사실을 확인해 주셨다.

성부 하나님의 이런 기쁨은 아들이신 예수 그리스도에게도 전이되어, 부활하신 예수님은 자신이 이루신 구원의 사역을 흡족하게 여기시며 즐거워하신다. 이사야 53장 10-12절 말씀이다. "여호와께서 그에게 상함을 받게 하시기를 원하사 질고를 당하게 하셨은즉 그의 영혼을 속건 제물로 드리기에 이르면 그가 씨를 보게 되며 그의 날은 길 것이요 또 그의 손으로 여호와께서 기뻐하시는 뜻을 성취하리로다 그가 자기 영혼의 수고한 것을 보고 만족하게 여길 것이라 나의 의로운 종이 자기 지식으로 많은 사람을 의롭게 하며 또 그들의 죄악을 친히 담당하리로다 그러므로 내가 그에게 존귀한 자와 함께 몫을 받게 하며 강한 자와 함께 탈취한 것을 나누게 하리니 이는 그가 자기 영혼을 버려 사망에 이르게 하며 범죄자 중 하나로 헤아림을 받았음이니라 그러나 그가 많은 사람의 죄를 담당하며 범죄자를 위하여 기도하였느니라." 아, 성부 하나님과 성자 예수님의 이런 기쁨이 우리에게도 전이되어 우리에게도 이런 기쁨과 확신이 있기를!

더 깊은 묵상과 기도

토요일 묵상

✦

예수님의 고난과 죽음은 인간이 동정하거나, 안타깝게 여기거나, 슬퍼해야할 일이 아니다. 예수님은 우리가 그런 차원에서 주님의 고난과 죽음을 바라보거나 동정과 슬픔의 눈물을 흘리는 것을 거부하셨다. 십자가를 짊어지시고 골고다 언덕으로 걸어가시는 예수님을 기억해 본다. 그런 예수님을 보면서 많은 여인이 뒤따르며 눈물을 흘렸다. 그것은 동정, 안타까움, 절망의 눈물이었다. 그런데 그때 예수님은 그들에게 뭐라고 말씀하셨는가? "예루살렘의 딸들아 나를 위하여 울지 말고 너희와 너희 자녀를 위하여 울라"(눅 23:28). 예수님의 이 말씀 때문에 오늘 나는 진지하게 묻지 않을 수 없다. 주님의 고난과 죽으심을 바라보고 묵상하는 우리에게서 주님이 가장 보고 싶어 하는 반응은 무엇일까? 우리가 주님의 고난과 죽으심 앞에서 어떤 반응을 보여야그것이 옳고, 또한 주님의 마음을 기쁘시게 할 수 있을까? 이번 성찬식에서주님의 고난과 죽음을 어떤 식으로 기념해야 주님이 기뻐하실까?

첫 번째 반응은 믿음이다. 참하나님이신 예수 그리스도께서 온 세상의 구원자로 성부 하나님의 택하심과 보내심을 받으시고 이 세상에 참사람으로 오셨음을 진실하게 믿는 믿음이다. 예수 그리스도께서 일평생 우리를 대신해서 하나님의 율법을 완전하게 순종하시고 생의 마지막에는 십자가에 못 박혀 죽는 계명까지도 완전하게 순종하셨음을 믿는 믿음이다. 예수 그리스도께서 일평생 우리의 죄 때문에 고난을 받으시다가 생의 마지막 시간에 십자가에 매달려서 우리의 모든 죄로 인하여 하나님의 영원한 진노와 형벌을 한 몸에 다 받으시고 또한 죽으셨음을 믿는 믿음이다. 이제 누구든지 자기의 죄를 회개하고 예수 그리스도를 믿으면, 예수님이 십자가에서 이루신 그 완전하신 구원을, 그 구원 안에 담겨 있는 영원한 모든 복을 하나님께서 값없이 선물로 다 주신다는 것을 진실하게 믿는 믿음이다. "믿음이 없이는 하나님을 기쁘시게 하지 못하나니"(히 11:6), "하나님께서 보내신 이를 믿는 것이 하나님의 일이니라"(요 6:29).

두 번째 반응은 열망이다. 예수 그리스도께서 고난받으시고 죽으심으로써 우리를 위해 획득하신 구원의 모든 능력을 우리의 마음과 삶을 통해서 더 풍성하게 경험하기를 원하는 열망이다. 예수님은 말씀하셨다. "내가 온 것은 양으로 생명을 얻게 하고 더 풍성히 얻게 하려는 것이라"(요 10:10). 우리를 바라보시면서 예수님이 마음에 품고 있는 간절한 소원이 무엇인지 잘 보라. 예수님은 자신의 고난과 죽음으로써 우리에게 영원한 생명을 주시되 그 생명을 풍성하게, 더 풍성하게 주시는 것이다. 그리고 우리는 예수님의 고난과 죽음을 믿고 의지함으로써 이 땅에서부터 영원한 생명을 풍성하게 얻고 더 풍성하게 누리는 것이다. 그러므로 성찬의 상에 나아갈 때, 우리의 죄를 회개하는 것도 중요하고 헌신과 순종을 새롭게 결단하는 것도 중요하지만, 예수 그리스도의 고난과 죽음으로부터 흘러오는 영원한 생명을 더 풍성하게 얻고 더 풍성하게 누리기를 간절히 열망해야 한다. 아, 나는 이번 성찬식에 이런 열망을 품고서 믿음으로 떡과 잔을 먹고 마실 것이다.

더 깊은 묵상과 기도

묵상 주제

04

율법,
그리고
그리스도의
고난

월요일 묵상

✦

예수님은 우리를 구원하시기 위해 고난만 받으신 것이 아니다. 우리를 대신하여 완전한 순종을 평생에 걸쳐 행하셨고, 마지막에는 십자가 위에서 죽기까지 순종하셨다. 갈라디아서 4장 4-5절 말씀을 보자. "때가 차매 하나님이 그 아들을 보내사 여자에게서 나게 하시고 율법 아래에 나게 하신 것은 율법 아래에 있는 자들을 속량하시고 우리로 아들의 명분을 얻게 하려 하심이라." 이처럼 성경은 그리스도의 성육신을 설명할 때 여자, 곧 처녀의 몸에서 나셨다는 것만 말하지 않고 율법 아래 나셨다는 사실도 말한다. 그렇다면, 예수님께서 율법 아래 나셨다는 것은 어떤 뜻일까? 율법의 기능을 생각해 본다. 율법은 사람에게 순종을 요구하고, 순종하지 않을 때는 정죄하고 형벌을 선고한다. 그러므로 예수님께서 율법 아래 나셨다는 말에는 두 가지 뜻이 있다. 첫째, 율법이 요구하는 모든 의무를 지켜야 하는 위치에 태어나셨다는 것이다. 둘째, 율법이 죄에 대한 형벌로 규정하고 있는 모든 저주를 감당할 수 있는 위치에 태어나셨다는 것이다.

그러면, 왜 예수님은 율법 아래 나셨을까? "율법 아래 있는 자들을 속량하시고, 우리로 아들의 명분을 얻게 하려 하심이라." 이 세상에 태어나는 모든 사람은 율법 아래 태어난다. 하나님께서 창조하신 지구에 하나님의 피조물인 사람으로 태어났으니 하나님께서 사람에게 부과하시는 법 아래서 살고 그 법을 지키며 살아야 한다. 그런데 태어날 때부터 이미 죄로 오염되고 타락한 우리는 하나님의 법 아래 있기를 거부하고, 순종의 의무를 행하기도 원치 않고, 행할 수도 없고, 실제로 행하지도 않는다. 그래서 결국 하나님을 대적하는 원수가 되고, 율법이 선고하는 영원한 멸망을 형벌로 받아야만 한다. 그래서 예수님은 우리를 구원하러 이 세상에 사람으로 나실 때, 율법 아래 나셨다. 하나님의 아들로서 예수님 자신은 율법 위에 계시지만, 사람으로서 예수님은 율법 아래 계시면서 우리를 위해 우리가 거부하고 실패한 순종의 의무를 완전하게 담당하시고, 우리가 받아야 할 영원한 형벌까지 우리를 대신하여 담당하신 것이다.

그래서 성경은 예수 그리스도의 십자가 죽음을 설명할 때, 그 죽음이 우리의 죄를 대신 짊어지고 영원한 형벌을 받으신 대속적인 죽음이라고 설명하지만, 또한 그 죽음이 순종을 거부하고 실패한 우리를 대신하여 하나님께 순종하신 '모든 순종의 최고봉'이라고도 설명한다. "그는 근본 하나님의 본체시나 하나님과 동등됨을 취할 것으로 여기지 아니하시고 오히려 자기를 비워 종의 형체를 가지사 사람들과 같이 되셨고 사람의 모양으로 나타나사 자기를 낮추시고 죽기까지 복종하셨으니 곧 십자가에 죽으심이라"(빌 2:6-8). 또한, 성경은 예수 그리스도의 그런 순종이 우리에게 구원을 가져온다고도 설명한다. "그런즉 한 범죄로 많은 사람이 정죄에 이른 것같이 한 의로운 행위로 말미암아 많은 사람이 의롭다 하심을 받아 생명에 이르렀느니라 한 사람이 순종하지 아니함으로 많은 사람이 죄인 된 것 같이 한 사람이 순종하심으로 많은 사람이 의인이 되리라"(롬 5:18-19). 아, 하나님께서 이 진리를 우리에게 더 온전하게 가르쳐 주시기를!

더 깊은 묵상과 기도

화요일 묵상

✦

갈라디아서 3장 13절은 말한다. "그리스도께서 우리를 위하여 저주를 받은 바 되사 율법의 저주에서 우리를 속량하셨으니 기록된바 나무에 달린 자마다 저주 아래에 있는 자라 하였음이라." 이처럼 성경은 그리스도의 죽으심을 설명할 때 율법과 연결하여 설명한다. 위의 구절이 그리스도께서 십자가에서 고난받으신 일을 어떻게 설명하는지 본다. "그리스도께서 우리를 위하여 (율법의) 저주를 받은 바 되사…" 또한, 성경은 그리스도의 구원을 설명할 때도 율법과 연결하여 설명한다. 위의 구절을 다시 들여다본다. "그리스도께서 … 율법의 저주에서 우리를 속량하셨으니" 이 두 가지를 종합해서 정리해 보면, 본래 우리는 율법의 저주 아래 있었고 그 저주에서 벗어날 수 없었는데 그리스도께서 십자가 위에서 우리를 위해 그 저주를 대신 받으셨다는 것이다. 그래서 우리는 율법의 저주 아래 있지 않게 되었고 율법의 저주를 받지 않게 되었다는 말이다. 성경이 가르치는 이 중차대한 진리를 오늘 마음으로 깊이 묵상해 본다.

우리는 어쩌다가 율법의 저주 아래 놓이게 되었을까? 하나님의 율법의 본질을 알면, 그 이유를 금세 깨달을 수 있다. 모든 법이 그렇듯이 하나님의 율법도 순종을 요구하는데, 순종에 대해서는 보상을, 불순종에 대해서는 저주를 선언한다. 그런데 율법이 인정하는 순종은 하나님의 모든 계명을 하나도 빠짐없이 지키되 항상 지키고 완전하게 지키는 순종이다. "누구든지 온 율법을 지키다가 그 하나를 범하면 모두 범한 자가 되나니"(약 2:10), "기록된바 누구든지 율법책에 기록된 대로 모든 일을 항상 행하지 아니하는 자는 저주 아래에 있는 자라 하였음이라"(갈 3:10). 하지만 모든 사람은 죄로 오염되고 타락한 상태로 태어나기 때문에 그런 순종은 할 생각도 없고, 할 능력도 없고, 할 의지도 전혀 없고, 오히려 정반대로 살려 하고 실제로 그렇게 산다. 그래서 모든 사람은 태어나면서부터 율법의 저주 아래 놓이게 된다. 그리고 평생 율법을 어겨 저주 위에 저주를 쌓고 그 저주에서 절대 벗어날 수 없는 사람으로 살게 된다.

율법의 저주는 가벼운 저주일까? 일시적인 저주일까? 마태복음 25장에서 예수님은 율법의 저주 아래 있는 자들에게 선고되는 판결문을 알려 주셨다. "저주를 받은 자들아 나를 떠나 마귀와 그 사자들을 위하여 예비된 영원한 불에 들어가라"(마 25:41). 여기 보면, 율법의 저주가 세 가지로 표현되어 있다. 첫째, 모든 선과 복의 근원이신 하나님으로부터 떠나 영원토록 분리되는 것. 둘째, 사악한 마귀와 그의 사자들을 위해 하나님께서 처형의 장소로 준비해 놓은 공간에서 영원히 함께 사는 것. 셋째, 꺼지지 않고 영원히 타는 불로 묘사되는 극한 고통의 형벌을 영원히 당하며 사는 것이다. 율법의 저주가 이 가운데 어느 한 가지라고 해도 끔찍할 텐데 이 세 가지를 함께, 그것도 동시에, 그것도 영원히 겪는 것이니 얼마나 끔찍하겠는가! 본래 우리는 이런 저주 아래 있었는데 그리스도께서 고난받으시고 죽으심으로 우리를 그 저주에서 풀어 주셨다. 그리고 성찬식에 우리를 초대하시면서 "와서 나와 함께 밥 먹자"라고 말씀하신다.

더 깊은 묵상과 기도

✦

로마서 5장 19절은 말한다. "한 사람이 순종하지 아니함으로 많은 사람이 죄인 된 것 같이 한 사람이 순종하심으로 많은 사람이 의인이 되리라." 여기에서 '한 사람의 순종치 아니함'은 에덴동산에서 하나님의 계명을 순종하지 않은 첫 번째 아담의 불순종을 가리킨다. 반면에 '한 사람의 순종하심'은 두 번째 아담으로 오신 예수 그리스도께서 하나님의 모든 계명을 순종하신 것을 가리킨다. 그런데 이 구절에는 한 가지 놀라운 진술이 있다. "한 사람의 순종하심으로 많은 사람이 의인이 되리라." 그러니까 예수 그리스도께서 하나님의 모든 계명을 순종하신 것 때문에 많은 사람이 하나님 앞에서 의롭다고 인정받는다는 말이다. 성경은 "이제 우리가 그의 피로 말미암아 의롭다 하심을 받았으니"(롬 5:9)라고 진술함으로써 그리스도의 십자가 고난과 죽음 덕분에 우리가 하나님으로부터 의롭다 인정받는다고 말하지만, 그리스도께서 하나님의 모든 계명을 순종하신 일 덕분에 우리가 의롭다 인정받는다고도 말한다.

빌립보서 2장 8절을 참고하면서 그리스도의 순종을 좀 더 생각해 본다. "(그는) 사람의 모양으로 나타나사 자기를 낮추시고 죽기까지 복종하셨으니 곧 십자가에 죽으심이라." 이처럼 성경은 십자가의 죽음을 그리스도의 복종에 연결한다. 그리스도의 십자가 고난과 죽음은 그리스도께서 성부 하나님의 모든 계명에 복종하는 일이었다고 진술한 것이다. 생각해 보면, 예수님 자신도 자신이 이 땅에서 행한 모든 일, 그리고 십자가의 고난과 죽음까지도 성부 하나님께서 자신에게 주신 계명에 대한 복종이라고 표현하셨다. "아버지께서 내게 하라고 주신 일을 내가 이루어 아버지를 이 세상에서 영화롭게 하였사오니"(요 17:4). 그렇다. 예수 그리스도의 십자가 고난과 죽음은 하나님에 대한 복종이었다. 그러므로 성경이 어느 곳에서는 우리가 예수 그리스도의 피 흘린 고난과 대속적 죽음으로 의롭다 하심을 얻는다고 말하고 다른 곳에서는 우리가 예수 그리스도의 순종으로 의롭다 하심을 얻는다고 말하는 것은 전혀 이상한 일이 아니다.

"자기를 낮추시고 죽기까지 복종하셨으니…." 십자가의 고난과 죽음 전에도 예수님은 하나님에게, 하나님의 계명에 복종하셨다는 말이다. 실제로 그렇다. 예수님은 난 지 8일 만에 할례를 받아 율법이 요구하는 모든 순종을 이루어야 하는 위치에 처하셨다. 그리고 율법이 요구하는 모든 순종을 마음과 생각과 말과 모든 행실을 통해 항상 완전하게 다 이루셨다. 마지막에는 성부께서 특별하게 요구하신 가장 어려운 순종, 곧 십자가에서 우리를 위해 율법의 영원한 저주를 감당하는 일까지 완전하고 완벽하게 순종하셨다. 예수님의 평생에 걸친 이 모든 순종, 특별히 십자가 위에서 완성된 이 모든 순종은 하나님의 율법에 순종해야 하는 우리의 의무를 예수님께서 대신하신 것이다. 그렇게 완전하게 순종한 것을 믿는 우리에게 선물로 주어 우리가 하나님 앞에서 의롭다 하심을 얻는 자리까지 나아갈 수 있게 하시려고 순종하신 것이다. 그래서 로마서 5장 19절은 말한다. "한 사람의 순종하심으로 많은 사람이 의인이 되리라."

더 깊은 묵상과 기도

목요일 묵상

✦

예수님은 공생애 초기에 마태복음 5-7장에 기록되어 있는 긴 설교를 해 주셨다. 이때 예수님은 제일 먼저 참된 행복이 무엇인지를 여덟 가지로 가르쳐 주셨다(마 5:1-12). 행복이 무엇이냐고 생각하는 것에 따라서 우리 삶의 방향이 결정되기 때문이다. 그런 다음에는 신자의 정체성이 무엇인지를 짧게 가르쳐 주셨다(마 5:13-16). 우리가 누구인지를 알아야 삶의 목적이 결정되기 때문이다. 그런 다음에는 하나님께서 모든 시대 모든 사람에게 요구하시는 도덕법의 원리와 정신을 매우 길고 자세하게 설명해 주셨다(마 5:17-7:6). 삶의 방향과 목적이 바르게 설정되어 있어도 삶의 도덕적 기준이 없거나 그 기준을 잘못 알면 그 방향과 목적을 따라서 살 수 없기 때문이다. 그런 다음에는 기도에 관하여 말씀하셨다(마 7:7-12). 하나님의 법을 삶의 기준으로 삼고 살려면 하나님의 도우심이 늘 필요하기 때문이다. 그리고 마지막으로는 두 길, 두 선지자, 두 건축자에 관해 말씀하시면서 순종의 삶을 요구하셨다. 순종이 신자의 삶에 핵심이기 때문이다.

산상설교에서 예수님은 도덕법의 원리와 정신을 설명해 주시는 데 가장 많은 시간을 할애하셨다. 그뿐만 아니라 혹시라도 우리가 그 말씀을 허투루 듣거나 쉽게 무시하고 새까맣게 잊어버릴까 봐 걱정이 되셨는지 책의 서문에 해당하는 말씀을 먼저 하셨다. "내가 율법이나 선지자를 폐하러 온 줄로 생각하지 말라 폐하러 온 것이 아니요 완전하게 하려 함이라 진실로 너희에게 이르노니 천지가 없어지기 전에는 율법의 일점일획도 결코 없어지지 아니하고 다 이루리라 그러므로 누구든지 이 계명 중의 지극히 작은 것 하나라도 버리고 또 그같이 사람을 가르치는 자는 천국에서 지극히 작다 일컬음을 받을 것이요 누구든지 이를 행하며 가르치는 자는 천국에서 크다 일컬음을 받으리라 내가 너희에게 이르노니 너희 의가 서기관과 바리새인보다 더 낫지 못하면 결코 천국에 들어가지 못하리라"(마 5:17-20). 이처럼 예수님은 신약 시대 신자의 삶을 하나님의 율법, 곧 도덕법에 단단히 묶어 놓으셨다.

구약 시대에 주어진 하나님의 율법은 도덕법, 의식법, 시민법으로 구성되어 있다. 도덕법은 말 그대로 도덕과 관련된 것이기에 모든 시대 모든 사람이 지켜야 하는 법이다. 그래서 하나님은 도덕법만큼은 단단한 돌판에 친히 적어 모세의 손에 들려 주셨다. 의식법은 주로 구약의 여러 제사와 관련된 것으로 그리스도를 보여 주는 모형으로 주어졌다. 따라서 실체이신 그리스도께서 이 세상에 오실 때까지만 필요한 법이다. 시민법은 이스라엘이라는 특정한 나라에 하나님께서 부과하신 사회법이다. 그러므로 처음부터 다른 나라의 백성과는 상관이 없다. 산상설교에서 예수님은 의식법이나 시민법을 언급하지 않으시고 오직 도덕법만을 자세히 풀어 주시면서 신자의 삶을 도덕법에 단단히 묶어 주셨다. 그러므로 모든 신자의 삶은 산상설교에서 예수님이 가르쳐 주신 도덕법의 정신을 잘 배워 그것에 순종하는 삶이어야 한다. 구원을 받기 위해서가 아니라, 구원을 받았기 때문에 감사하는 마음으로 그렇게 살아야 한다.

더 깊은 묵상과 기도

✦

예수 그리스도의 탄생과 모든 생애와 십자가의 죽음 전체가 율법과 연결되어 있다. 그러면, 성찬의 상에서 우리는 어떤 심정으로 그리스도를 바라보면서 성찬에 참여해야 할까? 첫 번째 심정은 회개의 심정일 것이다. 하나님의 백성이요 자녀라고 자부하면서도 복음 안에서 자유를 누려야 하기에, 하나님의 율법을 순종할 의무가 전혀 없다며 하나님의 율법에 무관심하고 그것을 즐거워하지도 않고 순종하지 않는 것에 대한 회개의 심정이다. 하나님을 사랑한다고 늘 말하면서도 사람이 지켜야 할 하나님의 법의 권위는 인정하지도 않고, 마치 그 법을 초월해서 사는 것이 복음적인 신앙인 것처럼 우기며 사는 것에 대한 회개의 심정이다. 우리가 무시하고 깨뜨리고 싶은 하나님의 계명은 아무런 가책도 없이 무시하고 불순종하면서도 우리가 무시하고 싶지 않고 깨뜨리고 싶지 않은 하나님의 계명을 다른 사람이 무시하고 깨뜨리면 바리새인처럼 난리를 피는 우리의 위선에 대한 회개의 심정이다.

성찬에 참여하게 될 때, 우리에게 당연히 있어야 할 두 번째 심정은 믿음과 감사의 심정이다. 예수를 진실하게 믿는 우리에게는 죄의 용서가 완전하게 주어지고 예수님의 완전한 순종과 완전한 의가 선물로 주어졌다는 것을 믿고 진심으로 감사하는 심정이다. 그래서 성찬의 상에 나아갈 때는 우리에게 남아 있는 죄 때문에 가슴을 치며 회개하고 애통하는 심정도 있어야 하지만, 예수 그리스도 안에서 나는 용서받은 사람이며 그리스도의 완전한 순종을 선물로 받아 하나님 앞에서 의롭다 하심을 받은 사람이라는 복음의 핵심을 믿고 감사하는 심정도 있어야 한다. "오호라 나는 곤고한 사람이로다 이 사망의 몸에서 누가 나를 건져 내랴 우리 주 예수 그리스도로 말미암아 하나님께 감사하리로다"(롬 7:24-25). "그러므로 이제 그리스도 예수 안에 있는 자에게는 결코 정죄함이 없나니 이는 그리스도 예수 안에 있는 생명의 성령의 법이 죄와 사망의 법에서 너를 해방하였음이라"(롬 8:1-2).

오늘 내 마음에는 이런 심정이 얼마나 뚜렷하고 풍부하게 있을까? 내 마음을 찬찬히 들여다본다. 어떻게 하면 이런 심정을 뚜렷하고 풍성하게 갖추고 성찬식에 나아갈 수 있을까? 이런 심정을 내 마음에 갖겠다고 며칠 굳게 결심하고 힘써 노력하면 될까? 그렇지 않다. 가장 먼저 해야 할 일은 우리의 마음에 함부로 우리 손을 대거나 다른 사람이 손을 대게 하지 말고, 우리 마음을 창조하신 하나님께로 우리 마음을 들고 나아가야 한다. 하나님께서 우리의 마음을 설계하셨고 창조하셨으며 지금 우리 마음을 가장 잘 알고 계신 분이시기 때문이다. 오직 하나님만이 우리 마음에 필요한 도움과 은혜를 베풀어 주실 수 있기 때문이다. 그래서 시편 기자는 다음과 같이 간구하지 않았던가! "하나님이여 나를 살피사 내 마음을 아시며 나를 시험하사 내 뜻을 아옵소서 내게 무슨 악한 행위가 있나 보시고 나를 영원한 길로 인도하소서"(시 139:23-24). 이렇게 해서 하나님의 은혜와 도움을 받은 후에 그 마음을 지키는 삶을 힘써 살아야 한다.

더 깊은 묵상과 기도

✦

예수 그리스도의 탄생, 모든 생애, 십자가의 죽음 전체가 율법과 연결되어 있다. 그러면, 성찬의 상에서 우리는 어떤 심정으로 그리스도를 바라보면서 성찬에 참여해야 할까? 세 번째 심정은 하나님의 말씀을 전보다 더 즐거워하고 더 사랑하고 더 잘 순종할 수 있게 은혜를 달라고 간구하는 심정이다. 시편 119편은 참된 신자가 하나님의 법도를 향해 품는 심정을 말해 준다. "내 길을 굳게 정하사 주의 율례를 지키게 하소서"(5절). "주 여호와여 주의 율례들을 내게 가르치소서"(12절). "내 눈을 열어서 주의 율법에서 놀라운 것을 보게 하소서"(18절). "거짓 행위를 내게서 떠나게 하시고 주의 법을 내게 은혜로이 베푸소서"(29절). "주의 율례들의 도를 내게 가르치소서 내가 끝까지 지키리이다. 나로 하여금 주의 계명들의 길로 행하게 하소서 내가 이를 즐거워함이니이다 내 마음을 주의 증거들에게 향하게 하시고 탐욕으로 향하지 말게 하소서 내 눈을 돌이켜 허탄한 것을 보지 말게 하시고 주의 길에서 나를 살아나게 하소서"(33, 35-37절).

성찬에 참여하게 될 때, 우리에게 당연히 있어야 할 네 번째 심정은 하나님의 백성으로서 하나님의 모든 법을 즐거워하며 순종하면서 살겠다고 미리 굳게 결심하고 각오하는 심정이다. 우리는 아무리 굳게 결심하고 각오를 다져도, 며칠만 지나도 결심과 각오를 잊고 쉽게 넘어지는 사람들이다. 그래서 우리에게는 반복되는 결심과 각오가 필요하다. 그것마저 없다면, 우리는 앞으로 나아갈 수 없다. "내가 주의 법도들을 작은 소리로 읊조리며 주의 길들에 주의하며 주의 율례들을 즐거워하며 주의 말씀을 잊지 아니하리이다"(시

119:15-16). "내가 주의 계명들의 길로 달려가리이다"(32절). "내가 끝까지 지키리이다"(33절). "내가 주의 법을 준행하며 전심으로 지키리이다"(34절). "내가 주의 율법을 항상 지키리이다 영원히 지키리이다"(44절). "내가 사랑하는 주의 계명들을 스스로 즐거워하며 또 내가 사랑하는 주의 계명들을 향하여 내 손을 들고 주의 율례들을 작은 소리로 읊조리리이다"(47-48절). "내가 주의 의로운 규례들로 말미암아 밤중에 일어나 주께 감사하리이다"(62절).

오늘 내 마음에는 이런 심정이 얼마나 뚜렷하고 풍부하게 있을까? 내 마음을 찬찬히 들여다본다. 이런 심정이 오늘 내 마음에 뚜렷하지 않으면 나는 성찬에 나아갈 자격이 없는 사람일까? 그렇지 않다. 오늘 이런 심정이 우리 마음에 뚜렷하게 없다면, 성찬을 준비하는 가운데 이런 심정을 준비하면 된다. 그러나 혹 그렇게 준비를 했어도, 여전히 이런 심정이 우리에게 부족하다면 어떻게 해야 할까? 그럴 경우에는 우리의 있는 모습 그대로 성찬의 상에 나아가되, 우리의 부족함을 부끄러워하고 그것 때문에 겸비한 마음으로 나아가면 된다. 그런 우리를 예수님께서 긍휼히 여기실 거라 믿고 성찬의 상에서 그분이 주시는 은혜를 바라며 나아가면 된다. 성찬의 상은 우리에게 있어야 할 심정이 얼마나 충분하게 있는지를 측량하는 자리가 아니다. 성찬의 상은 예수님께서 우리에게 밥을 먹여 주시는 자리이다. 그러니 우리의 있는 모습 그대로 성찬의 상에 나아가 주님께서 베풀어 주시는 은혜를 바라는 모든 사람은 그 은혜를 힘입을 수 있다.

더 깊은 묵상과 기도

05

그리스도를
기념하기

월요일 묵상

✦

예수님께서 성찬식을 제정해 주실 때 하신 말씀을 바울은 이렇게 기록하였다. "내가 너희에게 전한 것은 주께 받은 것이니 곧 주 예수께서 잡히시던 밤에 떡을 가지사 축사하시고 떼어 이르시되 이것은 너희를 위하는 내 몸이니 이것을 행하여 나를 기념하라 하시고 식후에 또한 그와 같이 잔을 가지시고 이르시되 이 잔은 내 피로 세운 새 언약이니 이것을 행하여 마실 때마다 나를 기념하라 하셨으니"(고전 11:23-25). 여기에서 세 가지를 알 수 있다. 첫째, 성찬식 안에서 떡과 잔이 중점적으로 보여 주는 바는 예수님이 십자가에서 우리를 위해 살을 찢겨 주시고 피를 흘려 주신 일이다. "이것은 너희를 위하는 내 몸이니…", "이 잔은 내 피로 세운 새 언약이니…." 둘째, 성찬식 안에서 우리가 할 일은 떡과 잔을 먹고 마시는 것이다. "이것을 행하여…", "이것을 행하여 마실 때마다…." 셋째, 성찬식 안에서 우리가 궁극적으로 해야 할 일은 예수님을 기념하는 것이다. "나를 기념하라." 오늘은 성찬식에 관하여 이 세 가지를 내 마음에 다시 되새겨 본다.

먼저, 우리가 성찬식에 참여하는 궁극적인 목적과 성찬식에서 우리가 해야 할 궁극적인 일은 예수님을 기념하는 것이어야 한다. 예수님의 말씀을 다시 들어 보자. "나를 기념하라." 이처럼 예수님은 우리가 예수님을 기념하기를 바라면서 성찬식을 제정해 주셨다. 그러므로 예수님을 기념하는 것 말고 다른 것을 궁극적인 목적으로 삼고서 성찬에 참여하는 것은 옳지 않다. 성찬식 안에서 예수님을 기념하는 것을 궁극적인 일로 행하지 않고 다른 일에 더 힘을 쏟는 것 역시 옳지 않다. 어떤 사람은 예수님의 은혜를 더 많이 받고 예수님의 사랑을 더 많이 느끼려고 성찬식에 참여한다. 어떤 사람은 성찬식 안에서 자기의 죄를 회개하는 데 제일 많은 힘을 쏟는다. 그래서는 안 된다. 예수님을 기념하려고 성찬식에 참여해야 하고 성찬식에 참여해서는 예수님을 기념하는 데 최고의 힘을 쏟아야 한다. 은혜와 사랑, 회개와 믿음은 예수님을 바르게 기념하면 따라오는 복들이다.

다음으로, 성찬식에서 우리가 예수님을 기념하는 올바른 방식은 두 가지다. 첫 번째 방식은 떡과 잔이 우리 눈과 마음에 보여 주는바 예수 그리스도의 십자가 고난과 죽음을 바라보면서 예수님을 기념하는 것이다. "이것은 너희를 위하는 내 몸이니…", "이 잔은 내 피로 세운 새 언약이니…." 두 번째 방식은 떡과 잔을 받아서 먹고 마심으로써 예수님을 기념하는 것이다. "받아서 먹으라 이것은 내 몸이니라"(마 26:26). "너희가 다 이것을 마시라"(마 26:27). 어떤 사람은 성찬식 안에서 떡과 잔이 보여 주는 바에 집중하지 않고, 눈을 감고서 마음에 쌓인 예수님에 대한 지식을 깊이 묵상하며 예수님을 기념한다. 어떤 사람은 예수님의 십자가 고난과 죽음을 생생하게 그려 낸 영화의 한 장면을 보면서 그 장면을 통해 예수님을 기념한다. 어떤 사람은 성찬식에 적절하게 어울리는 매우 감동적인 음악을 들으면서 예수님을 기념한다. 그래서는 안 된다. 성찬식에서는 눈을 크게 뜨고, 떡과 잔을 보며, 그것을 먹고 마심으로써 예수님을 기념해야 한다.

더 깊은 묵상과 기도

화요일 묵상

✦

우리가 성찬식에 참여하는 궁극적인 목적과 성찬식에서 우리가 해야 할 궁극적인 일은 예수님을 기념하는 것이어야 한다. "이것을 행하여 나를 기념하라." 그렇다면, 주님을 기념한다는 것은 무엇일까? 기독교 신앙은 허구나 상상에 기초하지 않고 역사적인 사실에 기초한다. 성경이 우리에게 말해 주는 예수님에 관한 모든 내용은 역사적 사실이다. 그러므로 성찬식 안에서 예수님을 기념한다는 것은 예수님의 인격과 삶에 관한 역사적 사실을 기억하고 회상하는 것에서 출발한다. 그러나 짧은 시간에 진행되는 성찬식 안에서 그 모든 역사적 사실을 어떻게 다 기억하고 회상할 수 있겠는가! 그러므로 현실적으로 볼 때 성찬식 안에서 예수님을 기념한다는 것은 성찬의 떡과 잔이 우리에게 보여 주는바 예수 그리스도의 고난과 죽음에 관한 역사적 사실을 다시 기억하고 다시 회상하는 것이다. 이전보다 그것이 더 우리 마음에 깊이 자리를 잡을 수 있도록 의도적으로 기억하고 의도적으로 회상하는 것이다. 이것이 첫 번째 단계다.

성찬식에서 예수님을 기념하는 것의 두 번째 단계는 예수님과 우리의 관계를 기억하고 회상하는 것이다. 예수님과 예수님의 삶에 관한 역사적인 사실을 기억하고 회상하되, 그 모든 일이 우리의 구원을 위한 것이었음을 기억하고 회상하는 것이다. 예수님은 성찬식을 제정해 주실 때 떡과 잔을 들고 설명하셨다. "이것은 너희를 위하는 내 몸이니"(고전 11:24). "이것은 죄 사함을 얻게 하려고 많은 사람을 위하여 흘리는바 나의 피 곧 언약의 피니라"(마 26:28). 왜 예수님은 여기에서 "너희를 위하는 내 몸", "많은 사람을 위하여 흘리는바 나의 피"라는 표현을 쓰셨을까? 그것은 우리가 성찬식에서 떡과 잔을 보고 먹고 마실 때, 예수님이 우리의 구원을 위하여 십자가 위에서 그렇게 고난받아 죽으셨고, 그것이 우리의 구원을 성취했다는 사실을 집중해서 기억하고 회상하기를 바라셨기 때문이다. 그러므로 성찬식 안에서 예수님을 기념하는 모든 사람은 첫 번째 단계를 거쳐 두 번째 단계까지 나아가야한다.

성찬식에서 예수님을 기념하는 것의 세 번째 단계는, 예수님의 인격과 사역이 우리와 관계가 있을 뿐 아니라 실제로 우리에게 효력이 있다는 것을 기억하고 회상하며 새롭게 체험하는 것이다. 예수님은 성찬식을 제정해 주실 때, 떡과 잔을 설명해 주셨을 뿐 아니라 그것을 먹고 마시라고 하셨다. "받아서 먹으라 이것이 내 몸이니라"(마 26:26). "너희가 다 이것을 마시라"(마 26:27). 왜 이렇게 하셨을까? 음식을 먹으면 그것은 우리 몸 안에 들어오고 양분으로 변하여 우리를 배부르게 하고 시원하게 한다. 예수님이 성찬식에서 우리에게 떡과 잔을 먹고 마시라고 하시는 까닭은, 예수님이 십자가에서 고난받으시고 죽으신 일도 마치 음식처럼 우리 안에 들어와 우리 영혼을 배부르게 하고 참되고 영원한 생명으로 충만하게 하는 효력을 발휘하기 때문이다. 예수님은 성찬식에서 우리가 그것을 기억하고 새롭게 체험하며 장차 천국에서 완전하게 누리게 될 그 모든 복락을 맛보게 하신다. 아, 주님을 기념한다는 것은 얼마나 복된 일인가!

더 깊은 묵상과 기도

수요일 묵상

✦

성찬식에서 우리가 주님을 기념한다는 것은 구체적으로 어떤 것을 집중해서 기념하는 것일까? 아마도 대부분의 그리스도인은 다음과 같이 대답할 것이다. "그거야 당연히 예수 그리스도의 십자가 고난과 죽으심이지요." 틀린 대답이 아니다. 맞는 대답이다. 흔한 대답이다. 하지만 17세기 영국의 청교도 목사 가운데 탁월한 신학자로 인정받았던 존 오웬(John Owen)의 대답은 약간 달랐다. 그는 성찬식 전에 행한 설교에서 우리가 성찬식에서 그리스도의 죽으심과 관련하여 기억하고 회상해야 할 핵심 내용으로 세 가지를 꼽았다. "성찬식에서 우리의 믿음이 그리스도의 죽으심과 관련하여 기억하고 회상하고 기념해야 하는 것은 세 가지다. 첫 번째는 사역에 대한 그리스도의 믿음이며, 두 번째는 그리스도의 순종이고, 세 번째는 그리스도의 사역 자체, 곧 그리스도의 고난과 죽으심이다."[26]

이처럼 존 오웬은 우리가 성찬식에서 기념해야 할 첫 번째 내용으로 그리스도께서 자신의 고난과 죽음에 대하여 가지고 있었던 믿음을 꼽았다. 왜 그는 이것을 첫 번째 내용으로 꼽았을까? 그는 그 이유를 다음과 같이 밝힌다. "그리스도의 죽으심과 관련하여 우리가 가장 먼저 기억해야 할 것은 그리스도의 위대한 믿음이다. 곧, 십자가에서 고난받고 죽으실 때 그리스도께서 자신의 인격과 사역의 목표에 대한 확고한 믿음을 가지고 계셨다는 사실이다. 어떤 순교자를 기억하고 회상함으로써 그들을 기념할 때, 여러분은 무엇을 먼저 중요하

---

26   존 오웬, 『나를 기념하라』, 43.

게 기억하는가? 아마도 순교자들을 불태웠던 화염을 먼저 기억하기보다는 순교자들이 얼마나 위대한 믿음을 가지고 있었는지, 그 믿음을 얼마나 위대하게 선포했는지를 먼저 기억할 것이다. 또한, 그들이 자신들의 순교가 절대 헛되지 않아 선한 열매를 맺을 것을 굳게 믿었다는 것을 중요하게 기억할 것이다. 그러므로 순교자들의 머리가 되시는 예수 그리스도의 죽으심을 기억할 때도 우리 주 예수 그리스도의 믿음을 먼저 중요하게 기억해야 한다."[27]

존 오웬의 이 말을 여러 번 곱씹어 본다. 우리 시대에서는 쉽게 들을 수 없는 말이다. 하지만 생각할수록 틀린 말이 아니고, 맞는 말이다. 그리고 우리를 부끄럽게 만드는 말이다. 사실, 예수 그리스도의 고난과 죽으심을 기억하고 회상하며 기념한다면, 그 고난과 죽으심이 얼마나 위대한 분에 의해서, 얼마나 놀라운 믿음으로 이루어져, 얼마나 하나님을 기쁘시게 했는가를 먼저 생각하고 그리스도를 높이며 찬양해야 한다. 그런데 우리는 예수 그리스도의 고난과 죽으심을 기억할 때조차 이기적인 틀에서 벗어나지 못한다. 우리를 중심에 놓고 생각한다. 그래서 우리는 그리스도의 고난과 죽으심을 기억하고 기념할 때도 그것이 우리를 위한 것이었으며, 우리에게 놀라운 구원과 많은 유익을 가져온다는 사실만 먼저 생각하고, 그것만 중요하게 생각하며, 그것으로 즐거워하고 만족한다. 이렇게 우리의 이기심은 먼저 생각해야 할 것을 나중에 생각하게 만들어 버렸고, 우리는 그 일에 익숙해져 있다. 아, 부끄러운 일이다. 주님, 우리를 용서하여 주옵소서!

더 깊은 묵상과 기도

---

27   위의 책. 54.

목요일 묵상

✦

성찬식을 제정해 주실 때, 예수님은 열두 명의 제자를 한 식탁에 둘러앉게 하신 다음 제자들에게 한 떡을 떼어서 나누어 주시고 한 잔을 부어서 나누어 주셨다. 이 장면을 생각해 본다. 첫 번째 성찬의 상에 둘러앉은 제자들은 예수님을 통해서 귀로 듣는 말씀을 정기적으로, 함께, 꾸준히 들어온 사람들이었다. 또한, 그들은 그렇게 예수님으로부터 말씀을 함께 들으면서 함께 살아온 사람들이었다. 예수님은 이런 사람들을 한 식탁에 둘러앉게 하시고 첫 번째 성찬식을 거행하셨다. 그래서 지금도 성찬식을 올바르게 시행하는 교회는 개인이 집에서 혼자 성찬식을 하고 싶다고 할 수 있는 게 아니라고 가르친다. 가장이 자기 가족을 모아 놓고 가족 단위로 성찬식을 하고 싶다고 할 수 있는 게 아니라고 가르친다. 몇몇 사람이 따로 모여 친교하다가 성찬식을 하고 싶다고 할 수 있는 게 아니라고 가르친다. 성찬식은 어떤 한 지역 교회에서 귀로 듣는 말씀을 정기적으로 함께 듣고 함께 살아온 교우들이 함께 모일 때 가능하기 때문이다.

성찬식을 제정해 주실 때, 예수님은 열두 명의 제자를 한 식탁에 둘러앉게 하신 다음 제자들에게 한꺼번에 말씀하셨다. "이것을 행하여 나를 기념하라." 이 장면을 생각해 본다. 성찬식에서 예수님을 기념하는 일은 개인적으로, 또는 개별적으로 해야 하는 일이 아니다. 물론 예수 그리스도를 기념하는 일은 각자의 믿음과 사랑으로 해야 한다. 하지만 그렇게 각자 개별적으로, 또는 개인적으로 예수님을 기념하는 데서 멈춰서는 안 된다. 결혼식을 기념하는 식사의 자리를 생각해 본다. 어떤 손님이 그 식사의 자리에서 주변을 둘러보지도 않고, 옆에 있는 사람과 대화도 나누지 않고서 그저 혼자 조용히 밥만 먹고 자리에서 일어난다고 생각해 보라. 누가 그 사람이 결혼식 피로연에 잘 참석했고 의미 있게 참석했다고 말하겠는가? 성찬식도 마찬가지다. 성찬식은 교우들이 함께 모여 한마음으로 예수님을 함께 기념하는 거룩한 식사의 자리이다. 그러므로 반드시 다른 교우들과 한마음으로 함께 예수님을 기념하는 데까지 나아가야 한다.

여러 가지 질문이 내 마음에 밀려온다. 나는 내가 속해 있는 지역 교회에서 성찬식이 열린다는 광고를 들을 때마다 한 지역 교회 안에서 귀로 듣는 말씀을 정기적으로 함께 듣고 함께 살아온 교우들과 성찬의 자리에도 함께 나아갈 수 있게 된 것을 얼마나 기뻐하고 있는가? 나는 내가 속해 있는 지역 교회에서 성찬식이 열리기 전에 그동안 귀로 듣는 말씀을 정기적으로 함께 듣고 함께 살아온 모든 교우가 성찬에 참여할 준비를 다 잘하기를 얼마나 간절히 바라는가? 나는 성찬식 안에서 나 혼자만 있지 않고 한 믿음, 한 세례, 한 소망 안에서 형제요 자매 된 교우들과 함께 있다는 사실을 얼마나 즐거워하며 그들을 얼마나 기뻐하는가? 나는 성찬식 안에서 내 믿음과 사랑으로 예수님을 기념하면서도, 다른 교우들도 나만큼 또는 나보다 더 잘 예수님을 기념하기를 얼마나 간절히 바라는가? 나는 성찬식 안에서 다른 교우들이 예수님을 기념하면서 기쁨을 누리고 은혜를 받을 때, 그것을 얼마나 크게 기뻐하고 있는가? 아, 주님의 은혜가 필요하다.

더 깊은 묵상과 기도

✦

"이것을 행하여 나를 기념하라." 성찬식을 제정해 주실 때 예수님께서 우리에게 내리신 이 명령은 지극히 자비로운 명령이다. 예수님께서 우리의 연약함을 아시고 그것을 채워 주기 위해 내리시는 명령이기 때문이다. 사실 예수님은 우리가 예수님을 기억하고 기념할 수 있도록 기록된 말씀인 성경과 들리는 말씀인 설교를 이미 주셨다. 사실 그것만으로도 이미 충분하다. 그런데 우리는 어리석고 연약하여 들어도 잘 깨닫지 못하고, 들은 것도 쉽게 잊어버리고, 귀로 듣는 것보다는 눈으로 보고 몸으로 경험해야 더 쉽게 배우고 더 오래 기억하고 더 많이 느낀다. 이런 우리에게 예수님은 귀로만 듣던 복음을 우리 눈으로 보고, 손으로 만져 보면서, 몸으로 경험할 수 있는 성찬식을 만들어 주셨다. 그리고 다정한 음성으로 우리에게 말씀하신다. "이것은 너희의 연약함을 돕고자 내가 만들어 준 거룩한 예식인데, 이것을 행하면 나를 더 쉽게 볼 수 있을 것이다. 그러니 이것을 행하거라." 아, 예수님은 얼마나 자비로우신 구주이신가!

"이것을 행하여 나를 기념하라." 예수님의 이 명령은 지극히 영광스러운 약속이 들어 있는 명령이다. 일찍이 예수님은 말씀하셨다. "내 아버지께서 모든 것을 내게 주셨으니 아버지 외에는 아들을 아는 자가 없고 아들과 또 아들의 소원대로 계시를 받는 자 외에는 아버지를 아는 자가 없느니라"(마 11:27). "그러나 진리의 성령이 오시면 그가 너희를 모든 진리 가운데로 인도하시리니 그가 스스로 말하지 않고 오직 들은 것을 말하며 장래 일을 너희에게 알리시리라 그가 내 영광을 나타내리니 내 것을 가지고 너희에게 알리시겠음이라"(요 16:13-14). 그러니 우리가 성찬식을 행하기만 하면 예수님을 기념할 수 있는 것이 아니다. 우리가 행하는 성찬식에 성부, 성자, 성령 하나님의 은혜로운 역사가 있을 때만 그런 일이 가능하다. 그러므로 "이것을 행하여 나를 기념하라"라는 명령으로 예수님은 우리에게 다음과 같은 약속을 주신 셈이다. "너희가 성찬식을 행할 때, 성부와 성자와 성령이 성찬식 가운데 일할 것이다. 너희가 나를 기념할 수 있도록 내 영광을 드러낼 것이다." 아, 얼마나 영광스러운 약속인가!

"이것을 행하여 나를 기념하라." 예수님의 이 명령은 아무리 작고 가난한 교회라도 얼마든지 행할 수 있는 지극히 소박한 명령이다. 예수님께서 자기를 기념하라고 하시면서 우리에게 만들어 주신 성찬식을 보라. 많은 분량의 떡이나 많은 분량의 포도주가 필요하지 않다. 크고 화려한 식탁에 떡과 잔을 올려놓을 필요도 없다. 웅장한 음악이 필요한 것도 아니다. 큰 예배당에 많은 사람이 모여야만 할 수 있는 것도 아니다. 집례하는 목사가 탁월한 설교자이거나 특별한 은사가 있어야 하는 것도 아니다. 평범한 떡과 평범한 포도주만 있으면 된다. 이 두 가지만 있으면 언제든 어디서든 예수님을 기념할 수 있다. 이처럼 예수님은 교회가 예수님을 기념하는 매우 중요한 일의 방법을 선택하실 때, 아무리 작고 가난한 교회라도 쉽게 준비하고 얼마든지 진행 가능한 방법을 선택하셨다. 또한, 교회가 예수님을 기념하고 싶으면 언제든지 어디서든지 준비하여 진행 가능한 방법을 선택하셨다. 아, 얼마나 감사한 일인가!

더 깊은 묵상과 기도

토요일 묵상

✦

성찬식에서 우리가 예수님을 기념하는 올바른 첫 번째 방식은 떡과 잔이 우리 눈과 마음에 보여 주는바 예수 그리스도의 십자가 고난과 죽음을 바라보면서 예수님을 기념하는 것이다. "이것은 너희를 위하는 내 몸이니"(고전 11:24). "이 잔은 내 피로 세운 새 언약이니"(고전 11:25). 그러므로 나는 이번 성찬식에서 눈을 크게 뜨고 떡과 잔을 바라볼 것이다. 성찬의 상에 차려져 있는 떡과 잔을, 목사가 손에 들고 성부 하나님께 감사하는 떡과 잔을, 목사가 떼거나 건네 주는 떡과 잔을, 내 손에 들려진 떡과 잔을, 나는 눈을 크게 뜨고 바라볼 것이다. 눈으로는 떡을 바라지만 마음으로는 믿음의 눈으로 예수님께서 나의 죄를 대신 짊어지시고 십자가에서 고난받으신 것을 바라볼 것이다. 눈으로는 잔을 바라보지만, 마음으로는 믿음의 눈으로 많은 사람의 죄 사함을 위해서 흘린 그리스도의 보배로운 피를 바라볼 것이다. 그러면서 성령 하나님께서 고난받으신 그리스도의 영광과 그리스도께서 받으신 고난의 위대함을 찬란하게 비춰 주시기를 고대할 것이다.

성찬식에서 우리가 예수님을 기념하는 올바른 두 번째 방식은 떡과 잔을 받아서 먹고 마심으로써 예수님을 기념하는 것이다. "받아서 먹으라 이것이 내 몸이니라"(마 26:26). "너희가 다 이것을 마시라"(마 26:27). 그러므로 나는 이번 성찬식에서 목사가 나에게 떡을 떼어 주거나 잔을 건네 줄 때, 예수 그리스도께서 친히 나에게 떡과 잔을 주시는 것으로 믿고서 감사하는 마음, 겸손한 마음, 간절한 마음으로 떡과 잔을 받을 것이다. 그리고 떡을 먹을 때나 잔을 마실 때는 그리스도께서 당하신 모든 고난과 행하신 모든 순종이 나에게 영원한 생명과 행복을 주는 양식이 된다는 것을 믿는 마음으로, 예수를 믿는 나에게 이미 그 영원한 생명과 행복이 있다는 것을 기뻐하면서, 앞으로 나에게 그 영원한 생명과 행복이 더 풍성해지기를 간절히 바라는 마음으로 떡과 잔을 먹고 마실 것이다. 그러면서 성령 하나님께서 내 마음에 더 큰 구원의 확신과 더 뜨거운 사랑과 더 강력한 순종의 의지를 심어 주시기를 고대할 것이다.

1. 고난당하신 하나님의 아들께 영광 이 신비를 제정하신 분
   성찬은 주님의 살과 피에 참예함이요 주님의 은혜 얻는 확실한 방편
   천국의 혼인 잔치의 모형이며 영원한 안식의 보증일세

2. 예수여, 우리를 불쌍히 여기소서 우리의 무력한 불신 제거하시고
   주님을 기억할 수 있게 하소서 사랑으로 역사하는 믿음 우리에게 주시고
   이미 주신 믿음 더 크게 하시며 영광스러운 평화로 우리를 인 치소서

   _ 찰스 웨슬리(Charles Wesley)의 성찬 찬송 중에서[28]

더 깊은 묵상과 기도

28 John & Charles Wesley, *Hymns on the Lord's Supper* (Bristol: Farley, 1745).

묵상 주제

06

성찬이
보여 주는
언약

월요일 묵상

✦

성경에서 '언약'이라는 단어는 기본적으로 성부와 성자 사이에 체결된 거룩한 계약을 가리킨다. 성부는 아들에게 자신이 택한 사람들의 구원을 위해 십자가에서 죽으라고 하셨고, 그 조건이 성취되면 그 사람들에게 영원한 생명과 영원한 복을 주겠다고 약속하셨는데, 아들이 그것을 받아들이고 순종을 맹세함으로써 체결된 계약이다. 신학자들은 이것을 일컬어 '구속 언약'이라고 부른다. 그러나 성경에서 '언약'이라는 단어는 다른 것을 가리키기도 한다. 성부 하나님께서 소위 '구속 언약'에 근거하여 그 언약의 당사자인 예수 그리스도를 통해 자신이 택하신 사람들에게 주신 거룩한 약속도 성경은 '언약'이라고 부른다. 신학자들은 이것을 일컬어 '은혜 언약'이라고 부른다. 이 언약을 성부 하나님은 시간의 흐름 속에서 두 단계로 나누어 드러내셨는데, 먼저 드러내신 것을 일컬어 '옛 언약'이라 부르고 나중에 드러내신 것을 일컬어 '새 언약'이라 부른다. 새 언약의 내용은 예레미야 31장 31-34절에 기록되어 있다.

새 언약의 말씀을 들어 보자. 예레미야 31장에서 하나님은 친히 다음과 같이 말씀하셨다. "여호와의 말씀이니라 보라 날이 이르리니 내가 이스라엘 집과 유다 집에 새 언약을 맺으리라 이 언약은 내가 그들의 조상들의 손을 잡고 애굽 땅에서 인도하여 내던 날에 맺은 것과 같지 아니할 것은 내가 그들의 남편이 되었어도 그들이 내 언약을 깨뜨렸음이라 여호와의 말씀이니라 그러나 그날 후에 내가 이스라엘 집과 맺을 언약은 이러하니 곧 내가 나의 법을 그들의 속에 두며 그들의 마음에 기록하여 나는 그들의 하나님이 되고 그들은 내 백성이 될 것이라 여호와의 말씀이니라 그들이 다시는 각기 이웃과 형제를 가리켜 이르기를 너는 여호와를 알라 하지 아니하리니 이는 작은 자로부터 큰 자까지 다 나를 알기 때문이라 내가 그들의 악행을 사하고 다시는 그 죄를 기억하지 아니하리라 여호와의 말씀이니라"(렘 31:31-34). 이처럼 성부 하나님은 예수 그리스도의 죽으심을 근거로 해서 이와 같은 복을 당신께서 택하신 사람들에게 주시겠다고 언약하셨다.

그런데 예수님은 성찬식을 제정해 주실 때 포도주가 담긴 잔을 들고서 매우 특별한 말씀을 하셨다. "이것은 죄 사함을 얻게 하려고 많은 사람을 위하여 흘리는바 나의 피 곧 언약의 피니라"(마 26:28). "이 잔은 내 피로 세운 새 언약이니 이것을 행하여 마실 때마다 나를 기념하라 하셨으니"(고전 11:25). 여기 보면 '언약', '새 언약'이라는 단어가 등장한다. 이 단어를 빠뜨리지 말고 오히려 이 단어에 집중하면서, 예수님의 말씀을 다시 들어 보고 깊이 묵상해 보자. 그러면 매우 중요한 사실을 발견하게 된다. 첫째, 예수님의 십자가 고난과 죽음이 언약, 특별히 새 언약과 밀접한 관련이 있다는 것. 이것은 예수님께서 친히 가르쳐 주신 사실이다. 둘째, 예수님이 십자가에서 피 흘려 죽으신 것은 새 언약을 세우시기 위함이었다는 것. 다시 말해서, 새 언약을 확정하는 죽음이었다는 말이다. 셋째, 예수님이 성찬식에서 잔을 들고서 "이 잔은 내 피로 세운 새 언약이니"라고 말씀하셨으므로, 당연히 우리는 성찬식에서 예수님이 세우신 언약을 중요하게 생각하고 바라봐야 한다는 것이다.

더 깊은 묵상과 기도

화요일 묵상

✦

성찬식을 앞두고 예수 그리스도의 십자가 고난과 죽으심을 묵상하되 언약의 관점에서 그것을 묵상한다. 먼저는 성부와 성자 사이에 체결된 언약을 묵상한다. 17세기 영국의 청교도 설교자 존 오웬(John Owen) 목사는 말했다. "그리스도께서 고난받아 획득하신 모든 복이 우리의 것이 될 수 있는 까닭은 성부 하나님과 성자 예수 그리스도 사이에 체결된 영원한 언약과 조약 때문이다. 그리스도께서 죄인들을 위해 율법에 순종하시고 죄의 형벌을 받으시면, 그분이 우리를 대신하여 행하신 그 모든 일을 하나님께서 우리의 것으로 넘겨주시고 마치 우리가 직접 그 모든 일을 행한 것처럼 여겨 주시기로 이미 언약을 체결하셨다. 그리스도께서 우리가 범한 죄를 담당하고, 우리를 위해 모든 의를 행하기로 동의하셨을 때, 성부 하나님께서는 그리스도의 순종을 조건으로 죄인인 우리에게 의와 생명과 구원을 주시기로 약속하셨다. 우리는 주의 만찬에서 이 언약을 기억해야 한다."[29] 성찬식에서 기억해야 할 그 언약을 오늘 미리 기억하며 묵상한다.

영원 전에 성부 하나님과 성자 예수님께서 우리의 구원을 단순히 계획하신 것만이 아니라 그것을 언약으로 만들어 서로 언약을 맺으셨다니! 성부와 성자는 각각 완전하게 진실하시고 서로의 진실함을 너무나 잘 알고 계시기에 언약 같은 것을 굳이 맺을 필요가 없으셨을 텐데도, 우리의 구원을 너무도 간절히 원하셨고 확고하게 원하셨기에 서로 굳은 언약을 맺으셨다니! 참으로

---

29   존 오웬, 「나를 기념하라」, 205-206.

놀라운 일이 아닐 수 없다. 생각할수록 마음에 삼위 하나님을 향한 찬송이 울려 퍼진다. "찬송하리로다 하나님 곧 우리 주 예수 그리스도의 아버지께서 그리스도 안에서 하늘에 속한 모든 신령한 복을 우리에게 주시되 곧 창세 전에 그리스도 안에서 우리를 택하사 우리로 사랑 안에서 그 앞에 거룩하고 흠이 없게 하시려고 그 기쁘신 뜻대로 우리를 예정하사 예수 그리스도로 말미암아 자기의 아들들이 되게 하셨으니 이는 그가 사랑하시는 자 안에서 우리에게 거저 주시는바 그의 은혜의 영광을 찬송하게 하려는 것이라"(엡 1:3-6).

다음으로는 성부 하나님께서 우리에게 주시는 은혜 언약 중에 새 언약을 묵상한다. "그러나 그날 후에 내가 이스라엘 집과 맺을 언약은 이러하니 곧 내가 나의 법을 그들의 속에 두며 그들의 마음에 기록하여 나는 그들의 하나님이 되고 그들은 내 백성이 될 것이라 여호와의 말씀이니라 그들이 다시는 각기 이웃과 형제를 가리켜 이르기를 너는 여호와를 알라 하지 아니하리니 이는 작은 자로부터 큰 자까지 다 나를 알기 때문이라 내가 그들의 악행을 사하고 다시는 그 죄를 기억하지 아니하리라 여호와의 말씀이니라"(렘 31:32-34). 오, 성부 하나님이 먼저 우리 같은 사람들에게 이런 맹세를 하셨다니! 단순히 말씀하신 것이 아니라 그것을 반드시 이루겠다는 마음을 확실하게 담아 언약이라는 형식으로 우리에게 말씀하셨다니! 참으로 황송한 일이 아닐 수 없다. 생각할수록 마음에 감격스러운 질문이 솟구쳐 오른다. "여호와여 사람이 무엇이기에 주께서 그를 알아 주시며 인생이 무엇이기에 그를 생각하시나이까"(시 144:3).

더 깊은 묵상과 기도

수요일 묵상

✦

"그러나 그날 후에 내가 이스라엘 집과 맺을 언약은 이러하니 곧 내가 나의 법을 그들의 속에 두며 그들의 마음에 기록하여…"(렘 31:33). 그리스도께서 십자가에서 피 흘려 죽으심으로써 세우신 새 언약에 따르면, 성부 하나님께서 우리에게 약속하신 첫 번째 복은 하나님의 법을 우리 속에 두시며 우리 마음에 기록해 주시는 것이다. 여기에서 '하나님의 법'은 한시적인 법으로 주어진 구약의 의식법과 사회법을 제외하고, 모든 시대 모든 사람이 지켜야 할 도덕법과 모든 시대 모든 사람이 믿어야 할 복음의 진리를 가리킨다. 도덕법은 우리가 구원을 얻기 전에는 우리의 죄를 깨닫게 하여 우리를 그리스도께로 믿음으로 인도하는 역할을 하고, 우리가 구원을 얻은 후에는 순종하는 삶의 기본 규범으로서 역할을 한다. 반면에 복음은 우리가 믿어야 할 내용이고 우리가 믿을 때 구원하는 능력이 된다. 이런 하나님의 법을 우리 마음에 기록하고 우리 마음에 있게 하시는 것이 새 언약에서 언급된 첫 번째 복이다.

내가 예수 그리스도를 믿고 구원의 은혜를 얻은 과정을 뒤돌아본다. 생각해 보면, 어느 날부터 문득 하나님의 말씀이 내 마음에 들어오기 시작했고, 그렇게 들어온 그 말씀이 내 마음에 남아 있으면서 내 죄를 깨닫게 하고 예수 그리스도를 믿음으로 바라보게 만드는 일이 있었다. 전에도 성경을 읽고 설교를 들었지만 읽고 듣는 그 말씀이 내 마음에 들어오지는 않았다. 귓전에 맴돌다가 어디론가 사라지곤 했다. 내 쪽에서도 읽고 들은 말씀이 마음에 들어오지 못하게 여러 가지 핑계를 대며 말씀을 밀쳐 냈다. 그런데 어느 순간부터는 하나님의 말씀이 때로는 조용하고 부드럽게 때로는 엄청난 힘으로 강력하게 내 마음에 들어왔다. 그리고 나는 하나님의 말씀을 이해하기 시작했고, 믿고 의지하게 되었으며, 즐거워하게 되었다. 그러면서 하나님의 말씀은 내 마음에 깊이 각인되었고, 나의 일부가 되었다. 그렇게 하나님은 진리의 말씀으로 나를 낳으셨다(약 1:18). 그렇게 하나님은 나에게 언약하신 첫 번째 복을 신실하게 베풀어 주셨다.

이런 맥락에서 내 현재의 삶을 들여다본다. 생각해 보면, 지금도 나는 새 언약의 첫 번째 복이 필요한 사람이다. 아직도 하나님의 말씀 가운데서 내 마음에 깊숙하게 들어오지 못한 말씀이 있고 내 마음에 깊이 새겨지지 못한 말씀이 있다. 어떤 말씀은 내가 그 말씀에 주의하지 않고 내 생각을 따라 행동하는 사이에 내 마음에서 희미해졌고 깊게 새겨지지 못했다. 그래서 나는 시편 기자처럼 하나님께 간구한다. "여호와여 주의 율례들의 도를 내게 가르치소서 내가 끝까지 지키리이다 나로 하여금 깨닫게 하여 주소서 내가 주의 법을 준행하며 전심으로 지키리이다"(시 119:33-34). 이렇게 기도할 때 내 소망의 근거는 새 언약을 세우신 예수 그리스도의 보혈에 있고, 그 언약을 따라 우리에게 풍성하게 복을 주시는 하나님의 신실하심에 있다. 성찬식에서의 떡과 잔을 보며 예수님께서 세우신 은혜 언약을 묵상한다. 그리고 그 언약의 복들이 내 평생 풍성하게 부어질 것을 다시 확인하고 다시 기대한다.

더 깊은 묵상과 기도

✦

"그러나 그날 후에 내가 이스라엘 집과 맺을 언약은 이러하니 (…) 나는 그들의 하나님이 되고 그들은 내 백성이 될 것이라 여호와의 말씀이니라"(렘 31:33). 새 언약에 따르면, 성부 하나님이 우리에게 약속하신 두 번째 복은 하나님과 우리의 관계를 복된 관계로 회복하는 것이다. 성경은 구원받기 전의 사람과 하나님의 관계를 원수지간으로 설명한다. "전에 악한 행실로 멀리 떠나 마음으로 원수가 되었던 너희를"(골 1:21). 타락한 인류는 죄를 짓고는 도리어 뻔뻔해져서 하나님이 안 계셨으면 좋겠다며 하나님의 존재 자체를 부정하고 하나님의 모든 법에 반기를 듦으로써 하나님을 원수로 대적했고, 의로우신 하나님은 그런 인류를 향하여 진노하시고 그들을 영원한 파멸에 던지시기로 작정하심으로써 그들을 원수로 대적하셨다. 이 정도면 철천지원수 관계이다. 그런데 하나님은 원수지간이던 그 관계를 예수 그리스도 안에서 아버지와 자녀의 관계, 왕과 백성의 관계로 바꿔 주시겠다고 약속하셨다. 이것이 새 언약의 두 번째 복이다.

골로새서는 이 두 번째 복을 다음과 같이 기술한다. "아버지께서는 모든 충만으로 예수 안에 거하게 하시고 그의 십자가의 피로 화평을 이루사 만물 곧 땅에 있는 것들이나 하늘에 있는 것들이 그로 말미암아 자기와 화목하게 되기를 기뻐하심이라 전에 악한 행실로 멀리 떠나 마음으로 원수가 되었던 너희를 이제는 그의 육체의 죽음으로 말미암아 화목하게 하사 너희를 거룩하고 흠 없고 책망할 것이 없는 자로 그 앞에 세우고자 하셨으니"(골 1:19-22). 에베소서 1장은 다음과 같이 기술한다. "찬송하리로다 하나님 곧 우리 주 예수 그리스도의 아버지께서 그리스도 안에서 하늘에 속한 모든 신령한 복을 우리에게 주시되 곧 창세 전에 그리스도 안에서 우리를 택하사 우리로 사랑 안에서 그 앞에 거룩하고 흠이 없게 하시려고 그 기쁘신 뜻대로 우리를 예정하사 예수 그리스도로 말미암아 자기의 아들들이 되게 하셨으니"(엡 1:3-5). 아, 예수 그리스도의 십자가의 피로 이루어진 화평은 얼마나 위대하며 영광스럽고 복된 관계인가!

내가 구원받은 과정을 되돌아보면, 하나님은 나에게도 언약하신 두 번째 복을 신실하게 베풀어 주셨다. 하지만 나는 여전히 새 언약의 두 번째 복이 필요한 사람이다. 나는 예수 그리스도의 십자가 피로 하나님과 나 사이에 이루어진 화목이 얼마나 완전한 것이고, 얼마나 영광스러우며, 얼마나 복된 것인지를 더 알고 싶고 더 경험하고 싶다. 그 화목 때문에 하나님이 나를 예수 그리스도 안에서 얼마나 기뻐하시고 사랑하시며 귀하게 여기시는지 더 알고 싶고 더 경험하고 싶다. 나는 이런 화목의 은혜가 내 마음에 더 깊고 풍성하게 이루어져서 하나님을 내 아버지로 더 확신하며 더 경외하고 더 즐거워하며 더 사랑하기를 바란다. 나는 이 복된 화목 때문에 저 영원한 세상에서 나를 기다리고 있는 하나님의 집에서 하나님과 함께 영원히 사는 그 영광을 더 간절하게 바라고 더 즐거워하며 그것을 목적으로 살고 싶다. 아, 이번 성찬식에서 하나님이 나에게 새 언약의 두 번째 복을 더 풍성히 부어 주시기를!

더 깊은 묵상과 기도

금요일 묵상

✦

"그러나 그날 후에 내가 이스라엘 집과 맺을 언약은 이러하니 (…) 그들이 다시는 각기 이웃과 형제를 가리켜 이르기를 너는 여호와를 알라 하지 아니하리니 이는 작은 자로부터 큰 자까지 다 나를 알기 때문이라 내가 그들의 악행을 사하고 다시는 그 죄를 기억하지 아니하리라 여호와의 말씀이니라"(렘 31:33-34). 새 언약에 따르면, 성부 하나님께서 약속하신 세 번째 복은 우리가 이웃과 형제를 가리켜 "너는 여호와를 알라"라고 말할 필요가 없을 만큼, 하나님을 아는 지식을 참된 교회에 속한 모든 신자에게 충만하게 주신 다는 것이다. 안타깝게도 지금은 이 복을 제대로 누리는 교회들을 찾아보기 힘들다. 현실의 교회에는 하나님을 모르는 사람들이 많고 하나님을 아는 일에 서로 차이도 크다. 하지만 분명한 사실이 있다. 하나님은 그리스도의 몸인 교회에게 이런 복을 분명히 약속해 주셨다. 교회는 지금도 이 약속 안에 있다. 지금도 하나님은 다양한 방식으로 교회 안에 이 복을 실현하고 계신다. 그리고 이 복은 천상의 교회에서 완전하게 실현될 것이다.

첫 번째 성찬식을 기억해 본다. 그때 열두 명의 제자들은 예수님에 관하여 무지했다. 하지만 배반자 가룟 유다를 제외한 열한 제자는 한 사람도 빠짐없이 예수 그리스도를 충만하게 아는 자리로 나아갔다. 그들은 서로를 향하여 "너는 왜 이렇게 예수님을 모르냐? 제발 예수님 좀 제대로 알아라"라고 말할 필요가 없는 상태로 함께 진보했다. 그래서 그들은 세상에 흩어져 부활의 증인이 되었고, 그리스도의 복음을 전하며 교회를 세우게 되었다. 어떻게 이런 일이 가능했을까? 하나님께서 새 언약의 세 번째 복을 신약 시대의 맨 첫 번째 교회인 사도들의 모임에 실현해 주셨기 때문이다. 이처럼 신약의 교회는 처음 시작할 때부터 새 언약의 세 번째 복을 놀랍게, 그리고 풍성하게 경험하였다. 교회라는 신앙의 공동체 안에 하나님을 아는 지식이 충만하고 편만해질 수 있다는 것을 확실하게 경험하였다. 이런 관점으로 우리가 사는 현실의 교회를 다시 바라본다. 아, 교회는 새 언약의 세 번째 복을 확약받았고 그 성취의 과정에 있다!

오늘은 우리 교회를 생각해 본다. 우리 교회는 이 세 번째 복을 얼마나 누리고 있을까? 우리 교회는 어린 자녀들로부터 시작해서 연로한 교우에 이르기까지 모든 교우가 하나님을 충분하게, 또 보편적으로 알고 있을까? 우리 교회는 서로에게서 하나님에 대한 무지가 아니라 지식을 발견하고서 그 지식을 서로 나누며 함께 하나님을 아는 즐거움을 공유하고 있을까? 아, 우리 교회에도 새 언약의 세 번째 복이 풍성하게 실현되면 좋겠다. 사도 바울이 에베소 교회를 위해 드린 기도가 우리 교회에도 적용되고 응답되면 좋겠다. "우리 주 예수 그리스도의 하나님, 영광의 아버지께서 지혜와 계시의 영을 너희에게 주사 하나님을 알게 하시고 너희 마음의 눈을 밝히사 그의 부르심의 소망이 무엇이며 성도 안에서 그 기업의 영광의 풍성함이 무엇이며 그의 힘의 위력으로 역사하심을 따라 믿는 우리에게 베푸신 능력의 지극히 크심이 어떠한 것을 너희로 알게 하시기를 구하노라"(엡 1:17-19).

더 깊은 묵상과 기도

토요일 묵상

✦

"그러나 그날 후에 내가 이스라엘 집과 맺을 언약은 이러하니 (…) 내가 그들의 악행을 사하고 다시는 그 죄를 기억하지 아니하리라 여호와의 말씀이니라"(렘 31:33-34). 새 언약에 따르면, 성부 하나님께서 우리에게 약속하신 마지막, 네 번째 복은 하나님께서 우리의 죄악을 사하시고 다시는 그 죄를 기억하지 아니하신다는 것이다. 하나님께서 자기 백성에게 베풀어 주시는 죄 사함의 은혜는 완전하고 무한하며 불변하고 영원하다. 이것을 성경은 다양한 표현으로 가르쳐 준다. "너희의 죄가 주홍 같을지라도 눈과 같이 희어질 것이요 진홍같이 붉을지라도 양털같이 희게 되리라"(사 1:18), "동이 서에서 먼 것같이 우리의 죄과를 우리에게서 멀리 옮기셨으며"(시 103:12), "주와 같은 신이 어디 있으리이까 주께서는 죄악과 그 기업에 남은 자의 허물을 사유하시며 인애를 기뻐하시므로 진노를 오래 품지 아니하시나이다 다시 우리를 불쌍히 여기셔서 우리의 죄악을 발로 밟으시고 우리의 모든 죄를 깊은 바다에 던지시리이다"(미 7:18-19), "나 곧 나는 나를 위하여 네 허물을 도말하는 자니 네 죄를 기억하지 아니하리라"(사 43:25). 아, 하나님의 용서는 얼마나 놀라운 용서인가!

히브리서 10장이 구약의 제사와 예수 그리스도의 십자가 고난 및 죽으신 일을 비교하면서 선포한 말씀을 묵상해 본다. "제사장마다 매일 서서 섬기며 자주 같은 제사를 드리되 이 제사는 언제나 죄를 없게 하지 못하거니와 오직 그리스도는 죄를 위하여 한 영원한 제사를 드리시고 하나님 우편에 앉으사 그 후에 자기 원수들을 자기 발등상이 되게 하실 때까지 기다리시나니 그가 거룩하게 된 자들을 한 번의 제사로 영원히 온전하게 하셨느니라 또한 성령

이 우리에게 증언하시되 주께서 이르시되 그날 후로는 그들과 맺을 언약이 이것이라 하시고 내 법을 그들의 마음에 두고 그들의 생각에 기록하리라 하신 후에 또 그들의 죄와 그들의 불법을 내가 다시 기억하지 아니하리라 하셨으니 이것들을 사하셨은즉 다시 죄를 위하여 제사 드릴 것이 없느니라 그러므로 형제들아 우리가 예수의 피를 힘입어 성소에 들어갈 담력을 얻었나니 그 길은 우리를 위하여 휘장 가운데로 열어 놓으신 새로운 살길이요 휘장은 곧 그의 육체니라"(히 10:11-20).

 묵상을 마치고 성찬식을 바라보며 질문해 본다. 예수님은 죄와 관련하여 우리가 어떤 마음으로 성찬의 상에 나아오기를 바라실까? 우리가 이미 회개했고 이미 용서받은 과거의 죄들을 다시 기억함으로써, 부끄러움과 미안한 마음으로 나아오기를 바라실까? 지금도 우리에게 남아 있는 죄들을 기억함으로써 부끄러움과 창피한 마음으로 나아오기를 바라실까? 우리가 잊고 지낸 죄들과 우리가 모르는 죄들을 성찬의 상에서 예수님이 들춰 내시고 기억나게 하시기를 기다리며 긴장한 상태로 나아오기를 바라실까? 새 언약에서 하나님이 신자에게 보장하신 네 번째 복을 생각해 보면, 그러실 리가 없다. 예수님께서 우리에게 원하시는 것은 하나님께서 이미 베풀어 주신 완전하고 무한하며 불변하고 영원한 용서를 기뻐하는 마음으로 성찬의 상에 나아오는 것이다. 또한, 하나님께서 앞으로도 베풀어 주실 완전하고 무한하며 불변하고 영원한 용서를 기대하는 마음으로 성찬의 상에 참여하는 것이다. 아, 성찬의 상에서 주님이 이런 마음으로 우리를 기다리신다!

더 깊은 묵상과 기도

묵상 주제

07

성찬식에서
이루어지는
복된 교제

월요일 묵상

✦

예수님은 제자들과 함께 유월절 만찬을 드시는 중에 성찬식을 제정해 주셨다. 예수님은 식사의 자리에서 성찬식을 제정해 주셨을 뿐 아니라, 하나의 식사로서 성찬식을 제정해 주셨다. 그렇다. 성찬식은 예수님께서 차려 주시는 식사인데, 같은 믿음과 같은 소망으로 사는 신자들이 함께 둘러앉아 먹고 마시는 식사이다. 그런데 여러 사람이 함께 식사할 때는 거기에 반드시 상호 교제가 있다. 만일 어떤 사람들이 함께 식사를 하면서 서로 얼굴을 쳐다보지도 않고, 대화도 나누지 않고, 그저 고개를 푹 숙이고서 자기 밥만 먹고 일어난다면, 누가 그것을 옳다 하겠는가! 식사의 자리가 아니어도 사람들은 이런저런 모양으로 서로 교제한다. 하지만, 식사를 함께 할 때처럼 사람들 사이에 편안하고 친밀하며 풍성한 교제가 이루어지는 시간은 없다. 이런 점에서 생각해 보면, 성찬식은 결코 혼자 식사하는 자리가 아니다. 함께 식사하는 자리이다. 편안하고 친밀하며 풍성한 교제가 이루어지는 식사의 자리이다. 성찬식은 교제의 식탁이다.

그러면 성찬식에서 이루어지는 교제의 주체는 누구일까? 성찬식에 참여하는 모든 이들이다. 어떤 식사에 함께 참여한 모든 사람이 서로 교제해야 하는 것처럼 성찬식도 그러하다. 그렇다면, 성찬식에 참여하는 모든 이들은 누구일까? 먼저는 성찬의 상을 차려 주시고 그 상에서 우리와 교제하려고 우리를 부르시는 예수 그리스도와 그의 아버지이신 성부 하나님, 그리고 그의 영이신 성령 하나님이시다. 그다음으로는 성찬의 상에 둘러앉아 같은 떡과 같은 잔을 함께 먹고 마시는 교우들이다. 이로써 자연스럽게 알게 되는 사실이 있다. 우리가 성찬식에서 누려야 하는 복된 교제는 두 가지이다. 첫째는 성찬의 상에서 먼저 우리에게 교제를 걸어오시는 성부, 성자, 성령 하나님과 더불어 교제하는 것이요, 둘째는 성찬의 상에서 같은 떡과 같은 잔을 함께 먹고 마시는 교우들과 더불어 교제하는 것이다. 이 두 가지 복된 교제는 성찬식에 반드시 있어야 하고, 또 반드시 함께 있어야 한다. 그래야 성찬식은 정상적인 교제의 식탁이 된다.

그러면 성찬식에서 이루어지는 교제는 어떤 내용일까? 성찬식의 목적에 부합하는 교제이다. 어떤 식사가 결혼식 피로연 식사라면 결혼식에 맞는 내용으로 교제가 이루어져야 하는 것처럼 성찬식도 그러하다. 예수님은 성찬식을 제정해 주실 때 다음과 같이 교제의 내용을 지정해 주셨다. "이것을 행하여 나를 기념하라." 그러면서 예수님의 십자가 고난과 죽음을 상징하는 떡과 잔을 함께 먹고 마시라고 하셨다. 그러므로 성찬식에서 이루어지는 교제는 반드시 예수님을 함께 기념하는 교제가 되어야 하고, 예수님께서 우리를 구속하시기 위해 십자가에서 고난받으시고 죽으셨음을 기념하는 교제가 되어야 한다. 삼위 하나님은 성찬식에서 먼저 이런 내용으로 우리에게 교제를 걸어오신다. 그러므로 우리는 같은 내용으로 교제에 반응해야 한다. 그럴 때 교제는 풍성해진다. 성찬식에서 우리 각자는 같은 떡과 같은 잔을 함께 먹고 마시는 교우들에게 이런 내용으로 교제를 걸어야 하고, 교우들은 이렇게 우리에게 반응해야 한다. 그럴 때 교제는 풍성해진다.

더 깊은 묵상과 기도

화요일 묵상

✦

성찬식 안에서 우리는 성부 하나님과 매우 특별한 교제를 나눌 수 있다. 성찬식에서 성부 하나님이 먼저 우리에게 교제를 걸어오시기 때문이다. 이렇게 생각할 수 있는 근거는 무엇일까? 예수님께서 성찬식을 제정해 주실 때, 떡과 잔을 나누어 주시기 전에 성부 하나님께 감사를 드리심으로써 성부 하나님께서 성찬식에 참여하신다는 것을 분명하게 보여 주셨기 때문이다. 만일 성부 하나님께서 성찬식과 무관하시나 성찬식에 참여하지 않으신다면, 예수님께서 떡과 잔을 나누어 주시기 전에 성부 하나님께 감사 기도를 드리셨을까? 그럴 리 없다. 그러므로 교제의 식탁인 성찬의 상에 성부 하나님께서 우리와 함께하신다는 것은 엄연한 사실이다. 그리고 성찬의 상이 교제의 식탁이고 하나님은 우리와 교제하기를 즐거워하시는 분이시니, 성부 하나님이 성찬식에서 우리에게 먼저 교제를 걸어오신다는 것 역시 엄연한 사실이다. "우리의 사귐은 아버지와 그의 아들 예수 그리스도와 더불어 누림이라"(요일 1:3).

우리가 성부 하나님의 아들이신 예수 그리스도를 기념하는 성찬식에서 성부 하나님은 우리에게 교제를 걸어오실 때 어떤 표정이실까? 어떤 심정이실까? 어떤 말씀을 하실까? 성부 하나님께서 우리의 구원을 작정하시고 계획하신 분임을 생각하면, 그 모든 일을 성취하신 아들을 기념하는 성찬식에 모인 우리를 보시며 해처럼 밝고 환하게 웃고 계실 것이다. 복음을 듣고 아들을 믿어 영원한 생명을 이미 소유하여 성부 하나님의 계획이 실현된 우리를 보시며 한없이 즐거워하시며 행복해하실 것이다. 하지만 아들이 성취한 구원의 모든 복과 은혜를 아직은 다 소유하지 못하여 아직도 결핍이 있는 우리를 보시며 안타까운 심정을 느끼실 것이다. 그리고 우리에게 언약하신 모든 구원의 복들을 우리가 완전하게 소유하고 영원히 누릴 때까지, 우리를 지극히 큰 능력과 사랑으로 붙드실 거라고 다짐하고 각오하실 것이다. 그러면서 우리에게 말씀하실 것이다. "내가 네게 허락한 것을 다 이루기까지 너를 떠나지 아니하리라"(창 28:15).

이렇게 성찬식에서 우리에게 먼저 교제를 걸어오시는 성부 하나님께 우리는 어떻게 반응해야 할까? 우리는 어떤 표정과 어떤 심정과 어떤 말로 성부 하나님과 더불어 교제를 나누어야 할까? 성부 하나님은 오직 자기 자신의 기쁘신 뜻 때문에 우리의 구원을 작정하시고, 자기 아들을 아끼지 않으사 십자가에 죽기까지 내어 주셨으니, 생명의 은인을 만나는 사람처럼 우리도 밝고 환하게 웃어야 하지 않을까? 우리를 구원하고자 하시는 성부 하나님의 영원한 계획이 믿는 우리에게 이미 실현되었고 보장된 완성을 향해 전진하고 있으니, 한없이 즐거워하고 행복해해야 하지 않을까? 아직도 결핍이 있는 우리를 보시며 안타까워하시는 하나님 앞에서 심려를 끼친 데 죄송한 마음을 품고 더 풍성한 은혜를 간절히 구해야 하지 않을까? 그리고 성부 하나님을 향해 다음과 같이 말씀드려야 하지 않을까? "찬송하리로다 하나님 곧 우리 주 예수 그리스도의 아버지께서 그리스도 안에서 하늘에 속한 모든 신령한 복을 우리에게 주시되"(엡 1:3).

더 깊은 묵상과 기도

수요일 묵상

✦

성찬식 안에서 우리는 성자 예수님과 매우 특별한 교제를 나눌 수 있다. 성찬식에서 성자 예수님이 먼저 우리에게 교제를 걸어오시기 때문이다. 이렇게 생각할 수 있는 근거는 무엇일까? 성찬식을 제정해 주신 분이 예수님이시기 때문이다. 지금도 성찬식 안에서 "이것은 내 몸이니 이것을 먹어라", "이것은 내가 너희를 위해서 흘리는 피니 이것을 마시라"라고 말씀하시며 우리에게 떡과 잔을 주시는 분도 예수님이시다. 물론 지금 예수님의 몸은 지금 저 영광스러운 하나님의 보좌 우편에 계신다. 하지만 지금도 예수님은 성찬식에 영적으로 임재하신다. 그리고 거기에서 자기 백성에게 교제를 걸어오시고 그들과 더불어 즐겁게 교제하신다. 우리가 예수님의 명령을 따라 예수님을 기념하는 것을 보시면서 마음에 큰 기쁨을 느끼시며, 우리에게 자기 자신과 자신이 베풀어 주신 구원의 은혜를 더 선명하고 더 풍성하게 드러내신다. 이렇게 성찬식에서 우리와 교제를 나누시는 예수님은 우리를 보시며 다음과 같이 말씀하실 것이다.

"진실로 진실로 너희에게 이르노니 믿는 자는 영생을 가졌나니 내가 곧 생명의 떡이니라 너희 조상들은 광야에서 만나를 먹었어도 죽었거니와 이는 하늘에서 내려오는 떡이니 사람으로 하여금 먹고 죽지 아니하게 하는 것이니라 나는 하늘에서 내려온 살아 있는 떡이니 사람이 이 떡을 먹으면 영생하리라 내가 줄 떡은 곧 세상의 생명을 위한 내 살이니라 하시니라 그러므로 유대인들이 서로 다투어 이르되 이 사람이 어찌 능히 자기 살을 우리에게 주어 먹게 하겠느냐 예수께서 이르시되 내가 진실로 진실로 너희에게 이르노니 인자의 살을 먹지 아니하고 인자의 피를 마시지 아니하면 너희 속에 생명이 없느니라 내 살을 먹고 내 피를 마시는 자는 영생을 가졌고 마지막 날에 내가 그를 다시 살리리니 내 살은 참된 양식이요 내 피는 참된 음료로다 내 살을 먹고 내 피를 마시는 자는 내 안에 거하고 나도 그의 안에 거하나니 살아 계신 아버지께서 나를 보내시매 내가 아버지로 말미암아 사는 것 같이 나를 먹는 그 사람도 나로 말미암아 살리라 이것은 하늘에서 내려온 떡이니 조상들이 먹고도 죽은 그것과 같지 아니하여 이 떡을 먹는 자는 영원히 살리라"(요 6:47-58).

성찬식은 우리 쪽에서 성찬의 상을 차려 놓고 예수님께 교제를 신청하는 시간이 아니다. 오히려 예수님 쪽에서 먼저 떡과 잔을 우리 앞에 내놓으시면서 교제를 걸어오시는 시간이다. 그러므로 성찬식 안에서 예수님과 교제하는 일을 괜히 어려운 일로 여기거나 불가능한 일로 여기지 말아야 한다. "나는 예수님과 교제하는 일을 잘하지 못한다"라고 말하며 불안해하지도 말아야 한다. 왜 그런지 아는가? 성찬식은 예수님과 교제하는 일을 잘 못하는 사람들도 예수님과 충분하게 교제할 수 있도록 예수님께서 사랑으로 만들어 주신 교제의 식탁이기 때문이다. 예수님과의 교제는 우리가 리드해야 할 교제가 아니기 때문이다. 우리 주 예수 그리스도는 신령한 교제의 달인이시기 때문이다. 성찬식에서 예수님은 우리에게 교제를 먼저 걸어오실 것이고, 우리와의 교제를 멋지게 리드하실 것이며, 그 교제를 풍성하게 만들어 주실 것이다. 그러므로 무슨 걱정인가! 예수님을 믿고 의지하는 마음으로 성찬에 기쁨으로 참여하면 될 것을….

더 깊은 묵상과 기도

목요일 묵상

✦

성찬식 안에서 우리는 성령 하나님과 매우 특별한 교제를 나눌 수 있다. 성찬식에서 성령 하나님이 먼저 우리에게 교제를 걸어오시기 때문이다. 이렇게 생각할 수 있는 근거는 무엇일까? 첫 번째 성찬식에서 예수님은 성찬식이 끝날 때까지 성령 하나님에 대해서 언급하지 않으셨다. 하지만 그렇다고 해서 성찬식 안에서 성령 하나님이 우리에게 교제를 걸지 않으시겠는가? 그렇지 않다. 성부 하나님께서 역사하시고 성자 예수 그리스도께서 역사하시는 곳에는 성령 하나님께서 역사하지 않으실 수 없기 때문이다. 삼위일체 하나님은 각각 다른 모양으로 역사하시지만 늘 함께 역사하신다. 예수님께서 세례를 받으실 때, 하늘로부터 성부 하나님의 음성이 들렸고 성령께서 비둘기같이 임하셨다. 그렇게 삼위 하나님은 항상 함께 일하신다. 그러므로 성령 하나님이 성찬식에 임재해 계시면서 우리와 신령한 교제를 나누신다는 것은 틀림없는 사실이다. 그래서 우리는 성찬식 안에서 성령 하나님과도 교제를 나누게 되어 있다.

그러면 성찬식 안에서 성령 하나님은 어떤 식으로 우리에게 교제를 걸어오실까? 예수님은 성령 하나님을 소개해 주실 때 다음과 같이 말씀하셨다. "보혜사 곧 아버지께서 내 이름으로 보내실 성령 그가 너희에게 모든 것을 가르치고 내가 너희에게 말한 모든 것을 생각나게 하리라"(요 14:26), "그가 내 영광을 나타내리니 내 것을 가지고 너희에게 알리시겠음이라"(요 16:14). 그러므로 성찬식 안에서 성령 하나님이 우리에게 교제를 걸어오시는 방식은 자기를 드러내어 우리의 시선을 자기에게로 돌리는 방식이 아니라, 오직 예수 그리스도의 영광을 우리에게 보여 주시고, 그분의 말씀을 기억나게 하시고, 그분이 십자가에서 죽고 부활하심으로 우리에게 가져오신 모든 은혜와 복들을 확신하고 풍성히 경험하게 하는 방식이다. 성찬식 안에서 성령 하나님은 보이지 않게 뒤에서 그리스도와의 교제가 풍성하고 실제적으로 우리 가운데 이루어질 수 있도록 우리의 생각을 주장하시고, 우리의 감정을 움직여 주시고, 우리의 의지를 그리스도께 굴복시키신다.

성찬식 안에서 성령 하나님이 우리에게 걸어오시는 교제는 얼마나 고맙고, 감사하고, 복되고, 은혜로운가! 우리에게는 그런 교제가 얼마나 절실하고 절박하게 필요한가! 그러므로 성찬식에 나아가기 전에 성령 하나님의 교제가 성찬식에서 풍성하게 이루어지기를 간절히 소원하며 기도한다. "오, 하나님, 이번 성찬식에서 성령 하나님이 우리에게 깊고 풍성한 교제를 걸어오게 하시고, 우리도 그 교제에 반응할 수 있게 하옵소서." 성찬식에 참여할 때마다 은혜롭고 복되며 감사한 교제를 우리와 나누기 위해 성령 하나님께서 성찬식에 임재하시며 일하신다는 것을 믿고 고백한다. "이번 성찬식에서 성령 하나님이 우리에게 깊고 풍성한 교제를 나누어 주실 것이다." 성찬의 상에 앉아 있을 때, 우리에게 있는 여러 가지 부족함이나 결핍 때문에 낙심하지 말고, 성령 하나님께서 베풀어 주실 은혜로운 교제에 소망을 두고서 떡과 잔을 눈으로 보고 손으로 만지고 입으로 먹고 마시자. 성령 하나님이 우리와 함께 계시니 얼마나 행복한가!

더 깊은 묵상과 기도

금요일 묵상

✦

성찬식 안에서 우리는 떡과 잔을 함께 먹고 마시는 교우들과 더불어 특별한 교제를 나눌 수 있다. 성찬식은 예수님께서 우리 한 사람 한 사람에게 개별적으로 베풀어 주시는 식사가 아니다. 성찬식은 한 지역 교회의 교우들을 한 자리에 모아 놓고 그들에게 공동체적으로 베풀어 주시는 식사다. 이렇듯 성찬식은 언제나 공동체적인 식사이므로, 그 안에서 신자들이 서로 교제하는 것은 그 안에서 신자들이 삼위 하나님과 더불어 교제하는 것만큼 필수적이고 중요하다. 어떤 엄마가 자녀들을 한 식탁에 앉게 하고 음식을 차려 주었을 때, 엄마가 바라는 것은 무엇일까? 당연히 네 명의 자녀가 한 식탁에서 오순도순 교제하며 밥을 먹는 것이다. 성찬식을 제정해 주시고 지금도 우리에게 성찬을 베풀어 주시는 예수님의 바람도 같다. 예수님은 성찬식에 함께 모인 신자들이 성찬식 안에서 함께 교제하기를 간절히 바라신다. 아, 주님의 간절한 바람을 우리가 제대로 이해하고, 주님의 바람과 똑같은 바람을 가지고서 성찬에 참여할 수 있으면 얼마나 좋을까!

첫 번째 성찬식에서 예수님이 한 상에 앉게 하신 사람들을 생각해 본다. 그들은 3년 가까이 예수님을 중심으로 함께 생활하면서 서로를 알았고, 서로 다르기에 때로는 이런저런 일로 다투기도 했다. 예수님은 이런 사람들을 한 식탁에 앉히시고 성찬을 베풀어 주셨다. 성찬식 안에서 예수님은 자신이 그들을 위해 살을 찢겨 주시고 피를 흘려 주신다는 사실을 가르쳐 주셨다. 그리고 똑같은 떡과 똑같은 잔을 그들이 함께 먹고 마시게 하셨다. 이렇듯 예수님은 서로 얼굴도 다르고 성격도 다르고 신앙의 결도 다른 그들이 성찬식 안에서 예수님의 고난과 죽음의 유익을 함께 누리면서 자기들이 가장 본질적이고 가장 중요한 일에서 완전하게 하나인 것을 경험하게 하셨다. 그래서 전에는 서로 다르다는 것을 강조하던 사람들이 성찬식에서 그런 교제를 나눈 후에는 오히려 서로 하나 됨을 강조하게 되었다. "떡이 하나요 많은 우리가 한 몸이니 이는 우리가 다 한 떡에 참여함이라"(고전 10:17).

아, 이번 성찬식에 참여하는 우리 교회의 모든 교우가 성찬식 안에서 성도의 교제를 나누는 일이 얼마나 본질적이며 중요한지를 깨닫고 성찬식에 참여한다면 얼마나 좋을까! 이번 성찬식에 참여하는 우리 교회의 모든 교우가 성찬식 안에서 삼위 하나님과 교제를 나누면서 동시에 다른 교우들과도 교제를 진하게 나눈다면 얼마나 좋을까! 그래서 이번 성찬식이 끝난 후에 우리 교회의 모든 교우가 서로의 차이점을 잊어버리고 오히려 서로 주 안에서 하나라는 사실에 집중하며 서로를 진심으로 용납하고 즐거워하면서 견고한 일치와 연합을 이룬다면 얼마나 좋을까! 그래서 예수님이 우리에게 성찬을 베풀어 주실 때나 그 후에나 그런 우리 교회를 보시며 흡족하게 여기시고 한없이 즐거워하신다면 얼마나 좋을까! 오늘은 이번에 있을 성찬식을 바라보면서 우리 교회의 모든 교우를 위해서 기도해야겠다. "오, 하나님! 우리 교회의 성찬식에서 성도의 참되고 풍성한 교제가 놀랍게 이루어지도록 우리 모두에게 은혜를 베풀어 주옵소서."

더 깊은 묵상과 기도

토요일 묵상

✦

성찬식에서 우리가 성도들과 교제를 나누기 위해서는 뭘 어떻게 해야 할까? 먼저, 성찬식을 준비하는 과정에서 할 수 있는 일과 해야 하는 일이 있다. 그것은 성찬을 준비하는 동안 주일 성찬식에 함께 참석하게 될 다른 교우들과 나의 관계를 점검해 보는 것이다. 점검한 결과 혹시 해결되지 않은 원망이나 불평이나 미움이나 증오나 시기나 질투가 내 마음에 있다면, 그런 마음을 하나님 앞에서 회개하고 해결하는 것이다. 혹시 다른 교우들에게 용서를 구해야 할 일이 있는데 아직까지 용서를 구하지 않았다면, 주중에 그런 교우에게 연락하거나 만나서 진실하게 용서를 구하는 것이다. 왜 이렇게 해야 할까? 예수님께서 예배에 관한 말씀에서 다음과 같은 원리를 가르쳐 주셨기 때문이다. "그러므로 예물을 제단에 드리려다가 거기서 네 형제에게 원망들을 만한 일이 있는 것이 생각나거든 예물을 제단 앞에 두고 먼저 가서 형제와 화목하고 그 후에 와서 예물을 드리라"(마 5:23-24).

성찬식에서 우리가 성도들과 교제를 나누기 위해서는 뭘 어떻게 해야 할까? 성찬식 안에서 우리가 할 수 있는 일과 해야 하는 일이 있다. 그것은 성찬식이 진행되는 동안 최대한 눈을 뜨고 주변을 둘러보면서 우리와 함께 성찬에 참여하는 다른 교우들을 바라보는 것이다. 물론 우리가 성찬식에서 가장 중요하게 바라봐야 할 대상은 떡과 잔이고, 그것이 상징하는 예수 그리스도이시다. 하지만 성도의 교제를 위해서는 성찬에 함께 참여한 교우들도 바라봐야 한다. 그러면서 다음과 같이 생각해야 한다. '아, 저분도 예수님의 초대를 받고 성찬에 참여했구나.' '아, 예수님께서 저분에게도 떡을 주시고 잔을 주시며 먹으라고 하시는구나.' '아, 예수님께서 저분을 위해서도 십자가에서 살을 찢겨 주시고 피를 흘려 주셨구나.' '아, 예수님께서 저분의 모든 죄를 용서하셨고 저분을 사랑하시는구나.' '아, 저분과 나는 믿음, 세례, 소망, 주님, 구원이 같구나.' '아, 저분은 예수님 안에서 내 형제요 내 자매구나.'

성찬식에서 성도들과 깊고 풍성한 교제를 나누는 일이 불가능해 보일 때가 있다. 우선, 우리가 참여하는 성찬식은 진행 시간이 짧다. 그 짧은 시간에 어떻게 삼위 하나님과도 교제를 나누고 다른 교우들과도 교제를 나눌 수 있겠는가? 설령 그 일이 가능하다 해도 그 교제가 얼마나 깊고 풍성하겠는가? 또한, 성찬식이 진행되는 동안 교우들의 얼굴을 다 볼 수 없는 상황일 때도 있다. 너무 많은 사람이 성찬에 참여하는 상황이거나 성찬에 참여하는 교우들의 얼굴이 안 보이면, 내가 아무리 눈을 크게 뜨고 주변을 둘러봐도 성찬에 참여하는 다른 모든 교우와 교제한다는 것은 불가능해진다. 하지만, 현실이 이렇다고 마음마저 포기하지는 말자. 성찬식 안에서 신자들이 서로 교제하는 일은 있으면 좋고 없어도 괜찮은 선택 사항이 아니다. 이는 성찬식의 본질적인 요소이다. 그리고 성령 하나님의 신령한 역사는 그 짧은 시간 힘든 상황에서도 깊고 풍성한 성도의 교제를 만들어 내실 수 있다. "여호와께 능치 못할 일이 있겠느냐?"(창 18:14).

더 깊은 묵상과 기도

08

성찬식에서
얻는 유익

월요일 묵상

✦

우리가 성찬식에 합당하게 참여하면, 예수님은 성찬식에서 우리에게 어떤 영적 유익을 주실까? 첫째, 성찬식에서 예수님은 매우 특별한 방식으로 자기 자신을 우리에게 주신다. 그래서 우리는 성찬식에서 매우 특별한 방식으로 그리스도를 받게 된다. 성찬식에서 예수님이 하시는 말씀을 생각해 본다. "이것을 행하여 나를 기념하라." 설교에서는 말씀으로 당신을 보여 주시던 예수님이, 성찬식에서는 떡과 잔을 사용하여 우리 눈과 마음에 당신을 보여 주신다. 그래서 우리는 성찬식에서 특별한 방식으로 그리스도를 본다. "이것은 내 몸이고 내 피다. 이것을 받아서 먹고 마셔라." 설교에서는 당신이 영원한 생명임을 말로 설명해 주시고 그것을 믿고 누리라고 초청하시던 예수님이, 성찬식에서는 말이 아니라 행동으로 그것을 보여 주시고 우리도 먹고 마시는 행동으로 그것을 체험하게 하신다. 그래서 우리는 성찬식에서 특별한 방식으로 그리스도를 받고 누린다. 아, 성찬식에서 우리가 얻는 가장 큰 유익은 바로 이것이다.

17세기 스코틀랜드 장로교 목사 로버트 브루스(Robert Bruce)는 성찬식에 관한 깊이 있는 설교로 유명했는데, 그가 성찬식에 관해 한 진술을 묵상해 본다. "교회에는 설교가 있는데 왜 성찬이 제정되었을까? 우리가 설교에서 얻은 것보다 더 나은 것을 얻게 하기 위함이다. 설교만 들어도 믿음으로 그리스도를 붙잡을 수 있지만, 그리스도를 더 잘 붙잡을 수 있도록 성찬이 제정된 것이다. 설교만 들어도 그리스도를 마음과 생각에 충만하고 크게 소유할 수 있지만, 그리스도를 더 충만하게 더 크게 마음과 생각에 소유할 수 있도록 성찬이 제정된 것이다. 그래서 당신은 설교를 들을 때 이해한 바로 그것을 성찬식에서 더 잘 이해하게 된다. 설교를 들을 때 얻은 바로 그것을 성찬식에서 더 많이 얻게 된다. 성찬식에서 우리는 이전보다 그리스도를 더 잘 받게 된다. 성찬식에서 우리는 이전보다 그리스도를 더 잘 붙잡게 된다. 전에는 엄지와 검지로 예수님을 붙잡았다면 이제는 모든 손가락을 사용하여 그리스도를 붙잡게 된다."[30]

성찬식은 우리가 주님을 위해서 먹는 식사가 아니라 주님께서 우리 영혼을 위해 먹여 주시는 식사다. 그러니 성찬식에 참여하는 것은 얼마나 유익하고 복된 일인가! 믿음으로 합당하게 성찬식에 참여하는 사람은 거기에서 예수 그리스도를 더 선명하게 보며, 더 잘 받을 수 있고, 더 굳게 붙잡을 수 있으니 말이다. 그래서 생각해 본다. '지금 나에게는 이런 유익과 복이 얼마나 필요할까?' '우리 교회는 이런 유익과 복이 얼마나 필요할까?' 이런 생각을 하다 보니 마음이 간절해진다. 그러면서 다른 생각이 이어진다. '이번 성찬식에서 내가 이런 유익과 복을 실제로 풍성히 얻으면, 내 신앙과 삶에 어떤 변화가 생길까?' '이번 성찬식에서 우리 교회가 이런 유익과 복을 실제로 풍성히 얻으면, 교회 안에 어떤 변화가 생길까?' 이런 생각을 하다 보니 마음이 행복해진다. 그러면서 간절한 소원이 솟구친다. 아, 우리 교회의 이번 성찬식에서 모든 교우가 이런 유익과 복을 풍성히 얻기를, 그리고 나도 그 가운데 한 사람이기를!

더 깊은 묵상과 기도

---

30 Robert Bruce, *Sermons on the Sacrament* (Edinburgh: Oliphant, 1901), 64.

화요일 묵상

✦

성찬식을 통해서 우리는 영적으로 어떤 유익을 얻게 될까? 둘째, 성찬식에서 우리의 회개는 복음적이면서도 더 깊은 회개로 발전한다. 구약 시대의 선지자 스가랴는 예언했다. "내가 다윗의 집과 예루살렘 주민에게 은총과 간구하는 심령을 부어 주리니 그들이 그 찌른 바 그를 바라보고 그를 위하여 애통하기를 독자를 위하여 애통하듯 하며 그를 위하여 통곡하기를 장자를 위하여 통곡하듯 하리로다"(슥 12:10). 여기 보면, 예루살렘 주민이 십자가에 못 박히고 창에 찔리신 예수 그리스도를 그들이 바라보았기 때문에 자신들의 죄를 통렬하게 회개한다고 되어 있다. 우리는 율법이라는 거울을 보면서도 회개하게 된다. 하지만 우리가 가장 진실하고 통렬하게 회개하는 때는 우리 죄를 대신 짊어지시고 십자가에 달려 고난받으시고 죽으시는 예수 그리스도를 바라보면서, 거기에서 하나님의 무한한 사랑을 느낄 때다. 성찬식이 바로 그런 자리이다. 그래서 우리는 성찬식에서 복음적이면서도 더 깊은 회개로 나아가게 된다.

19세기 영국 런던의 목사 옥타비우스 윈슬로우(Octavius Winslow)가 『십자가 아래서』라는 설교집에서 말한 내용을 묵상해 보자. "십자가에 못 박혀 우리의 죄를 대속하신 그리스도를 바라봄으로써 우리 마음에 발생하는 회개는 복음적인 회개입니다. 율법 때문에 발생하는 회개가 아니라 복음 때문에 마음에서 우러나는 회개입니다. 또, 이런 회개는 그리스도에 의해 만들어지고 그리스도로 가득합니다. 우리 영혼을 복음적인 회개로 가득 채우는 것은 다른 것이 아닙니다. 속죄하는 그리스도의 보혈을 바라보는 것, 주님이 우리의 죄를 사하셨음을 느끼는 것, 우리를 위해서 죽어 주신 주님의 사랑이 십자가에서 흘러내려 우리의 영혼을 적시는 것! 죄인들을 구원하시는 분으로서 그리스도를 소박하게, 선명하게, 온전하게 바라보는 것! 죄인 중에서도 가장 비열한 죄인들, 가장 오래된 죄인들, 죄인 중의 괴수인 죄인들, 늘 비열하게 하나님을 대적하는 죄인들을 위해 십자가에 못 박혀 죽으신 그리스도를 바라보는 것! 바로 이것입니다."[31]

성찬식은 우리가 주님을 위해서 먹는 식사가 아니라, 주님께서 우리 영혼을 위해 먹여 주시는 식사다. 그러니 성찬식에 참여하는 것은 얼마나 유익하고 복된 일인가! 믿음으로 합당하게 성찬식에 참여하는 사람은 거기에서 돌처럼 굳어진 마음이 부드럽게 되는 기적을 맛보고서 참되고 깊은 회개로 나아갈 수 있으니 말이다. 그래서 생각해 본다. '지금 나에게는 이런 유익과 복이 얼마나 필요할까?' '우리 교회는 이런 유익과 복이 얼마나 필요할까?' 이런 생각을 하다 보니 마음이 간절해진다. 그러면서 다른 생각이 이어진다. '이번 성찬식에서 내가 이런 유익과 복을 실제로 풍성히 얻으면, 내 신앙과 삶에 어떤 변화가 생길까?' '이번 성찬식에서 우리 교회가 이런 유익과 복을 실제로 풍성히 얻으면, 교회 안에 어떤 변화가 생길까?' 이런 생각을 하다 보니 마음이 행복해진다. 그러면서 간절한 소원이 솟구친다. 아, 우리 교회의 이번 성찬식에서 모든 교우가 이런 유익과 복을 풍성히 얻기를, 그리고 나도 그 가운데 한 사람이기를!

더 깊은 묵상과 기도

---

31   옥타비우스 윈슬로우, 『십자가 아래서』, 이태복 역 (서울: 지평서원, 2008), 43.

수요일 묵상

✦

성찬식을 통해서 우리는 영적으로 어떤 유익을 얻게 될까? 셋째, 성찬식에서 우리의 믿음은 도움을 얻고 소생되며 확신에 차게 된다. 어떻게 성찬식이 우리 믿음에 이런 유익을 주는 것일까? 우리가 믿어야 할 대상이 예수 그리스도와 그의 구원하는 모든 사역인 점을 생각해 본다. 성찬식은 우리 믿음의 대상이신 예수 그리스도를 떡과 잔을 통해 우리 눈과 마음에 선명하게 보여 준다. 성찬식은 우리 믿음의 대상인 예수 그리스도의 대속적 고난과 죽음을 우리 눈과 마음에 선명하게 보여 줄 뿐만 아니라, 그 고난과 죽음이 우리에게 영원한 생명이 되고 우리가 그 생명을 실제로 소유하고 누릴 수 있다는 것도 우리 눈과 마음에 선명하게 보여 준다. 게다가 성찬식은 이 모든 것을 우리가 체험적으로 경험해 볼 수 있게 해 준다. 그러니 성찬식에 올바르게 참여하는 모든 신자는 성찬식 안에서 믿음이 도움을 얻지 않을 수 없다. 가라앉았던 믿음이 소생되지 않을 수 없다. 연약한 믿음이 굳은 확신으로 자라지 않을 수 없다.

문득 사도 바울의 말이 떠오른다. "믿음은 들음에서 나며 들음은 그리스도의 말씀으로 말미암았느니라"(롬 10:17). 그렇다. 믿음은 말씀을 들음에서 난다. 믿음이 전혀 없던 사람도 하나님의 말씀을 듣는 가운데 믿음이 생긴다. 믿음이 있던 사람도 하나님의 말씀을 듣는 가운데 믿음이 자란다. 그러므로 우리는 말씀을 듣는 일에 늘 성실해야 한다. 그런데 성찬식은 우리가 말씀을 들어서 얻은 믿음, 아니 정확하게 말하자면 우리가 말씀을 들을 때 하나님께서 우리에게 선물로 주신 그 믿음을 더 도와준다. 그 믿음이 가라앉아 있으면 소생시켜 주고, 그 믿음이 약하면 더 강하게 만들어 준다. 성찬식이 이렇게 우리의 믿음을 돕는 것은 순전히 예수님의 자비와 긍휼 때문이다. 예수님은 다음과 같이 탄식하셨다. "너희는 표적과 기사를 보지 못하면 도무지 믿지 아니하리라"(요 4:48). 하지만 예수님은 뭔가를 봐야만 더 잘 믿는 우리를 돕기 위해 떡과 잔으로 자기 자신과 자신의 구원을 보여 주심으로 우리의 믿음을 더 크고 강하게 만들어 주신다.

성찬식은 우리가 주님을 위해서 먹는 식사가 아니라 주님께서 우리 영혼을 위해 먹여 주시는 식사다. 그러니 성찬식에 참여하는 것은 얼마나 유익하고 복된 일인가! 믿음으로 합당하게 성찬식에 참여하는 사람은 거기에서 작은 믿음이 큰 믿음으로 도약하게 되고, 연약한 믿음이 강한 믿음으로 도약하게 되니 말이다. 그래서 생각해 본다. '지금 나에게는 이런 유익과 복이 얼마나 필요할까?' '우리 교회는 이런 유익과 복이 얼마나 필요할까?' 이런 생각을 하다 보니 마음이 간절해진다. 그러면서 다른 생각이 이어진다. '이번 성찬식에서 내가 이런 유익과 복을 실제로 풍성히 얻으면 어떤 변화가 내 신앙과 삶에 생길까?' '이번 성찬식에서 우리 교회가 이런 유익과 복을 실제로 풍성히 얻으면 어떤 변화가 교회 안에 생길까?' 이런 생각을 하다 보니 마음이 행복해진다. 그러면서 간절한 소원이 솟구친다. 아, 우리 교회의 이번 성찬식에서 모든 교우가 이런 유익과 복을 풍성히 얻기를, 그리고 나도 그 가운데 한 사람이기를!

더 깊은 묵상과 기도

목요일 묵상

✦

성찬식을 통해서 우리는 영적으로 어떤 유익을 얻게 될까? 넷째, 성찬식에서 우리의 기쁨은 더 커지고 더 신령해진다. 어떻게 성찬식이 우리의 기쁨을 더 크게 만들어 주는 것일까? 성찬식이 예수님께서 사랑으로 차려 주신 식사이고, 우리 영혼을 배부르게 하는 식사이며, 성도들과 함께 먹는 식사임을 생각해 본다. 그런 식사를 제대로 먹은 사람의 마음에 어찌 더 큰 기쁨이 차오르지 않겠는가! 모든 식사는 일차적으로 사람의 배를 부르게 한다. 음식이 배로 들어갔기 때문이다. 그런데 그 식사가 사랑으로 차려지고 사랑하는 사람들과 함께하는 식사라면, 식후에 배가 부르는 것은 물론이고 마음이 큰 기쁨으로 가득 채워지게 된다. 왜 그럴까? 그 식탁에서 음식만 배불리 먹은 게 아니라 사랑도 충분히 먹었고 행복한 교제도 신나게 누렸기 때문이다. 생각해 보면, 예수님께서 우리에게 차려 주시고 우리가 참여하여 떡과 잔을 먹는 성찬식이 그런 성격의 식사다. 그러므로 성찬식에서 우리의 마음은 기쁨으로도 충만해진다.

17세기 영국의 청교도 목사 토마스 왓슨(Thomas Watson)은 성찬식에서 신자가 경험하는 기쁨에 관해 이렇게 말한다. "신자는 때때로 고난받으신 그리스도로 인해 슬피 울면서 성찬식에 참여한다. 그러나 하나님은 그들이 기뻐 울면서 성찬의 상을 떠나게 만드신다. 유대인들은 잔치 때 손님에게 향유를 붓고 입을 맞추는 풍습이 있었다. 주의 만찬에서 하나님도 종종 성도들에게 기쁨의 기름을 부어 주시고 입술로 입 맞추신다. 주의 만찬에는 두 가지 중요한 목적이 있다. 우리 안의 믿음을 강화하는 것과 우리 안의 기쁨을 키우는 것이다. 성찬식에서 하나님은 그의 사랑의 깃발을 휘두르신다. 성찬식에서 신자들은 성찬의 떡뿐만 아니라 숨겨진 만나도 맛본다. 물론 하나님이 모든 성찬식에서 항상 기쁨을 부어 주시는 것은 아니다. 하지만 모든 성찬식에서 하나님은 항상 은혜를 더해 주신다. 그리고 때때로 기쁨의 기름도 부으시고 사랑으로 신자의 영혼에 인을 쳐 주신다. 부활하신 예수님께서 엠마오로 가던 두 제자에게 그렇게 하셨듯이…."[32]

성찬식은 우리가 주님을 위해서 먹는 식사가 아니라, 주님께서 우리 영혼을 위해 먹여 주시는 식사다. 그러니 성찬식에 참여하는 것은 얼마나 유익하고 복된 일인가! 믿음으로 합당하게 성찬식에 참여하는 사람은 마음에 신령한 기쁨의 샘이 터지고, 말랐던 샘물이 다시 솟아나 우물을 가득 채우게 되니 말이다. 그래서 생각해 본다. '지금 나에게는 이런 유익과 복이 얼마나 필요할까?' '우리 교회는 이런 유익과 복이 얼마나 필요할까?' 이런 생각을 하다 보니 마음이 간절해진다. 그러면서 다른 생각이 이어진다. '이번 성찬식에서 내가 이런 유익과 복을 실제로 풍성히 얻으면 어떤 변화가 내 신앙과 삶에 생길까?' '이번 성찬식에서 우리 교회가 이런 유익과 복을 실제로 풍성히 얻으면 어떤 변화가 교회 안에 생길까?' 이런 생각을 하다 보니 마음이 행복해진다. 그러면서 간절한 소원이 솟구친다. 아, 우리 교회의 이번 성찬식에서 모든 교우가 이런 유익과 복을 풍성히 얻기를, 그리고 나도 그 가운데 한 사람이기를!

더 깊은 묵상과 기도

---

32   토마스 왓슨, 『신학의 체계』, 이훈영 역 (고양: 크리스찬다이제스트, 1996), 275.

금요일 묵상

✦

성찬식을 통해서 우리는 영적으로 어떤 유익을 얻게 될까? 다섯째, 성찬식에서 하나님과 다른 교우들을 향한 우리의 사랑은 뜨거워진다. 어떻게 성찬식이 우리의 사랑을 더 뜨겁게 만들어 주는 것일까? 성찬식은 사랑으로 차려지고, 사랑 안에서 진행되며, 더 진한 사랑을 목적으로 하는 식사이기 때문이다. 아가서에서 신부는 신랑의 잔치를 노래하며 자기 머리 위에 '사랑'이라고 적힌 깃발이 펄럭인다고 표현했다. "그가 나를 인도하여 잔칫집에 들어갔으니 그 사랑은 내 위에 깃발이로구나"(아 2:4). 그런데 성찬식은 한 사람의 신부를 위한 잔치가 아니라 그리스도의 신부들을 위한 잔치이고, 모든 신부의 머리 위에는 '사랑'이라고 적힌 깃발이 펄럭인다. 그래서 성찬식에 합당하게 참여하는 신자는 하나님과 예수님의 사랑을 풍성하게 맛보게 되고, 다른 성도들도 동일한 사랑을 받고 누리는 것을 보게 된다. 그래서 성찬식은 사랑을 더욱 뜨겁게 만든다.

그러므로 성찬식에 합당하게 참여한 모든 신자는 다음과 같이 두 가지 노래를 함께 부르게 된다. "누가 우리를 그리스도의 사랑에서 끊으리요 환난이나 곤고나 박해나 기근이나 적신이나 위험이나 칼이랴 기록된바 우리가 종일 주를 위하여 죽임을 당하게 되며 도살당할 양같이 여김을 받았나이다 함과 같으니라 그러나 이 모든 일에 우리를 사랑하시는 이로 말미암아 우리가 넉넉히 이기느니라 내가 확신하노니 사망이나 생명이나 천사들이나 권세자들이나 현재 일이나 장래 일이나 능력이나 높음이나 깊음이나 다른 어떤 피조물이라도 우리를 우리 주 그리스도 예수 안에 있는 하나님의 사랑에서 끊을 수 없으리라"(롬 8:35-39), "하나님의 사랑이 우리에게 이렇게 나타난 바 되었으니 하나님이 자기의 독생자를 세상에 보내심은 그로 말미암아 우리를 살리려 하심이라 사랑은 여기 있으니 우리가 하나님을 사랑한 것이 아니요 하나님이 우리를 사랑하사 우리 죄를 속하기 위하여 화목 제물로 그 아들을 보내셨음이라 사랑하는 자들아 하나님이 이같이 우리를 사랑하셨은즉 우리도 서로 사랑하는 것이 마땅하도다"(요일 4:9-11).

성찬식은 우리가 주님을 위해서 먹는 식사가 아니라, 주님이 우리 영혼을 위해 먹여 주시는 식사다. 그러니 성찬식에 참여하는 것은 얼마나 유익하고 복된 일인가! 믿음으로 합당하게 성찬식에 참여하는 사람은 거기에서 참되고 영원한 사랑을 배우고 맛볼 뿐 아니라, 그 사랑이 자기 마음을 점령하는 것을 경험하게 되니 말이다. 그래서 생각해 본다. '지금 나에게는 이런 유익과 복이 얼마나 필요할까?' '우리 교회는 이런 유익과 복이 얼마나 필요할까?' 이런 생각을 하다 보니 마음이 간절해진다. 그러면서 다른 생각이 이어진다. '이번 성찬식에서 내가 이런 유익과 복을 실제로 풍성히 얻으면 어떤 변화가 내 신앙과 삶에 생길까?' '이번 성찬식에서 우리 교회가 이런 유익과 복을 실제로 풍성히 얻으면 어떤 변화가 교회 안에 생길까?' 이런 생각을 하다 보니 마음이 행복해진다. 그러면서 간절한 소원이 솟구친다. 아, 우리 교회의 이번 성찬식에서 모든 교우가 이런 유익과 복을 풍성히 얻기를, 그리고 나도 그 가운데 한 사람이기를!

더 깊은 묵상과 기도

토요일 묵상

✦

성찬식을 통해서 우리는 영적으로 어떤 유익을 얻게 될까? 여섯째, 성찬식에서 우리는 더 거룩해질 힘을 얻게 된다. 어떻게 성찬식이 우리의 거룩함을 향상시키는 힘을 주는 것일까? 지금까지 다섯 차례에 걸쳐서 우리가 살펴본 내용을 기억해 보자. 만일 우리가 성찬식에 믿음으로 합당하게 참여하여 그리스도를 기념하면, 성찬식은 우리에게 어떤 유익을 주는가? 예수 그리스도와 그의 구원하는 모든 은혜를 우리에게 전달해 준다. 우리의 회개를 더 깊고 복음적인 회개로 만들어 준다. 우리의 믿음을 돕고, 소생시키며, 강한 확신으로 만들어 준다. 우리의 기쁨을 더 크게 만들어 준다. 하나님과 이웃에 대한 우리의 사랑을 더욱 뜨겁게 만들어 준다. 성찬식을 통해서 이 다섯 가지 은혜를 우리가 얻고 누리게 되면 무슨 일이 따라올까? 우리는 더 거룩한 사람이 될 것이고, 더 거룩한 삶으로 힘차게 나아가게 될 것이다. 모든 식사는 그것을 먹는 사람에게 새로운 힘을 주어서 그 사람이 활기차게 활동하도록 만든다. 신령한 식사인 성찬식도 그러하다.

성찬식은 우리가 주님을 위해서 먹는 식사가 아니라, 주님이 우리 영혼을 위해 먹여 주시는 식사다. 그러니 성찬식에 참여하는 것은 얼마나 유익하고 복된 일인가! 믿음으로 합당하게 성찬식에 참여하는 사람은 거기에서 거룩한 삶을 힘차게 살아야 하는 동기도 얻고 그렇게 살 수 있는 모든 힘을 얻으니 말이다. 그래서 생각해 본다. '지금 나에게는 이런 유익과 복이 얼마나 필요할까?' '우리 교회는 이런 유익과 복이 얼마나 필요할까?' 이런 생각을 하다 보니 마음이 간절해진다. 그러면서 다른 생각이 이어진다. '이번 성찬식에서 내가 이런 유익과 복을 실제로 풍성히 얻으면, 내 신앙과 삶에 어떤 변화가 생길까?' '이번 성찬식에서 우리 교회가 이런 유익과 복을 실제로 풍성히 얻으면, 교회 안에 어떤 변화가 생길까?' 이런 생각을 하다 보니 마음이 행복해진다. 그러면서 간절한 소원이 솟구친다. 아, 우리 교회의 이번 성찬식에서 모든 교우가 이런 유익과 복을 풍성히 얻기를, 그리고 나도 그 가운데 한 사람이기를!

19세기 영국 성공회의 사제인 존 라일은 성찬식이 주는 여러 가지 유익을 생각할 때, 우리가 주의해야 할 점을 지적했다. "우리가 꼭 기억할 것이 있다. 성찬식에 참여하는 모든 그리스도인이 성찬식이 주는 여러 가지 복과 유익을 똑같이 체험하는 것은 아니다. 또한, 한 사람의 그리스도인이 매번 성찬식에서 같은 분량이나 정도로 그 복과 유익을 체험하는 것도 아니다. 하지만 나는 자신 있게 말할 수 있다. 참된 신앙이 있는 모든 신자는 성찬식에 나아갈 때 이러한 최고의 은혜와 복들을 기대하고 갈망한다. 그들은 성찬식에서 이러한 은혜와 복들을 얻지 못하면 자기 영혼에 막대한 손실을 겪게 될 거라고 생각하며 성찬식에 참여한다. 세상에는 우리가 그것을 잃어버리기 전에는 소중함을 잘 모르다가 잃어버리고 나서야 소중함을 제대로 알게 되는 것이 있다. 나는 성찬식의 소중함도 그중 하나라고 생각한다. 하나님의 자녀 중에 가장 비천하고 연약한 자녀도 성찬식에서 영적인 복을 누리게 된다." 아, 성찬식을 고대하게 된다.

더 깊은 묵상과 기도

묵상 주제

09

성찬식
준비로서의
자기 점검

월요일 묵상

✦

성경은 누구든지 성찬에 참여하기 전에 반드시 자기를 점검해야 한다고 가르친다. "그러므로 누구든지 주의 떡이나 잔을 합당하지 않게 먹고 마시는 자는 주의 몸과 피에 대하여 죄를 짓는 것이니라 사람이 자기를 살피고 그 후에야 이 떡을 먹고 이 잔을 마실지니 주의 몸을 분별하지 못하고 먹고 마시는 자는 자기의 죄를 먹고 마시는 것이니라"(고전 11:27-29). 왜 성경은 우리가 성찬식에 참여하기 전에 우리 자신을 살펴야 한다고 말할까? 만일 어떤 사람이 합당하지 않게 성찬식에 참여하면, 그 사람은 주님의 몸과 피를 모독하는 죄를 짓게 되고 자기 죄를 먹고 마시는 비참함에 빠지게 되기 때문이다. 그러니 합당하지 않게 성찬식에 참여하는 일은 얼마나 두려운 일인가! 그러니 성찬식에 합당하게 참여하지 않기 위해서 자기를 살피는 일은 얼마나 중요한 일인가! 그러므로 나는 결심한다. "하나님, 성찬식에 참여하기 전에 제가 이 의무를 잘, 그리고 성실하게 감당하겠습니다. 저를 도와주십시오."

침례교 설교자 찰스 스펄전(Charles Spurgeon) 목사는 성찬식에 관한 설교에서 다음과 같이 말했다. "우리는 모두 주님의 만찬에 참석하기 전에 성찬에 올바로 참여할 수 있도록 성령의 도우심으로 마음을 준비해야 합니다. 미련한 말이 자기가 어디로 가는지도 모르고 전쟁터로 달려가는 것처럼, 우리는 어떤 식사의 자리에 나아가는지도 모르고서 주님의 식탁으로 급하게 달려가서는 안 됩니다. 우리 집에 차려진 밥을 먹으러 갈 때처럼 이 신성한 잔치에 참석해서는 안 되며, 흔한 식탁에 앉아 먹고 마시는 것처럼 그리스도의 몸과 피의 상징물을 먹고 마시는 성찬식에 참여해서도 안 됩니다. 우리는 합당한 준비를 하고서 경건하고 엄숙한 마음으로 성찬식에 참여해야 합니다. 주의 만찬을 위해 적절하게 준비하지 않았다면, 주의 만찬에서 복을 받을 것이라고 기대하지 말아야 합니다. 아! 이것은 너무 많이 잊힌 진리입니다. 어떤 준비도 하지 않고서 하나님께 가까이 갈 수 있다고 생각하는 사람들이 너무나도 많아졌습니다."[33]

영국 성공회 설교자로 사역했던 존 라일(John Ryle) 목사는 다음과 같이 말했다. "성경은 분명하게 말합니다. '사람이 자기를 살피고 그 후에야 이 떡을 먹고 이 잔을 마실지니.' 성찬에 합당하게 참여할 수 있으려면 가장 중요하게 필요한 것이 '주의 몸을 분별하는 것'입니다. 다시 말해서, 성찬식의 떡과 포도주가 무엇을 상징하는지를 알고, 왜 그것들이 지정되었는지도 알며, 그리스도의 죽음을 기억하는 일의 특별한 용도가 무엇인지도 아는 것입니다. 이것을 모르는 사람은 성찬에 참여할 자격이 없습니다. 하나님은 모든 나라 모든 사람에게 회개하고 복음을 믿으라고 명하셨습니다(행 17:30). 그러나 모든 사람에게 성찬에 나오라고 명령하지는 않으십니다. 절대로 성찬식을 가볍게, 또는 부주의하게 행해서는 안 됩니다! 성찬식은 엄숙한 의식입니다. 그러므로 엄숙하게 행해야 합니다!"[34]
오늘 나는 결심한다. 성찬식에 합당하게 참여하기 위해 잘 준비하리라.

더 깊은 묵상과 기도

---

33 Charles Spurgeon, "Preparation Necessary for the Communion: 1 Corinthians 11:28." Sermon delivered at Metropolitan Tabernacle, London, 9 Sept 1857.
34 존 라일, 『실천적 신앙』, 지상우 역 (서울: 기독교문서선교회, 1990), 178-179.

화요일 묵상

✦

17세기에 영국과 스코틀랜드에서 작성된 신앙고백 문서 중에 장년들에게 교리를 가르칠 때 사용하도록 만들어진 「웨스트민스터 대요리문답」이 있다. 그것의 제171문답을 보면, 성찬식에 참여하는 사람이 사전에 어떤 준비를 해야 하는지 다음과 같이 정리해 놓았다. "성찬이라는 성례에 참여하고자 하는 사람은 반드시 사전에 준비해야 한다. 먼저는 자신이 그리스도 안에 있는지를 점검해야 한다. 자신의 죄와 결핍을 점검해야 하며, 자신에게 있는 신앙적인 지식, 믿음, 회개가 얼마나 진실하고 분량이 어느 정도 되는지도 점검해야 한다. 하나님에 대한 사랑과 믿음의 형제들에 대한 사랑과 모든 사람에 대한 자비의 마음이 얼마나 있는지, 또 자기에게 잘못한 사람을 진실하게 용서하는지도 점검해야 한다. 그리고 그리스도를 사모하는 마음과 새로운 순종을 다짐하는 마음이 분명한지도 점검해야 한다. 그런데 이렇게 자기를 살피는 일 외에도 반드시 해야 할 일이 있다. 그것은 앞서 말한 여러 가지 은혜, 곧 신앙적인 지식, 믿음, 회개, 그리고 사랑과 자비의 마음을 새롭게 발휘하고, 진지하게 묵상하고, 간절하게 기도하는 일이다."

「웨스트민스터 대요리문답」 제171문답에서 나열하고 있는 준비 항목을 살펴보니 필수적인 준비로 크게 세 가지가 제시되었다. 첫 번째는 자기 점검, 두 번째는 마음에 있는 은혜를 새롭게 하는 것, 세 번째는 진지한 묵상과 뜨거운 기도를 하는 것이다. 그중에서 제일 먼저 해야 할 준비는 자기 점검이다. 제일 비중을 두고 해야 할 일도 자기 점검이다. 자기 점검의 세부 항목으로 제시된 것이 열 가지나 되기 때문이다. 그 열 가지 항목을 가지고 하나씩 되새겨 본다. 자신이 그리스도 안에 있는지 살피기, 자신의 죄와 부족함을 아는지 살피기, 자신에게 있는 신앙적 지식의 참됨과 분량 살피기, 자신에게 참된 믿음이 있는지 살피기, 자신에게 진실한 회개가 있는지 살피기, 하나님과 형제들에 대한 사랑이 있는지 살피기, 모든 사람에 대한 사랑이 있는지 살피기, 자기에게 잘못한 사람들을 용서했는지 살피기, 그리스도를 사모하는 마음이 있는지 살피기, 새로운 순종을 다짐하는 마음이 있는지 살피기.

「웨스트민스터 대요리문답」이 제시하는 자기 점검의 세부 항목은 네 가지로 요약될 수 있다. 첫째는 참된 신앙적 지식과 진실한 믿음으로 예수 그리스도 안에 살고 있는지 점검하기. 둘째는 날마다 죄를 회개하고 죄에 저항하며 살고 있는지 점검하기. 셋째는 하나님을 사랑하고 이웃을 사랑하는 삶을 어떻게 살고 있는지 점검하기. 넷째는 그리스도를 사랑하는 마음으로 그리스도를 순종하는 삶을 어떻게 살고 있는지 점검하기이다. 그러니까 믿음과 회개, 사랑과 순종, 이렇게 네 가지 측면에서 우리의 마음과 삶을 점검하는 것이다. 이런 자기 점검의 목적은 이번 성찬에 참여해도 되는가 안 되는가를 가리는 데 있지 않고, 성찬식에 합당하게 참여하기 위해서 우리 자신을 더 잘 준비하며 하나님의 은혜를 더 간절히 간구하는 데 있다. 그 네 가지 측면에서 우리의 마음과 삶의 현재 좌표를 확인하고 마음과 삶을 갱신하며 진지한 묵상과 뜨거운 기도로 하나님의 은혜를 구하면서 성찬식에 참여하려고 자기 점검을 하는 것이다.

더 깊은 묵상과 기도

수요일 묵상

✦

"성찬이라는 성례에 참여하고자 하는 사람은 반드시 사전에 준비해야 한다. 먼저는 자신이 그리스도 안에 있는지를 점검해야 한다. 자신의 죄와 결핍을 점검해야 하며, 자신에게 있는 신앙적인 지식, 믿음, 회개가 얼마나 진실하고 분량이 어느 정도 되는지도 점검해야 한다." 「웨스트민스터 대요리문답」은 성찬식을 앞두고 우리가 우리 자신을 살필 때, 먼저는 우리가 그리스도 안에 있는가를 살펴야 한다고 말한 후에 우리에게 참된 믿음이 있는지를 살펴야 한다고 말한다. 왜 이런 순서로 말할까? 왜 우리는 이런 순서로 자기 점검을 실행해야 할까? 성찬식은 신자에게 주어진 거룩하고 신령한 식사이므로 신자만이 참여할 수 있는데 참된 신앙은 관계이기 때문이다. "그런즉 누구든지 그리스도 안에 있으면 새로운 피조물이라 이전 것은 지나갔으니 보라 새것이 되었도다"(고후 5:17). "내 안에 거하라 나도 너희 안에 거하리라 (…) 나는 포도나무요 너희는 가지라 그가 내 안에, 내가 그 안에 거하면 사람이 열매를 많이 맺나니"(요 15:4-5).

성찬식을 앞두고 우리에게 있는지 살펴보고 점검해야 할 믿음이 두 가지다. 먼저는 십자가에서 고난받고 죽으신 예수 그리스도에게 우리의 영원한 구원, 하나님과의 화평, 영원한 생명을 전적으로 의지하는 믿음이다. 성찬식은 신자들에게만 제공되는 신령한 식사이기 때문이다. 하지만 우리가 살펴보고 점검해야 할 믿음이 더 있다. 성찬식과 관련한 믿음이다. 기도하는 사람에게 하나님이 내 기도를 들으시고 응답해 주신다는 믿음이 있어야 하는 것처럼, 성찬식에 참여하는 사람에게도 이 성찬식에서 예수님이 나에게 자신의 사랑을 다시 확증해 주시고 풍성한 은혜를 주신다는 믿음이 있어야 한다. 그러므로 성찬식을 앞두고 우리에게 믿음이 있는지를 살필 때는 이런 믿음이 있는지까지 살펴보고 점검해야 한다. "너희는 믿음 안에 있는가 너희 자신을 시험하고 너희 자신을 확증하라"(고후 13:5). 그러므로 이런 믿음이 나에게 있는지 점검해 본다.

성찬식을 앞두고 우리의 믿음을 점검할 때 점검의 내용도 두 가지다. 먼저는 우리에게 그런 믿음이 있는지 살펴보고 점검해야 한다. 그런 다음에는 그 믿음이 지금 얼마나 크고 깊고 강한지 살펴보고 점검해야 한다. 이렇게 두 번째 내용으로 우리의 믿음을 점검하는 이유는 크고 깊고 강한 믿음을 가지고 있어야만 성찬식에 참여할 수 있는 자격이 생기기 때문이 아니다. 누구든지 예수 그리스도에 대한 참된 믿음이 있으면 성찬식에 참여할 수 있는 자격이 생긴다. 우리의 믿음이 아주 크고 위대하고 강한 믿음이어야만 성찬식에 담대하게 참여할 수 있는 것은 아니다. 믿음이 진실하기만 하면 된다. 우리가 두 번째 내용으로 우리의 믿음을 점검하는 이유는, 우리 믿음의 현주소를 정확하게 파악하여 하나님께 감사할 것은 감사하고 하나님께 은혜를 구할 것은 구하면서, 우리의 믿음을 주님이 성찬식에서 더 강화시켜 주시기를 기대하며 성찬식에 참여하기 위해서다. 나에게 있는 믿음의 진실함과 분량은 얼마나 될까?

더 깊은 묵상과 기도

목요일 묵상

✦

"성찬이라는 성례에 참여하고자 하는 사람은 반드시 사전에 준비해야 한다. 먼저는 자신이 그리스도 안에 있는지를 점검해야 한다. 자신의 죄와 결핍을 점검해야 하며, 자신에게 있는 신앙적인 지식, 믿음, 회개가 얼마나 진실하고 분량이 어느 정도 되는지도 점검해야 한다."「웨스트민스터 대요리문답」은 성찬식을 앞두고 자기 점검을 할 때, 우리가 우리 자신의 죄와 부족함을 알고 있으며 그것을 진심으로 회개하고 있는지를 살펴야 한다고 말한다. 왜 이렇게 말할까? 왜 성찬식을 앞두고 이런 점검이 필요할까? 성찬식이 우리에게 무얼 보여 주는지를 생각해 보면 답이 나온다. 성찬식은 예수님께서 우리의 죄를 대신 짊어지시고 십자가에서 고난받으시고 죽으심으로써 우리의 죄를 대속하셨다는 것을 보여 준다. 그러므로 성찬식에 참여하는 사람은 최소한 자신의 죄와 부족함을 인식하고 있어야 하고, 또 마음과 삶으로 그것을 회개하고 있어야 한다. 그래야 그 사람은 성찬식에 합당한 사람이 되고 성찬식도 그 사람에게 합당한 성례가 된다.

그러므로 내 마음과 삶을 들여다본다. 나는 나의 죄와 부족함을 알고 있으며, 그것을 진심으로 회개하고 있는가? 나에게 다음과 같은 고백과 탄식이 있는지 점검해 본다. "하나님이여 주는 나의 우매함을 아시오니 나의 죄가 주 앞에서 숨김이 없나이다"(시 69:5). "무릇 나는 내 죄과를 아오니 내 죄가 항상 내 앞에 있나이다 내가 주께만 범죄하여 주의 목전에 악을 행하였사오니 주께서 말씀하실 때에 의로우시다 하고 주께서 심판하실 때에 순전하시다 하리이다 내가 죄악 중에서 출생하였음이여 어머니가 죄 중에서 나를 잉태하였나이다"(시 51:3-5). "내가 이르기를 내 허물을 여호와께 자복하리라 하고 주께 내 죄를 아뢰고 내 죄악을 숨기지 아니하였더니"(시 32:5). "내 죄악을 아뢰고 내 죄를 슬퍼함이니이다"(시 38:18). "하나님이여 주의 인자를 따라 내게 은혜를 베푸시며 주의 많은 긍휼을 따라 내 죄악을 지워 주소서 나의 죄악을 말갛게 씻으시며 나의 죄를 깨끗이 제하소서"(시 51:1-2).

내 마음과 삶을 점검하다 문득 존 뉴턴(John Newton) 목사의 말을 떠올린다. 「나 같은 죄인 살리신」 찬송을 작사한 그는 1767년 3월 18일 친구에게 다음과 같이 편지를 썼다. "친구여, 그대가 배워야 할 힘든 교훈이 하나 있는데, 그것은 그대의 마음이 매우 악하다는 것이라네. 물론 지금 그대는 그것에 대해 어느 정도는 알고 있겠지. 하지만 그것을 더 많이 알아야 하네. 우리가 우리 자신에 대해 더 많이 알수록, 예수님과 그분의 놀라운 구원을 더욱 소중히 여기고 사랑할 것이기 때문이라네. (중략) 그대의 마음이 가련하고 무력하며 악하다는 사실을 알고 놀라지 마시게. 하나님께서 은혜를 베푸시고 가르치시는 모든 사람은 자신의 마음이 그렇다는 것을 알게 될 거니까. 받은 은혜가 더 많아질수록 우리 자신의 그런 모습이 더 많이 보이게 되어 있기 때문이지. 그러나 우리는 예수님의 은혜를 알기에 우리 자신의 그런 모습 때문에 절망하지 않고 오히려 하나님 앞에서 더욱 겸비하게 된다네." 아, 성찬식에 나아가기 전에 이런 은혜가 나에게 부어지면 좋겠다. [35]

더 깊은 묵상과 기도

---

35   John Newton, *The Works of John Newton* (1820; reprint, Carlisle PA.: Banner of Truth Trust, 1988), 2:140.

금요일 묵상

✦

"성찬이라는 성례에 참여하고자 사람은 반드시 사전에 준비해야 한다. 먼저는 자신이 그리스도 안에 있는지를 점검해야 한다. 자신의 죄와 결핍을 점검해야 하며, 자신에게 있는 신앙적인 지식, 믿음, 회개가 얼마나 진실하고 분량이 어느 정도 되는지도 점검해야 한다. 하나님에 대한 사랑과 믿음의 형제들에 대한 사랑과 모든 사람에 대한 자비의 마음이 얼마나 있는지, 또 자기에게 잘못한 사람을 진실하게 용서하는지도 점검해야 한다. 그리고 그리스도를 사모하는 마음과 새로운 순종을 다짐하는 마음이 분명한지도 점검해야 한다." 「웨스트민스터 대요리문답」은 성찬식을 앞두고 자기 점검을 할때, '사랑'을 점검해야 한다고 말한다. 하나님과 예수 그리스도에 대한 사랑과 이웃과 모든 사람에 대한 사랑이 우리에게 정말 있는지 또 얼마나 있는지 점검해야 한다고 말한다. 왜 성찬식을 앞두고 이런 점검이 필요할까? 성찬식이 사랑의 식사이기 때문이다. 성찬식은 하나님과 예수님께서 우리를 얼마나 사랑하셨는지를 보여 주고 그 사랑을 우리 마음에 더 풍성하게 부어 주시는 식사이니, 성찬에 합당하게 참여하려면 우리에게 사랑이 필요한 것은 당연한 일이다.

그러므로 내 마음과 삶을 들여다본다. 나는 하나님과 예수님을 얼마나 사랑하고 있을까? 다음과 같은 고백, 찬송, 순종이 나에게도 있는지 점검해 본다. "우리가 사랑함은 그가 먼저 우리를 사랑하셨음이라"(요일 4:19) "나의 힘이신 여호와여 내가 주를 사랑하나이다"(시 18:1). "하나님이여 사슴이 시냇물을 찾기에 갈급함같이 내 영혼이 주를 찾기에 갈급하니이다"(시 42:1). "하늘에서는 주 외에 누가 내게 있으리요 땅에서는 주밖에 내가 사모할 이 없나이다"(시 73:25). "만군의 여호와여 주의 장막이 어찌 그리 사랑스러운지요. 주의 궁정에서의 한 날이 다른 곳에서의 천날보다 나은즉"(시 84:1, 10). "내 마음이 좋은 말로 왕을 위하여 지은 것을 말하리니 내 혀는 글솜씨가 뛰어난 서기관의 붓 끝과 같도다 왕은 사람들보다 아름다워 은혜를 입술에 머금으니 그러므로 하나님이 왕에게 영원히 복을 주시도다"(시 45:1-2). "내 영혼이 주의 증거들을 지켰사오며 내가 이를 지극히 사랑하나이다"(시 119:167).

나는 내 주변의 이웃과 모든 사람에 대한 사랑을 얼마나 마음에 품고 실천하고 있을까? 하나님과 예수 그리스도의 명령을 나는 얼마나 즐거워하고 신실하게 순종하고 있을까? "네 이웃 사랑하기를 네 자신과 같이 사랑하라 나는 여호와이니라"(레 19:18). "내 계명은 곧 내가 너희를 사랑한 것같이 너희도 서로 사랑하라 하는 이것이니라"(요 15:12). "자녀들아 우리가 말과 혀로만 사랑하지 말고 행함과 진실함으로 하자"(요일 3:18). "사랑은 오래 참고 사랑은 온유하며 시기하지 아니하며 사랑은 자랑하지 아니하며 교만하지 아니하며 무례히 행하지 아니하며 자기의 유익을 구하지 아니하며 성내지 아니하며 악한 것을 생각하지 아니하며 불의를 기뻐하지 아니하며 진리와 함께 기뻐하고 모든 것을 참으며 모든 것을 믿으며 모든 것을 바라며 모든 것을 견디느니라"(고전 13:4-7). 가정과 교회와 사회에서 나는 사람들을 정말 사랑하고 있을까? 성찬식을 앞두고 마음과 삶을 들여다보며 주님의 은혜를 간절히 바라게 된다.

더 깊은 묵상과 기도

토요일 묵상

✦

"성찬이라는 성례에 참여하고자 사람은 반드시 사전에 준비해야 한다. (중략) 그리고 그리스도를 사모하는 마음과 새로운 순종을 다짐하는 마음이 분명한지도 점검해야 한다. 그런데 이렇게 자기를 살피는 일 외에도 반드시 해야 할 일이 있다. 그것은 앞서 말한 여러 가지 은혜, 곧 신앙적인 지식, 믿음, 회개, 그리고 사랑과 자비의 마음을 새롭게 발휘하고, 진지하게 묵상하고, 간절하게 기도하는 일이다." 「웨스트민스터 대요리문답」은 우리가 성찬식을 앞두고 자기 점검을 할 때, 우리에게 '새로운 순종을 다짐하는 마음'이 있는지를 점검해야 한다고 말한다. 왜 그렇게 말할까? 왜 성찬식을 앞두고 그것을 점검해야 할까? 성찬식이 신령한 식사이기 때문이다. 모든 식사는 몸과 마음에 새로운 힘을 불어넣어 더 힘차게 살게 한다. 성찬식도 그렇다. 성찬식도 우리 몸과 마음에 새로운 힘을 불어넣어 하나님의 모든 법도를 더 즐거워하며 더 잘 순종하도록 만든다. 그러므로 이런 성찬식에 참여하는 사람은 하나님의 모든 말씀을 더 잘 순종하고자 하는 결심이 있어야 한다. 그래야 그 사람은 성찬식에 합당한 사람이 되고 성찬식도 그 사람에게 합당한 성례가 된다.

그러므로 내 마음과 삶을 들여다본다. 나는 하나님의 모든 말씀을 더 잘 순종하고 싶은 마음과 더 잘 순종하겠다는 각오가 확실한가? 다음과 같은 고백이 나에게도 있는지 점검해 본다. "행위가 온전하여 여호와의 율법을 따라 행하는 자들은 복이 있음이여 여호와의 증거들을 지키고 전심으로 여호와를 구하는 자는 복이 있도다"(시 119:1-2). "내가 주의 율례들을 지키오리니 나

를 아주 버리지 마옵소서"(시 119:8). "내가 주의 법도들을 작은 소리로 읊조리
며 주의 길들에 주의하며 주의 율례들을 즐거워하며 주의 말씀을 잊지 아니
하리이다"(시 119:15-16). "주께서 내 마음을 넓히시면 내가 주의 계명들의 길로
달려가리이다 여호와여 주의 율례들의 도를 내게 가르치소서 내가 끝까지
지키리이다"(시 119:32-33). "내가 주의 율법을 항상 지키리이다 영원히 지키리
이다"(시 119:44). "내 영혼이 주의 증거들을 지켰사오며 내가 이를 지극히 사
랑하나이다"(시 119:167).

나는 다음과 같이 고백하며 성찬식에 참여할 것이다. "주님, 주님을 사랑하
는 제 마음이 지금은 이것밖에 안 되어 부끄럽고 죄송합니다. 하지만 저는
성찬의 상에 나아갈 것입니다. 이런 저를 성찬의 상에서 주님의 사랑으로 먹
여 주시어 주님을 사랑하는 제 마음이 더 커지게 해 주옵소서." "주님, 주님을
더 순수하게 더 뜨겁게 더 헌신적으로 사랑하고 싶습니다. 그러나 저는 제
마음을 그렇게 만들 수 없습니다. 그러므로 성찬의 상에서 주님의 사랑이 제
게 부어지기를 기다립니다." "주님, 주님을 더 잘 따르고 주님의 말씀을 더 잘
순종할 수 있기를 바랍니다. 그러나 제 힘으로는 그렇게 할 수 없습니다. 그
러니 성찬의 상에서 주님이 저를 새롭게 빚어 주시고 새로운 순종의 삶으로
이끌어 주옵소서." "주님, 이번 성찬의 상에서 제게 은혜를 베풀어 주옵소서.
주님께서 은혜를 베풀어 주시면 제가 그 은혜를 헛되이 받지 않고, 앞으로는
성실하고 꾸준하게 주님을 사랑하며 전심으로 끝까지 순종하겠습니다."

더 깊은 묵상과 기도

10

우리 자신을
깨끗게 하기

월요일 묵상

✦

성찬식을 앞두고 옛날 야곱이 하나님의 부르심을 받고 벧엘로 올라가기 전에 자기 가족을 어떻게 준비시켰는지 생각해 본다. 창세기 35장에 이렇게 기록되어 있다. "하나님이 야곱에게 이르시되 일어나 벧엘로 올라가서 거기 거주하며 네가 네 형 에서의 낯을 피하여 도망하던 때에 네게 나타났던 하나님께 거기서 제단을 쌓으라 하신지라 야곱이 이에 자기 집과 사람과 자기와 함께한 모든 자에게 이르되 너희 중에 있는 이방 신상들을 버리고 자신을 정결하게 하고 너희들의 의복을 바꾸어 입으라 우리가 일어나 벧엘로 올라가자 내 환난 날에 내게 응답하시며 내가 가는 길에서 나와 함께하신 하나님께 내가 거기서 제단을 쌓으려 하노라 하매 그들이 자기 손에 있는 모든 이방 신상들과 자기 귀에 있는 귀고리들을 야곱에게 주는지라 야곱이 그것들을 세겜 근처 상수리나무 아래에 묻고 그들이 떠났으나 하나님이 그 사면 고을들로 크게 두려워하게 하셨으므로 야곱의 아들들을 추격하는 자가 없었더라"(1-5절).

이번에는 여호와 하나님께서 강림하신 시내산에 모세가 올라갔을 때, 하나님께서 자신의 임재를 이스라엘 백성에게 보여 주시기 전에 이스라엘 백성에게 어떤 준비를 명하셨는지 생각해 본다. 출애굽기 19장에 이렇게 기록되어 있다. "여호와께서 모세에게 이르시되 너는 백성에게로 가서 오늘과 내일 그들을 성결하게 하며 그들에게 옷을 빨게 하고 준비하게 하여 셋째 날을 기다리게 하라 이는 셋째 날에 나 여호와가 온 백성의 목전에서 시내 산에 강림할 것임이니 너는 백성을 위하여 주위에 경계를 정하고 이르기를 너희는 삼가 산에 오르거나 그 경계를 침범하지 말지니 산을 침범하는 자는 반드시 죽임을 당할 것이라 그런 자에게는 손을 대지 말고 돌로 쳐 죽이거나 화살로 쏘아 죽여야 하리니 짐승이나 사람을 막론하고 살아남지 못하리라 하고 나팔을 길게 불거든 산 앞에 이를 것이니라 하라 모세가 산에서 내려와 백성에게 이르러 백성을 성결하게 하니 그들이 자기 옷을 빨더라"(10-14절).

물론 이 두 가지 사례는 성찬식을 준비하는 일의 원리나 모범이 되지는 않는다. 이 두 가지 사례를 보면서 성찬식에 참여하기 전에 반드시 옷을 빨아 입거나 갈아입어야 한다고 주장하거나 반드시 이방 신상을 버려야 한다고 주장할 사람도 없을 것이다. 성찬식과 관련하여 성경 그 어디에서도 그런 요구를 하지 않을뿐더러, 현실적으로 오늘날의 신자들이 이방 신상을 지니고 있지도 않기 때문이다. 하지만 이 두 가지 사례 모두에서 요구되는 핵심 준비, 곧 우리 자신을 정결하게 또는 성결하게 하는 것은 성찬식을 준비하는 일에도 얼마든지 적용할 수 있다. 아니, 반드시 적용해야만 한다. 왜 그럴까? 하나님은 거룩한 분이시고, 예수님께서 제정해 주신 성찬식도 거룩한 규례이기 때문이다. 그러므로 하나님의 임재 앞에 서고 거룩한 규례에 참여하는 모든 사람은 반드시 자기 자신을 성결하게 해야 한다. "너희는 스스로 깨끗하게 하여 거룩할지어다 나는 너희의 하나님 여호와이니라"(레 20:7). 나는 다짐한다. 성찬식에 참여하기 전에 나를 깨끗게 하리라. 주여, 나를 도우소서!

더 깊은 묵상과 기도

화요일 묵상

✦

성찬식을 앞두고 하나님 앞에서 우리를 깨끗게 한다고 할 때 첫 번째로 할 일은, 내 마음과 삶에서 '우상'이라고 부를 수 있는 모든 것을 버리는 것이다. 하나님은 십계명에서 모든 사람이 지켜야 할 가장 근본적인 도리를 요약해서 가르쳐 주실 때, 제일 첫 번째 항목으로 다음과 같이 말씀하셨다. "너는 나 외에는 다른 신들을 네게 두지 말라"(출 20:3). 왜 이것이 첫 번째 계명인가? 하나님 앞에서 사람의 거룩은 마음과 삶에서 하나님 외의 다른 그 어떤 것도 하나님보다 높은 자리에 놓지 않고 오직 하나님 한 분만을 신으로 섬기고 의지하는 것에서 출발하기 때문이다. 그러므로 성찬식을 앞두고 우리 자신을 깨끗게 한다고 할 때 제일 먼저 해야 할 일은, 우리의 마음과 삶에서 우상이라고 규정할 수 있는 모든 것을 찾아내어 그것들을 원래 자기 자리에 되돌려 놓거나 필요하면 우리의 마음과 삶에서 제거하는 것이다. "주 여호와의 말씀에 너희는 마음을 돌이켜 우상을 떠나고 얼굴을 돌려 모든 가증한 것을 떠나라"(겔 14:6).

사도 바울은 고린도 교회에 편지를 쓰면서 말했다. "그런즉 내 사랑하는 자들아 우상 숭배하는 일을 피하라"(고전 10:14). 예수를 믿는 신자들도 우상 숭배하는 일이 있다는 것이다. 그러므로 두렵고 떨리는 마음으로 내 마음과 삶을 점검해 본다. 먼저, 침례교 설교자 찰스 스펄전 목사의 말에 비추어 점검한다. "당신의 우상은 당신이 하나님보다 더 사랑하는 모든 것이다." 나에게도 이런 우상이 있는 것은 아닐까? "당신의 우상은 하나님을 위해서 포기해야 하는데 포기하지 못하고 계속 붙들고 있는 모든 것이다." 나에게도 이런 우상이 있는 것은 아닐까? "당신의 우상은 하나님을 추구할 때의 열심보다 더 큰 열심을 추구하는 모든 것이다." 나에게도 이런 우상이 있는 것은 아닐까? 정직하게 살펴보고 점검한다고 하지만 내 마음을 믿을 수 없어 나는 기도하게 된다. "하나님이여 나를 살피사 내 마음을 아시며 나를 시험하사 내 뜻을 아옵소서 내게 무슨 악한 행위가 있나 보시고 나를 영원한 길로 인도하소서"(시 139:23-24).

예수님은 이 땅에 계실 때, 내가 버려야 할 몇 가지 우상을 지적하셨다. 그 말씀에 비추어 내 마음과 삶을 다시 점검해 본다. "예수께서 제자들에게 이르시되 누구든지 나를 따라오려거든 자기를 부인하고 자기 십자가를 지고 나를 따를 것이니라"(마 16:24). '자아'라는 우상을 나는 과연 철저히 버렸을까? "썩을 양식을 위하여 일하지 말고 영생하도록 있는 양식을 위하여 하라"(요 6:27). 이 세상에서의 일시적인 행복을 추구하는 헛된 삶을 나는 과연 철저히 버렸을까? "아버지나 어머니를 나보다 더 사랑하는 자는 내게 합당하지 아니하고 아들이나 딸을 나보다 더 사랑하는 자도 내게 합당하지 아니하며"(마 10:37). 가족이나 특정 인물에 대한 집착과 숭배를 나는 과연 철저히 버렸을까? "너희가 하나님과 재물을 겸하여 섬기지 못하느니라"(마 6:24). 돈을 받들고 섬기는 삶을 나는 과연 철저히 버렸을까? 오늘 나는 결심한다. 이번 성찬식에 참여하기 전에 이 모든 우상을 내 마음과 삶에서 몰아내리라. 오, 주여! 나를 도우소서.

더 깊은 묵상과 기도

수요일 묵상

✦

성찬식을 앞두고 하나님 앞에서 우리를 깨끗하게 한다고 할 때, 두 번째로 할
일은 내 마음과 삶에서 '교만'이라고 부를 수 있는 모든 것을 제거하는 것이
다. 성경이 교만에 관하여 말하는 바를 들어 본다. "무릇 마음이 교만한 자를
여호와께서 미워하시나니 피차 손을 잡을지라도 벌을 면하지 못하리라"(잠
16:5). "하나님은 교만한 자를 대적하시되"(벧전 5:5). "여호와는 교만한 자의 집
을 허시며"(잠 15:25). "사람의 마음의 교만은 멸망의 선봉이요"(잠 18:12). "교만
은 패망의 선봉이요 거만한 마음은 넘어짐의 앞잡이니라"(잠 16:18). 이처럼
마음이 교만한 사람은 결코 성결한 사람이 될 수 없고, 하나님에게서 용납될
수도 없다. 그러므로 성찬식을 앞두고 우리 자신을 깨끗하게 한다고 할 때, 중
요하게 해야 할 일은 우리의 마음과 삶에서 교만이라고 규정할 수 있는 모든
것을 찾아내어 제거하고, 하나님 앞에서 겸비해지는 것이다. "그러므로 하나
님의 능하신 손 아래에서 겸손하라 때가 되면 너희를 높이시리라"(벧전 5:6).

그러므로 하나님 앞에서 내 마음과 삶을 정직하게 점검해 본다. 나는 하나님
앞에서 모든 종류의 교만을 버리고 진실하게 겸비한 사람으로 살고 있을까?
다음과 같은 질문을 내 마음과 삶에 던져 보고 정직한 대답을 찾아본다. "나
는 온 우주와 내 인생에 대한 하나님의 절대 주권을 철저히 인정하는가? 하
나님께서 이 세상에 무슨 일을 행하시든, 특별히 내 삶에 무슨 일을 행하시
든 하나님의 절대 주권을 인정하며 경배하는가?" "나는 하나님의 모든 말씀
앞에서 내 생각과 고집과 의견을 주장하지 않고 언제나 하나님과 하나님의
말씀이 절대적으로 옳다고 믿으며 순종하는가?" "창조주와 구속주이신 하나

님께서 나와 나에게 있는 모든 것이 하나님의 것이라고 소유권을 주장하시며 우리의 절대적인 헌신을 요구하실 때, 나는 기쁜 마음으로 모든 것을 헌신하며 마땅히 할 일을 하는 것뿐이라고 겸손하게 생각하는가?" 나는 결심한다. 이런 질문을 통해 발견되는 모든 교만을 회개하고 버리며 성찬의 상에 나아가 주님의 은혜를 구하리라.

교만과 관련한 내 마음과 삶을 다시 점검해 본다. "나는 사람들과의 관계 속에서 모든 종류의 교만을 버리고 진실하게 겸비한 사람으로 살고 있을까?" "나는 가정에서나 교회에서나 사회에서, 그리고 하나님이 내 윗사람으로 세워 주신 사람들 앞에서 그들을 무시하지 않고 존경하며, 나를 낮추고 겸손하게 행하고 있는가?" "나는 가정에서나 교회에서나 사회에서 나보다 어린 사람, 낮은 위치에 있는 사람, 지식이나 경험이 적은 사람 앞에서 그들을 무시하지 않고 존중하며, 어떤 면에서는 그들이 나보다 나을 수 있다고 생각하며 겸손하게 행하는가?" "나는 내 생각 속에서 내가 참으로 부족한 사람이고 연약한 사람인 것을 인지하기 때문에, 다른 사람들에게서 훌륭한 사람으로 인정받거나 높은 지위에 올라가는 것을 욕심내지 않고, 지금 있는 위치도 사실 분에 넘친다고 생각하는가?" 나는 결심한다. 이런 질문을 통해 발견되는 모든 교만을 회개하고 버린 후에, "나는 마음이 겸손하니 내게 와서 배우라"라고 말씀하신 주님을 성찬식에서 뵐 것이다.

더 깊은 묵상과 기도

목요일 묵상

✦

성찬식을 앞두고 하나님 앞에서 우리를 깨끗게 한다고 할 때, 세 번째로 할 일은 내 마음과 삶에서 '위선'이라고 부를 수 있는 모든 것을 제거하는 것이다. 죄 때문에 부패한 사람은 겉과 속이 같을 수 없다. 그래서 마음과 말이 다르고 말과 행동도 다르다. 이것을 위선이라고 부른다. 그런데 성찬식을 앞두고 우리가 심각하게 다루어야 할 위선은 특별히 종교적인 위선이다. 성찬식에서 우리가 기념하는 예수 그리스도는 종교적인 위선을 지극히 혐오하셨고 지금도 혐오하신다. 그래서 예수님께서 이 땅에서 하신 말씀 중에 가장 거친 말씀은 종교적인 위선자들을 향한 것이었다. "화 있을진저 외식하는 서기관들과 바리새인들이여"(마 23:15, 23, 25, 27, 29). "뱀들아 독사의 새끼들아 너희가 어떻게 지옥의 판결을 피하겠느냐"(33절). 그만큼 종교적인 위선은 하나님 앞에서 가증한 죄다. 그러므로 성찬식을 앞두고 우리 자신을 깨끗게 한다고 할 때, 반드시 우리의 마음과 삶에서 모든 위선을 찾아내어 제거해야 한다.

그러므로 하나님 앞에서 내 마음과 삶을 점검한다. 나는 하나님 앞에서 모든 종류의 교만을 버리고 진실하게 겸비한 사람으로 사는 걸까? 마태복음 23장에서 예수님은 종교적인 위선자들의 특징을 지적하셨는데, 그중 몇 말씀을 거울로 삼아 내 마음과 삶을 비춰 본다. "그들은 말만 하고 행하지 아니하며 또 무거운 짐을 묶어 사람의 어깨에 지우되 자기는 이것을 한 손가락으로도 움직이려 하지 아니하며"(3-4절). "그들의 모든 행위를 사람에게 보이고자 하나니 (…) 잔치의 윗자리와 회당의 높은 자리와 시장에서 문안받는 것과 사람에게 랍비라 칭함을 받는 것을 좋아하느니라"(5-7절). "박하와 회향과 근채의 십일조는 드리되 율법의 더 중한 바 정의와 긍휼과 믿음은 버렸도다"(23절). "잔과 대접의 겉은 깨끗이 하되 그 안에는 탐욕과 방탕으로 가득하게 하는도다"(25절). 이런 특징이 내 마음과 삶에도 이런저런 모양으로 들어와 있고 작동하고 있는 것은 아닐까? 찬찬히 살펴보며 주님께서 불쌍히 여겨 주시기를 간절히 바라게 된다.

17세기 영국의 청교도 목사 토머스 브룩스(Thomas Brooks, 1608-1680)는 위선자들의 특징을 여덟 가지로 정리했다.[36] 그것을 거울삼아 내 마음과 삶을 다시 점검해 본다. 첫째, 경건한 의무를 열심히 행하나 그 의무의 영적인 부분은 행하지 않는다. 둘째, 마음과 말, 말과 행실이 다르다. 셋째, 마음이 상황에 따라 늘 바뀐다. 넷째, 자기 죄는 못 본 체하거나 눈감아 주고, 다른 사람의 죄는 아무리 작아도 들춰내며 크게 비난한다. 다섯째, 그리스도의 사랑, 피, 의, 중보를 의지하여 하나님 앞에 서지 않고, 자기의 기도, 눈물, 소망, 노력을 의지하여 하나님 앞에 선다. 여섯째, 사람들의 칭찬이나 격려가 없거나 마음이 낙담하면 경건한 의무를 행하지 않는다. 일곱째, 경건한 의무를 행하지만, 마음을 담지 않는다. 여덟째, 경건한 의무를 행할 때도 편파적이고 정말 중요한 의무는 무시하고 작은 의무에 집착한다. 이런 특징이 내 마음과 삶에도 이런저런 모양으로 들어와 있고 작동하고 있는 것은 아닐까? 찬찬히 살펴보며 주님께서 불쌍히 여겨 주시기를 간절히 바라게 된다.

더 깊은 묵상과 기도

---

36 Thomas Brooks, *The Works of Thomas Brooks* (reprint, Carlisle, PA: Banner of Truth Trust, 2001), 6:377-378.

금요일 묵상

✦

성찬식을 앞두고 하나님 앞에서 우리를 깨끗게 한다고 할 때, 네 번째로 할 일은 내 마음과 삶에서 '불신앙'이라고 부를 수 있는 모든 것을 제거하는 것이다. 불신앙은 하나님께서 우리에게 믿으라고 들려주신 말씀을 기꺼이 믿지 못하고 믿기를 망설이는 태도, 느리고 더디게 믿는 태도, 의심하면서 믿기를 거부하는 태도를 가리킨다. 이런 불신앙을 보시면서 예수님은 다음과 같은 반응을 보이셨다. "그들이 믿지 않음을 이상히 여기셨더라"(막 6:6). "믿음이 없는 세대여 내가 얼마나 너희와 함께 있으며 얼마나 너희에게 참으리요"(막 9:19). "미련하고 선지자들이 말한 모든 것을 마음에 더디 믿는 자들이여"(눅 24:25). 예수님께서 이런 반응을 보이신 까닭은 불신앙이 매우 악한 죄이기 때문이다. 그것을 요한일서 5장 10절은 한 문장으로 설명한다. "하나님을 믿지 아니하는 자는 하나님을 거짓말하는 자로 만드나니." 그러므로 성찬식에 나아가기 전에 우리는 우리 마음과 삶에 남아 있는 불신앙을 찾아내어 제거해야 한다.

그러므로 하나님 앞에서 내 마음과 삶을 점검해 본다. 지금 나에게도 불신앙이 있진 않을까? 먼저, 구원에 관한 하나님의 모든 말씀을 내가 어떻게 믿고 있는지를 점검하기 위해서 다음과 같은 질문을 내 마음과 삶에 던진다. "나는 예수 그리스도께서 십자가에서 고난받고 죽으신 일이 나를 모든 죄와 하나님의 진노와 지옥의 모든 형벌에서 구원하는 유일한 능력인 것을 기꺼이 믿고 확신하는가?" "나는 예수 그리스도께서 자기에게 나아오는 모든 자를 능히 구원하시고 기꺼이 구원하시며 영원한 구원으로 구원하신다는 것을 기꺼이 믿고 확신하는가?" "나는 하나님이 예수 그리스도 안에서 내 모든 죄를 용서하셨을 뿐 아니라, 나를 의롭다 인정하셨고, 당신의 자녀로 삼으셨으며, 거룩하게 하시고, 머지않아 완전하고 영원한 영광 가운데 들어가게 하실 것을 기꺼이 믿고 확신하는가?" 이런 점검을 하면서 나는 결심한다. 이런 믿음에 반하거나 모자란 모든 불신앙에서 떠나 참된 믿음으로 그리스도를 신뢰하고 의지하리라.

하나님 앞에서 내 마음과 삶을 다시 점검해 본다. 성찬식과 관련하여 내가 어떻게 믿고 있는지를 점검하기 위해서 다음과 같은 질문을 내 마음과 삶에 던진다. "나는 우리가 예수님을 기념하는 특별한 방편으로 예수님께서 친히 제정해 주신 성찬식이 사람의 눈으로 볼 때는 아주 조촐하고 간단한 식사처럼 보이지만, 사실은 매우 신령하고 복되며 영광스러운 식사임을 기꺼이 믿고 확신하는가?" "성찬식을 제정해 주실 때 '이것을 행하여 나를 기념하라'라고 명령하신 예수님께서 내가 성찬식에 참여할 때 실제로 그리고 신령하게 예수님을 기념할 수 있도록 친히 임재하시며, 우리에게 구원의 은혜를 확인시켜 주시고 사랑을 더 풍성히 베풀어 주신다는 것을 기꺼이 믿고 확신하는가?" "내가 성찬식에 믿음으로 참여할 때, 예수님께서 나를 한없이 기뻐하시면서 뜨겁게 환영해 주신다는 것을 나는 믿고 확신하는가?" 이런 점검을 하면서 나는 결심한다. 이런 믿음에 반하거나 모자란 모든 불신앙에서 떠나 참된 믿음으로 성찬식에 나아가리라.

더 깊은 묵상과 기도

토요일 묵상

✦

성찬식을 앞두고 하나님 앞에서 나 자신을 깨끗게 한다고 하지만, 나의 이런 노력과 실천은 늘 부족하고 실패로 끝날 때도 많다. 이번에도 나는 내 마음과 삶에 있는 우상을 다 찾아내지 못했고, 찾아낸 우상들도 다 버리지 못했다. 내 마음과 삶에 있는 모든 교만, 모든 위선, 모든 불신앙을 찾아내어 제거하는 일도 마찬가지다. 하지만 나는 낙심하지 않는다. 성찬식에 나아가는 것을 망설이지도 않는다. 오히려 나는 하나님의 약속을 떠올리며 소망을 품고 하나님께서 행하실 일을 기대한다. 하나님께서 다음과 같이 약속하셨기 때문이다. "내가 너희를 여러 나라 가운데에서 인도하여 내고 여러 민족 가운데에서 모아 데리고 고국 땅에 들어가서 맑은 물을 너희에게 뿌려서 너희로 정결하게 하되 곧 너희 모든 더러운 것에서와 모든 우상 숭배에서 너희를 정결하게 할 것이며"(겔 36:24-25). 아, 얼마나 복되고 놀라운 약속인가! 모든 우상에서 우리를 정결하게 하시겠다고 약속하신 하나님은 모든 교만, 위선, 불신앙에서도 우리를 정결하게 하실 것이다.

우상을 섬기던 이스라엘 백성들에게 하나님은 하나님께로 돌이키는 방식을 가르쳐 주셨다. "이스라엘아 네 하나님 여호와께로 돌아오라 네가 불의함으로 말미암아 엎드러졌느니라 너는 말씀을 가지고 여호와께로 돌아와서 아뢰기를 모든 불의를 제거하시고 선한 바를 받으소서 우리가 수송아지를 대신하여 입술의 열매를 주께 드리리이다 우리가 앗수르의 구원을 의지하지 아니하며 말을 타지 아니하며 다시는 우리의 손으로 만든 것을 향하여 너희는 우리의 신이라 하지 아니하오리니 이는 고아가 주로 말미암아 긍휼을 얻음이니이다 할지니라"(호 14:1-3). 이스라엘 백성은 하나님께 돌아가기 위해서 자기들의 불의를 다 제거해야 했고, 섬기던 우상들도 다 버려야 했다. 하지만 그들은 그 일을 완전하게 다 하지 못했다. 그런 그들에게 하나님은 그 모습 그대로 돌이켜 하나님께 나아와 기도로 하나님의 완전한 은혜와 구원을 간구하라고 말씀하셨다. 그러므로 나는 결심한다. 이번 성찬식에 나도 이런 방식으로 나아가리라.

하나님은 이스라엘 백성에게 우상을 버리고 하나님께로 돌이키는 자들을 위해서 하나님께서 친히 행하실 놀라운 일도 함께 말씀하셨다. "내가 그들의 반역을 고치고 기쁘게 그들을 사랑하리니 나의 진노가 그에게서 떠났음이니라 내가 이스라엘에게 이슬과 같으리니 그가 백합화같이 피겠고 레바논 백향목같이 뿌리가 박힐 것이라 그의 가지는 퍼지며 그의 아름다움은 감람나무와 같고 그의 향기는 레바논 백향목 같으리니 그 그늘 아래에 거주하는 자가 돌아올지라 그들은 곡식같이 풍성할 것이며 포도나무같이 꽃이 필 것이며 그 향기는 레바논의 포도주같이 되리라 에브라임의 말이 내가 다시 우상과 무슨 상관이 있으리요 할지라 내가 그를 돌아보아 대답하기를 나는 푸른 잣나무 같으니 네가 나로 말미암아 열매를 얻으리라 하리라"(호 14:4-8). 아, 얼마나 복되고 놀라운 약속인가! 오랜 배역자에게도 이런 은혜를 베푸시는 하나님이라면, 신자가 성찬식에 참여할 때는 얼마나 더 놀라운 은혜를 베풀어 주시겠는가! 생각만 해도 가슴이 벅차오른다.

더 깊은 묵상과 기도

묵상 주제

11

성찬에 참여할
용기가 나지
않을 때

성찬에 참여할 용기가 나지 않는 때가 있다. 성찬에 참여할 자격이 안 된다는 느낌이 들 때도 있다. 그럴 때는 우리의 생각이나 판단에 의존해서 결정하기보다는 기독교 신앙을 잘 정리해 준 「하이델베르크 요리문답」이나 「웨스트민스터 대·소요리문답」에서 관련 문항을 다시 읽어 보고서 판단하고 결정하는 것이 바람직하다. 거기에 원리와 원칙이 잘 정리되어 있기 때문이다.

✦ 하이델베르크 요리문답 제81문답

문: 누가 성찬에 참여할 수 있습니까?

답: 자기의 죄 때문에 진심으로 슬퍼하지만, 그리스도의 고난과 죽음 때문에 자기의 죄가 용서되었고 자기에게 남아 있는 연약함도 가려졌음을 믿는 사람은 성찬에 참여할 수 있습니다. 또한, 자신의 믿음이 더욱 강해지기를 간절히 원하고 새로운 삶을 살기를 간절히 원하는 사람도 성찬에 참여할 수 있습니다. 하지만 믿음이 있는 척하거나 회개하지 않는 사람은 성찬에 참여할 수 없습니다. 믿음이 있는 척하거나 회개하지 않는 사람이 성찬에 참여하면, 그 사람은 결국 자기가 받을 심판을 먹고 마시게 됩니다.

✦ 하이델베르크 요리문답 제82문답

문: 신앙고백이나 삶에서 믿음 없음과 경건치 않음을 드러내는 사람도 성찬

식에 참여할 수 있습니까?

답: 그런 사람은 성찬식에 참여할 수 없습니다. 만일 그런 사람이 성찬식에 참여하면, 하나님의 언약은 더럽혀지고 하나님의 진노가 회중에게 내릴 것입니다. 그러므로 그리스도의 교회는 예수 그리스도와 사도들의 명령을 따라야 합니다. 곧, 교회에 주어진 천국 열쇠를 사용하여 그런 사람이 성찬에 참여하지 못하도록 막아야 합니다. 그러나 그런 사람이라도 회개하고 새로운 삶을 살면, 다시 성찬에 참여할 수 있게 해야 합니다.

◆ 웨스트민스터 대요리문답 제172문답

문: 자신이 그리스도 안에 있는지, 혹은 성찬에 합당한 준비가 되어 있는지 의심하는 사람도 성찬식에 참여할 수 있습니까?

답: 그런 사람도 그리스도를 믿는 진실한 믿음을 가지고 있을 수 있습니다. 다만 아직은 확신이 없을 뿐입니다. 그러므로 자기 자신에게 참된 믿음이 없는 게 아닐까 염려하지만 어떻게 해서든 그리스도 안에서 발견되기를 원하고 진실한 마음으로 죄악을 버리기를 원하는 사람은 하나님께서 보실 때 성찬에 참여해도 되는 사람입니다. 물론 이런 상태에 있는 사람은 자신의 믿음 없음을 애통하고 의심을 해결하려고 노력해야 합니다. 하지만 이런 사람은 성찬에 참여해도 좋을 뿐만 아니라 반드시 참여할 의무가 있습니다. 영적으로 성장해야 하기 때문입니다.

더 깊은 묵상과 기도

화요일 묵상

✦

19세기 영국 성공회 교회에서 탁월한 복음 설교자로 사역했던 존 라일(John Ryle)은 다음과 같이 말한다.[37]

"어떤 사람들이 주의 만찬에 참여할 수 있습니까?"라는 질문에 저는 대답합니다. 하나님 앞에서 자기를 살피되 자기가 죄를 참으로 회개하고 새로운 삶을 살기로 확고하게 결심했는지를 살핀 사람들, 자기가 그리스도를 통한 하나님의 자비에 대한 참된 믿음을 가졌는지 살핀 사람들, 그리고 자기가 모든 사람을 사랑하는지를 살핀 사람들은 주의 만찬에 참여할 수 있습니다. 간략하게 말하자면, 다음 세 가지 특징과 자격을 갖춘 사람은 성찬에 참여하기에 합당한 사람입니다. 회개, 믿음, 사랑.

당신은 정말 죄를 회개하고 미워합니까? 당신은 구원의 유일한 희망으로서 오직 예수 그리스도만 신뢰합니까? 당신은 다른 사람을 사랑하며 삽니까? 만일 당신이 이 세 가지 질문 모두에 "네, 그렇습니다"라고 진심으로 대답할 수 있다면, 성경적으로 볼 때 당신은 주의 만찬에 참여하기에 합당한 사람입니다. 그러므로 담대하게 성찬의 상에 참여하십시오. 이유나 핑계를 대면서 성찬의 상에 나아오지 않는 일이 없도록 하십시오. 당신은 성경적인 기준에 도달한 사람입니다. 그러므로 담대하게 성찬의 상에 나아오십시오. 성찬의 상에서 주님은 결코 당신을 불쾌하게 여기지 않을 것입니다.

---

37 존 라일, 『실천적 신앙』, 181-183.

당신의 회개는 매우 불완전할 수 있습니다. 하지만 괜찮습니다. 진실한 회개를 했으면 됩니다. 지금도 회개하는 마음을 품고 있으면 됩니다. 어쩌면 그리스도를 믿는 당신의 믿음은 매우 약할 수 있습니다. 하지만 괜찮습니다. 진실한 믿음을 가지고 있으면 됩니다. 어쩌면 다른 사람들을 향한 당신의 사랑은 양과 정도에 있어서 매우 부족할 수 있습니다. 하지만 괜찮습니다. 진실한 사랑이 있으면 됩니다. 어떤 사람이 참으로 그리스도인이냐를 판가름하는 기준은 그가 얼마나 높은 수준으로 거룩하냐가 아니라, 그가 진실로 거룩함을 가지고 있느냐입니다.

예수 그리스도께서 첫 번째 성찬식에서 친히 빵과 포도주를 주셨을 때 참석했던 열두 명의 제자들은 신앙적인 지식도 약하고, 믿음도 약하고, 용기도 약하고, 인내도 약하고, 사랑도 약했습니다! 하지만 그중 열한 명은 모든 결점을 능가하는 무언가가 있었습니다. 진실한 회개, 진실한 믿음, 진실한 사랑입니다. 당신도 그러합니까? 그렇다면 마음 놓고 성찬의 상에 나아오십시오. 그리고 주님께서 주시는 위로를 누리십시오. 저는 그 누구에게도 신앙적으로 인격적으로 완전해질 때까지 또는 마음이 천사처럼 거룩해질 때까지 성찬의 상에 참여하지 말라고 말하지 않을 것입니다. 우리 주님이나 그분의 사도들도 그렇게 말하지 않았습니다.

더 깊은 묵상과 기도

수요일 묵상

✦

17세기 영국 청교도 목사요 탁월한 성경 주석가였던 메튜 헨리(Matthew Henry)는 다음과 같이 말한다.[38]

당신은 성찬식에 참여할 자격이 없다고 생각합니다. 그런데 압니까? 지금까지 성찬식에 참여했던 모든 사람이 비슷한 생각을 했습니다. 많은 사람이 자기는 하나님의 자녀라고 불릴 자격이 없다고 생각했고, 하나님의 신실한 자녀들이나 먹을 수 있는 성찬을 먹을 자격이 없다고 생각했습니다. 맞습니다. 본래 당신에게는 그 어떤 자격도 없습니다. 하지만 이제 당신은 그리스도 안에 있습니다. 그런데 왜 자격이 없겠습니까? 이제 그리스도는 당신의 그리스도가 아닙니까? 이미 당신은 그리스도를 선택하지 않았습니까? 그러므로 그리스도 안에서 하나님 앞으로 나아가십시오. 그리스도의 중보를 믿고 모든 두려움을 버리십시오.

당신은 (성찬을 함부로 대했던 고린도 교회에 임한) 하나님의 심판이 두려워 성찬식에 나아올 수 없다고 말합니다. 하지만 하나님의 심판에 대한 경고의 말씀은 우리를 성찬식에서 멀리 쫓아내려고 들려주신 말씀이 아닙니다. 그 말씀은 우리를 죄로부터 멀어지게 하려고 들려주신 말씀입니다. 당신을 보십시오. 당신은 하나님의 은혜 때문에 죄를 미워하고 있습니다. 죄와 싸우게 되었으며, 죄로부터 구원받고자 하는 간절한 소원을 품고 있습니다. 그렇다면 당

---

38 Matthew Henry, *The Communicant's Companion*, 73-74.

신은 죄와 결별한 사람이 틀림없습니다. 물론 지금 당신에게는 죄가 남아 있습니다. 하지만 그것 때문에 하나님의 심판이 임할 거라고 생각하지 마십시오. 가나안 사람들이 가나안 땅에 남아 있었지만, 그들과 결혼하지 않은 이스라엘 백성은 하나님의 심판을 받지 않았습니다. 그러므로 당신은 성찬식에서 하나님의 심판을 먹고 마시지 않을 것이며, 오히려 생명과 위로를 먹고 마시게 될 것입니다.

당신은 성찬식에 나아올 수 없다고 말합니다. 하지만 그렇게 말하는 당신은 여전히 기도하고 있고 설교를 듣고 있습니다. 그런데 왜 성찬식에 나아올 수 없단 말입니까! 성찬식과 다른 규례들을 크게 차별하지 마십시오. 왜 그렇게 합니까! 우리가 위선적으로 기도하면 하나님은 우리의 기도를 역겨워하십니다. 우리가 설교를 듣고 거부하면 우리에게는 사망에 이르는 냄새가 날 것입니다. 하지만 그런 위험이 있다고 해서 당신은 기도나 설교 듣는 것을 포기합니까? 그렇지 않을 것입니다. 그런데 왜 성찬식에는 나아올 수 없다고 말합니까! 하나님께서 우리에게 의무로 규정해 주신 것은 반드시 이행해야 합니다. 하나님께서 은혜의 방편으로 지정해 주신 수단은 반드시 사용해야 합니다. 우리는 최선을 다해야 하고 잘못하는 것에 대해서는 부끄러운 마음을 품어야 합니다. 우리에게는 우리의 연약함을 체휼하시는 대제사장이 하늘에 계십니다(히 4:16). 그러므로 은혜를 베풀어 주시기 위해 차려진 성찬의 식탁에 담대하게 나아가십시오. 그래야 합니다.

더 깊은 묵상과 기도

목요일 묵상

✦

메튜 헨리는 또 다음과 같이 말한다.[39]

당신은 믿음이 약해서, 신앙적 열심이 식어서, 신앙적 결심을 실천하지 못해서 성찬식에 나아갈 염치가 없다고 말합니다. 하지만 그렇게 말하는 것은 이렇게 말하는 것과 같습니다. '나는 몸이 아파서 약을 못 먹겠다.' '나는 배가 고파서 밥을 못 먹겠다.' '나는 기운이 없어서 보약을 못 먹겠다.' 얼마나 이상한 말입니까! 성찬식은 당신과 같은 사람을 위하여 차려진 식탁입니다. 연약한 믿음을 강화해 주려고, 거룩한 사랑을 뜨겁게 만들어 주려고, 선한 결심을 더 견고하게 해 주려고 차려진 식탁입니다. 그러므로 성찬식에 참여하십시오. 하나님은 당신에게 힘을 주려고 성찬식으로 부르십니다. 그런데 약해서 못 나가겠다고 말해서야 되겠습니까! 하나님 아버지 집에는 먹을 것이 남아돕니다. 그런데 집 밖에 머물면서 배고파 죽어서야 되겠습니까! 당신 옆에는 구원의 샘이 있습니다. 그런데 다른 데 주저앉아 갈증으로 죽어서야 되겠습니까!

당신은 다른 사람들만큼 성찬식에 참여할 준비를 많이 못 했기 때문에 성찬식에 참여할 수 없다고 말합니다. 그러나 그것 때문에 성찬식에 참여하는 일을 주저해서는 안 됩니다. 진지한 그리스도인은 하나님의 도움이 있으면 매우 짧은 시간에도 많은 일을 할 수 있습니다. 물론 우리가 별로 중요하지도

---

39   위의 책, 74-79.

않고 급하지도 않은 일에 많은 시간을 허비하면서 성찬식에 참여할 준비를 제대로 하지 않았다면 그것은 죄가 될 것입니다. 하지만 죄는 진심으로 회개하고 용서를 구하면 됩니다. 성찬식을 위해서 덜 준비를 했다면, 성찬식 안에서 더 많이 집중하고 몰입하면 됩니다. 그렇게 함으로써 준비가 부족했던 것을 얼마든지 채울 수 있습니다. 그러니 성찬식에 참여하십시오.

당신은 이웃들과 다툰 일이 있어서 성찬식에 참여할 수 없다고 말합니다. 이웃에 대한 악의와 증오심을 품고 있으니 성찬식에 참여하지 않는 것이 옳다고 말합니다. 과연 그럴까요? 이웃에 대한 악의의 증오심을 품고 성찬식에 참여하는 것은 옳지 않습니다. 하지만 이웃에 대한 악의와 증오심은 우리가 성찬식에 나아가지 말아야 할 이유가 못 됩니다. 그것을 이유로 성찬식에 나아가지 않으면, 그것이 더 심해질 것입니다. 예수님은 말씀하셨습니다. "그러므로 예물을 제단에 드리려다가 거기서 네 형제에게 원망들을 만한 일이 있는 것이 생각나거든 예물을 제단 앞에 두고 먼저 가서 형제와 화목하고 그후에 와서 예물을 드리라"(마 5:23-24). 이웃에게 잘못해서 원망을 듣게 되었다면, 일단 예물을 제단 앞에 두고 가서 이웃에게 용서를 구하고 손해를 배상한 다음 다시 돌아와 예물을 드리라는 말씀입니다. 만일 이웃으로부터 억울하거나 부당한 일을 당해 상처를 받았다면, 분노의 감정, 복수심을 버리고 용서와 사랑을 보이고서 다시 돌아와 예물을 드리라는 말씀입니다. 이런 방식으로 성찬식에 참여하십시오.

더 깊은 묵상과 기도

금요일 묵상

✦

16세기 종교개혁자 장 칼뱅(Jean Calvin)은 그의 대표작 『기독교강요』에서 다음과 같이 말한다.[40]

기억하십시오. 성찬식은 하나님께서 병든 사람들에게 주시는 약이요, 죄인들에게 주시는 위로요, 가난한 자들에게 주시는 구제물입니다. 기억하십시오. 하나님의 은혜가 없어도 자기는 이미 건강하고 의롭고 부요하다고 생각하는 사람에게는 성찬식이 아무런 유익도 주지 못합니다. 성찬식은 그리스도께서 우리에게 베풀어 주시는 양식입니다. 그러므로 성찬식 앞에서 우리는 생각하지 않을 수 없습니다. 사람이 음식을 먹지 못하면 몸의 기력이 약해지는 것처럼, 그리스도께서 주시는 신령한 음식을 먹지 않으면 우리는 굶주리며 기진해질 수밖에 없습니다. 성찬식 앞에서 우리는 깨닫지 않을 수 없습니다. 오직 예수 그리스도만이 우리에게 생명의 양식이 되기 때문에, 그리스도가 없으면 우리는 죽을 수밖에 없습니다(4권 17장 42절).

그러니 생각해 보십시오. 우리가 하나님 앞에 내어놓을 수 있는 최고로 합당한 상태는 무엇이겠습니까? 우리의 죄악과 허물을 그리스도 앞에 있는 그대로 내어 보이면서 그리스도의 긍휼하심이 우리를 덮어 그리스도께 합당한 사람으로 만들어 주시기를 바라는 것입니다. 우리 자신에 대해 절망함으로써 그리스도 안에서 위로를 얻는 것입니다. 우리 자신을 낮춤으로써 그리스

---

40 Jean Calvin, *Institutes of Christian Religion*, 4.17.42.

도로 말미암아 존귀하게 되기를 갈망하는 것입니다. 우리 자신을 정죄함으로써 그리스도로 말미암아 의롭다 함을 얻는 것입니다. 또한, 주께서 주의 만찬에서 이루어 주시는 연합, 곧 그리스도 안에서 우리 모두를 하나로 만들어 주시기를 바라는 것입니다(4권 17장 42절).

우리는 다음과 같이 생각해야 합니다. '우리는 가난한 사람들이니 자비하게 베푸시는 분에게로 가야 하며, 병든 사람들이니 의원에게 가야 하며, 죄인들이니 의의 주인에게 나아가야 하며, 죽은 자들이니 생명을 주시는 분에게로 나아가야 한다.' 성찬식과 관련하여 하나님께서 요구하시는 합당함이란 첫째로 믿음에 있습니다. 우리 자신에게는 아무것도 의지하지 않고 오직 그리스도께 모든 것을 의지하는 것입니다. 두 번째 합당함은 사랑에 있습니다. 우리가 비록 불완전하지만, 하나님을 사랑하기 때문에 우리 자신을 더 낮게 만들어 달라며 우리를 하나님께 내어드리는 것입니다. 만일 어떤 사람이 자기가 모든 면에서 완전해야만 성찬에 참여할 자격이 된다고 생각한다면, 그 사람은 성찬을 쓸데없고 헛된 것으로 만들어 버리는 셈이 됩니다. 정말 어리석은 일이 아닐 수 없습니다. 성찬은 완전한 사람을 위한 것이 아니라, 약하고 부족한 사람을 일깨우고 자극하고 믿음과 사랑을 고무시키며 교정해 주기 위해서 제정된 성례입니다. 그런데 왜 그렇게 정반대로 생각하며 성찬에 참여하기를 거부하는지 도대체 알 수가 없습니다(4권 17장 42절).

더 깊은 묵상과 기도

토요일 묵상

✦

〈주 앞에 성찬 받기 위하여〉라는 제목으로 번역되어 우리 찬송가에 실려 있는 찬송은 영국 성공회 주교 에드워드 비커스테스(Edward Bickersteth, 1825-1906)가 1872년에 작사한 것인데, 영어 가사를 그대로 직역하면 다음과 같은 내용이다. 오늘은 이 가사를 우리 마음으로 묵상하고 우리도 이런 심정으로 성찬의 상에 참여하자.

1. 주님, 당신의 식탁에서 떨어지는 부스러기를
   떨리는 손으로 받는 일도 저는 합당하지 않은 사람입니다.
   하지만 당신의 약속이 있기에 당신의 부르심에 순종하여
   수고하고 무거운 짐 진 죄인으로 성찬의 상에 나아갑니다.

2. 주님, 당신의 자녀로 여겨질 자격 제게 없고
   당신의 식탁 가장 끝 가장 낮은 자리도 합당치 않은 저입니다.
   너무 오래 방황했고 너무 자주 거짓을 따랐지만
   화목하게 하시는 한 말씀 제게 들려주소서.

3. 주님, 한 말씀만 해 주시고 한 번만 웃어 주셔도
   차갑고 거친 세상 저 다시 마주할 수 있고
   그 말씀 그 미소 마음에 보물로 간직하고
   마귀의 진노와 사람의 멸시도 능히 이겨 낼 것입니다.

4. 와서 쉬라고 명하시는 주님의 음성을 듣고
   와서 무릎 꿇고 주님의 못 박힌 발을 붙듭니다.
   저를 초대하실 때 제 자리 마련되었다 하셨으니
   환영받는 손님으로 주의 성도들 함께 주의 잔치에서 먹게 하소서.

5. 제 노래는 기도 속에서만 숨을 쉴 수 있고
   제 기도는 오직 주님을 향한 것이니
   오 주여, 내 마음에 영원히 거하시고
   제가 당신과 함께 당신이 저와 함께 먹게 하소서. 아멘.

더 깊은 묵상과 기도

12

성찬식에 관한
명언

월요일 묵상

✦

19세기 영국 침례교 설교자 찰스 스펄전(Charles Spurgeon)이 "이를 행하여 나를 기념하라"(고전 11:24)라는 본문으로 성찬식에 관해 설교한 내용을 묵상한다.[41]

그리스도인들도 그리스도를 잊어버릴 수 있습니다. 예수님께서 성찬식을 제정해 주시면서 "이를 행하여 나를 기념하라"라고 말씀하신 것을 보면, 그리스도인들도 감사와 사랑으로 영원히 기억해야 할 예수님을 잊어버릴 수 있음이 분명합니다. 그렇지 않다면, 예수님께서 그렇게 권고하실 이유가 없었을 것입니다. 이것은 단순한 가정이 아닙니다. 아쉽게도 이것은 가능성이 아니라 한탄스러운 사실입니다. 우리는 많은 경험에서 이것을 이미 확인했습니다. 십자가에 못 박혀 죽어가는 어린양의 피로 구원을 받은 사람들이 자기들을 위해 목숨까지 버리신 예수님을 그렇게 쉽게 잊어버릴 것이라고 누가 생각이나 하겠습니까? 영원하신 하나님의 아들에게서 영원한 사랑을 받은 자들이 자기들을 사랑해 주신 하나님의 아들을 그렇게 쉽게 잊어버릴 것이라고 누가 생각이나 하겠습니까? 그런데 우리는 그렇게 했습니다.

한순간도 우리를 잊지 않으시는 그분을 우리가 잊었습니다. 우리 죄를 위해서 자기의 피를 아낌없이 흘려 주신 그분을 우리가 잊었습니다. 죽기까지 우리를 사랑하신 그분을 우리가 잊었습니다. 우리는 마치 예수님을 제외하고는 다른

41 Charles Spurgeon, "Remembrance of Christ: 1 Corinthians 11:24." Sermon delivered at New Park Street Chapel, London, 07 Jan 1855.

모든 것을 기억하려고 다짐한 사람처럼 예수님만 잊었습니다. 너무나 슬프게도 우리가 그런 잘못을 저질렀고 또 저지르고 있습니다. 우리의 양심이 그것을 말하고 있습니다. 저는 모든 그리스도인의 양심에 호소합니다. 지금 내가 말하는 내용이 여러분에게는 해당되지 않는다고 정말 자신 있게 말할 수 있습니까? 여러분은 예수님을 쉽게 잊어버리는 사람이 정말 아닙니까? 여러분은 어떤 사람이나 어떤 일이나 어떤 목표가 여러분의 마음을 끌어당기면, 예수님을 잊어버리고 그것에 여러분의 온 마음을 쏟지 않습니까? 여러분은 사업으로 바빠지면, 예수님의 십자가를 쳐다볼 겨를도 없이 바쁘게 살아가지 않습니까? 오! 사랑하는 여러분, 이것 때문에 여러분은 슬프지 않으십니까?

우리는 그리스도를 잊어버립니다. 거듭난 사람 안에도 죄의 부패가 남아 있기 때문입니다. 그러나 우리는 우리가 사랑하는 분의 이름을 잊어서는 안 됩니다. 우리는 차분하게 앉아서 우리 구주께서 행하시고 고난받으신 모든 것, 그분의 인격, 그분의 영광스러운 약속을 묵상해야 합니다. 우리의 애정이 여기저기 떠돌아다니지 못하게 하고, 오직 한 대상, 곧 예수 그리스도의 고난과 죽음에 영원히 머물도록 해야 합니다. 우리가 그리스도를 쉽게 잊어버리는 이유가 하나 더 있습니다. 우리의 관심을 끄는 일들이 우리 주변에 너무 많다는 것입니다. 이제 우리가 그리스도를 쉽게 잊는 이유를 알았으니, 그것을 부끄러워합시다. 우리 주님을 우리가 그토록 쉽게 잊는다는 것을 슬퍼합시다. 그리고 이제 주님의 말씀에 귀를 기울입시다. "이를 행하여 나를 기념하라"(고전 11:24). 주님을 쉽게 잊어버리는 우리의 그 몹쓸 배은망덕이 고쳐지기를 바라면서 말입니다.

더 깊은 묵상과 기도

화요일 묵상

✦

메튜 헨리(Matthew Henry)는 성찬식을 고귀한 잔치에 비유하며 신자들을 초대했다. 오늘은 그 내용을 묵상한다.[42]

1. 먼저, 집이 준비되어 있습니다. 잔치를 열고 손님을 대접할 집, 지혜가 일곱 기둥 위에 건축한 집, 곧 복음이 선포되는 교회가 준비되어 있습니다. 하나님은 사람들 가운데 자신의 장막을 세우셨고, 그 장막의 처소는 넓어지고 넉넉해졌습니다. 손님으로 식탁을 가득 채웠지만, 아직도 빈자리가 있습니다. 그러니 오십시오.

2. 식탁이 준비되어 있습니다. 교회의 설교와 성례 안에는 식탁이 차려져 있는데, 성막 안에 각 지파를 위한 떡인 진설병이 차려진 상과 같습니다. 성경은 기록되었고, 정경은 완성되었으며, 그 안에는 인간을 향한 하나님의 선의에 대한 완전한 선언이 들어 있습니다.

3. 물통도 준비되어 있습니다. 가나의 혼인 잔치에는 손님들이 손발을 씻을 수 있게 여섯 개의 물동이가 놓여 있었습니다. 이 잔치에 참여하는 우리를 위해서도 정결하게 하는 물통이 준비되어 있습니다. 우리 마음을 더럽게 하는 모든 것을 씻고 이 잔치의 복됨을 누릴 수 있게 말입니다. 그러니 와서 씻으십시오. 예수의 피로 악한 양심에서 깨끗하게 되십시오(히 9:14).

---

42   Matthew Henry, *The Communicant's Companion*, 61-62.

4. 봉사자들도 준비되어 있습니다. 그들은 당신을 식탁으로 인도하고 각 사람에게 "때를 따라 양식을 나누어"(눅 12:42) 주고, "진리의 말씀을 옳게 나누어"(딤후 2:15) 줄 것입니다.

5. 친구들도 준비되어 있습니다. 이미 많은 사람이 초대를 받아들였고 진심 어린 환영을 받았습니다. 그런데 왜 당신의 자리를 비워 두십니까? 성도들과 교통을 나누며 그리스도와의 교통으로 나아가십시오.

6. 선물도 준비되어 있습니다. 성부 하나님은 당신을 위한 선물을 준비해 놓으셨고 당신이 그 선물을 가져가길 간절히 바라십니다. 우리 신앙의 대제사장이신 예수 그리스도께서는 항상 살아 계셔서 우리를 위해 중보하시며 우리의 영적 양식에 복을 명하실 준비가 되어 계십니다.

7. 잔치의 주인도 준비되어 있습니다. 당신을 환영할 준비가 되어 있습니다. 탕자의 아버지가 언제라도 아들을 맞이할 준비가 되어 있었던 것처럼, 이 잔치의 주인도 여러분을 환영할 준비가 되어 있습니다. 하나님의 귀는 들으시려고 열려 있고 그분의 손은 주려고 열려 있습니다.

8. 음식도 준비되어 있습니다. 당신이 마음껏 배불리 먹을 수 있도록 가장 좋은 음식이 준비되어 있습니다.

더 깊은 묵상과 기도

수요일 묵상

✦

17세기 영국 청교도 목사 조지 스윈녹(George Swinnock)은 성찬식을 앞두고 자신의 소원과 기대를 정리했는데, 오늘은 그 가운데 몇 가지를 추려서 묵상한다. 성찬식을 앞두고 나에게는 어떤 기대와 소원이 있을까?[43]

1. 내 죄와 더러움을 내버려 두고 성찬식에 참여하는 것이 아니라, 깨끗한 마음으로 성찬을 받을 수 있기를 바란다.

2. 성찬식에서 그리스도의 특별한 임재를 내 영혼이 선명하게 경험하기를 바라고, 최대한 진지하고 성실하게 성찬식을 준비하고 참여하기를 바란다.

3. 성찬식에서 하나님을 만나기 위해 내 마음을 준비할 때, 내가 하나님의 은혜에 혹시 미달하지는 않는지 공정하고 정직하게 내 영혼을 살펴보고 점검할 수 있기를 바란다.

4. 성찬식에 참여하기 전에 내 양심을 자세히 살펴보는 중에 내가 하나님께 얼마나 많은 빚을 지고 있는지를 확인함으로써, 내가 어디에서 실패했는지를 깨닫고 경건한 슬픔과 바람직한 자기 미움으로 회개하기를 바란다.

5. 성찬식을 준비하기 위해 최선의 노력을 다한 다음에는 오직 그리스도의 도움만을 간절히 바라며 기대한다.

---

43   George Swinnock, *The Works of George Swinnock*, 1:218-222.

6. 성찬식에 참여할 때, 내 구주이신 예수 그리스도께서 십자가에서 당하신 상처들을 바라볼 수 있기를 바란다.

7. 성찬식에서 그리스도의 고난을 바라보는 동안, 그리스도의 사랑을 깨닫고 그리스도께서 나를 위해 자기 목숨을 내어 주셨다는 것을 귀하게 여기기를 바란다.

8. 성찬식에서 내가 믿음으로 말미암아 예수 그리스도로 옷 입기를 바라고, 믿음으로 그를 온전히 받아들여 그리스도께서 고난받아 사신 그 모든 복이 내 것이 되었음을 확신하길 바란다.

9. 내 마음이 그리스도의 사랑을 깊이 느껴 최고의 사랑으로 그리스도를 사랑할 수 있길 기대한다.

10. 성찬식에서 나에게 많은 은혜를 주신 내 하나님과 예수 그리스도께 진심으로 감사하되, 마음에서 우러나는 사랑으로, 입술의 찬양으로, 삶의 경건으로 감사할 수 있기를 바란다.

11. 성찬식에서 나를 먹여 주신 예수님께서 실망하지 않으시도록, 성찬식 이후 어디에서 무엇을 하든 올바르게 살기를 바란다.

더 깊은 묵상과 기도

✦

17세기 영국 청교도 목사인 존 오웬(John Owen)은 성찬식 설교 중에서 우리가 성찬식에서 믿음을 발휘해야 하는 내용에 관해 말했는데, 그 내용을 묵상한다.[44]

성찬식 안에서 우리는 어떤 믿음으로 그리스도를 바라봐야 할까요? 우리는 성찬식에서 믿음으로 그리스도와 교제를 누리게 됩니다. 다른 어떤 곳에서도 경험할 수 없는 교제 말입니다. 앞의 질문에 대해서 저는 네 가지를 말씀드리고자 합니다.

1. 성찬식에서 우리는 성찬식을 제정해 주신 그리스도의 절대적 권위에 특별히 집중해서 믿음을 발휘해야 합니다. 예수 그리스도는 자신의 권위로 성찬식을 제정해 주셨고, 그 권위에 근거해서 우리는 성찬식에 참여합니다. 그러므로 성찬식에서 우리의 믿음은 그리스도의 왕 직분을 기억하며 그리스도께 영광을 돌려야 합니다. 이런 점에서 성찬식은 우리의 영혼과 양심이 그리스도의 권위에 전적으로 순복한다는 것을 가장 직접적으로 고백하는 시간입니다.

2. 성찬식에서 우리는 우리를 위해 십자가에 달려 죽으시고 그 흘리신 피로 우리의 죄를 속량하심으로써 성부 하나님의 지혜, 사랑, 그리고 은혜를 영화

---

44   존 오웬, 『나를 기념하라』, 311-313.

롭게 하신 '그리스도의 사랑'에 특별히 집중해서 믿음을 발휘해야 합니다. 성찬식에서 우리는 믿음으로 우리의 죄를 속량하시기 위해 십자가에 달려 죽으신 예수 그리스도와 특별한 교제를 나누게 되는데, 이런 과정에서 예수 그리스도의 제사장 직분과 관련하여 그리스도께 영광을 돌리게 됩니다.

3. 성찬식에서 우리는 눈에 보이는 상징인 떡과 잔을 통해서 실제로 그리스도가 성도들의 영혼에 매우 특별한 방식으로 제시되고 전달된다는 사실에 집중하여 믿음을 발휘해야 합니다. 그리스도께서는 눈에 보이는 상징인 떡과 잔이 각각 그리스도의 살과 피를 나타내도록 성례전적 관계로 묶어 놓으셨습니다. 그래서 성찬식에서 우리가 먹고 마시는 떡과 잔은 믿음으로 그것을 받아서 먹고 마시는 우리에게 평범한 떡과 잔이 아니라, 그것이 의미하는 바 곧 그리스도의 살과 피가 됩니다. 여기서 우리는 그리스도의 선지자 직분을 기억하고 그리스도께 영광을 돌리게 됩니다.

4. 성찬식에서 우리는 성찬식의 신비로움에 우리의 믿음을 발휘해야 합니다. 성찬식에서 예수 그리스도는 떡과 잔을 통해서 매우 특별한 방식으로 자기 자신을 우리에게 나타내시고 전달해 주시며, 성도들은 오직 믿음으로 그리스도의 살과 피를 먹고 마시는 신비를 경험하게 됩니다. 그런데 이 신비로움은 말로 형용할 수 없는 것입니다. 그러므로 저는 설명을 시도하는 대신 여러분이 직접 체험해 보시라고 말씀드립니다.

더 깊은 묵상과 기도

금요일 묵상

19세기 영국 성공회 사제 존 라일(John Ryle)은 성찬식에 관한 글에서 독자들에게 다음과 같이 몇 가지 애정 어린 경고를 했는데, 오늘은 그 경고를 묵상한다.[45]

1. 성찬식을 소홀히 여기지 마십시오. 성찬식은 주 예수 그리스도께서 우리의 유익을 위해 정해주신 규례인데, 이런 규례를 냉정하게 의도적으로 거부하는 사람은 영적으로 크게 잘못된 상태에 있습니다.

2. 성찬식을 부주의하게, 경솔하게, 형식적으로 참여하지 마십시오. 마음이 멀리 떠나 있으면서 성찬식에 참여해서 떡을 먹고 포도주를 마시는 자는 큰 죄를 짓는 것이고 큰 축복을 잃는 것입니다. 회개와 믿음과 사랑이 없이, 죄와 세상으로 가득 찬 마음을 가지고 성찬식에 참여하는 사람은 영적으로 나아지기는커녕 전보다 더 나빠질 것입니다.

3. 성찬식을 우상화하지 마십시오. 회개하고 회심하는 것, 믿고 거룩해지는 것, 거듭나서 우리 마음에 은혜를 소유하는 것, 이 모든 것이 성찬식보다 훨씬 더 중요합니다. 성찬식은 없어도 구원을 받을 수 있습니다. 하지만 앞의 것이 없으면 구원을 받을 수 없습니다.

---

45 존 라일, 『실천적 신앙』, 194-196.

4. 성찬식에 불규칙하게 참여하지 마십시오. 성찬식이 있을 때마다 피하지 마십시오. 최선을 다해서 참석하십시오. 규칙적인 습관은 우리 몸의 건강을 유지하는 데 필수적입니다. 성찬식에 정기적으로 참석하는 것도 우리 영혼의 복지에 필수적입니다.

5. 성찬을 받는 사람답게 신앙적인 삶을 사십시오. 기독교 신앙에 불명예를 돌리는 어떤 일도 하지 마십시오. 성찬식에 참석한 후에 죄에 빠지는 사람은 그 어떤 죄인보다 기독교 신앙에 더 큰 해를 끼칠 것입니다. 그 사람은 하나님의 원수들이 하나님을 욕할 기회를 제공할 것이기 때문입니다. 그 사람을 보면서 사람들이 기독교 신앙에서 멀어질 것이기 때문입니다. 거짓말하고, 술에 취해 살고, 간음을 저지르고, 이 세상 정욕에 빠져 살면서 성찬식에 참여하는 사람은 마귀의 조력자이자 복음의 가장 큰 적입니다.

6. 간절히 원했음에도 불구하고 성찬식에서 많은 유익을 얻지 못했다고 느낀다면, 낙심하지 말고 절망하지 마십시오. 어쩌면 당신은 너무 많은 것을 기대하고 있는 것일지도 모릅니다. 어쩌면 당신이 생각하는 것보다 더 많은 유익을 얻었을지도 모릅니다. 우리가 영적으로 성장하지 못하고 있다고 생각하는 때에도 사실 우리는 영적으로 성장하는 중일 수 있습니다. 여기는 천국이 아니라 세상이기 때문에, 우리는 감각에 의존해서 살아서는 안 되고 믿음으로 살아야 하며, 완벽하지 않은 것에 만족할 수 있어야 합니다.

더 깊은 묵상과 기도

토요일 묵상

✦

19세기 스코틀랜드 목사요 저술가인 존 맥더프(John Mcduff)는 성찬식을 앞두고 다음과 같이 기도할 것을 제안했다. 오늘은 그 기도의 내용을 짧게 요약하여 묵상한다.[46]

오 주님, 오늘 크신 자비로 저에게 가까이 와 주십시오. 저는 은혜로운 성찬식에서 주님께 가까이 나아가겠습니다. 제가 성찬식에 참여할 때, 주님의 거룩한 산에 오르게 하시고 주님의 장막에 들어가게 하십시오. "두렵도다 이곳이여 다른 것이 아니라 이는 하나님의 전이요 이는 하늘의 문이로다"(창 28:17). 야곱이 들판에서 두려움을 느끼며 했던 이 고백을 제가 성찬식에서 기쁨으로 할 수 있게 해 주십시오. "내가 만군의 여호와이신 왕을 뵈었음이로다"(사 6:5). 선지자 이사야가 하나님의 보좌에서 하나님의 영광을 보고 두려움으로 했던 이 고백을 제가 성찬식에서 기쁨으로 할 수 있게 해 주십시오.

저의 결점과 부족에 대한 겸허한 인식으로 저를 채워 주십시오. 저는 주님의 상에서 떨어지는 부스러기조차 먹을 자격이 없는 사람입니다. 잔치 자리에 앉아 주님 가까이서 사랑의 교제를 나누는 축복을 누릴 자격은 더더욱 없는 사람입니다. 주님, 오셔서 저를 살피시고, 오셔서 저를 점검해 주십시오. 저에게 무슨 악한 행위가 있는지 살펴 주십시오. 그리고 영원한 길로 인도해 주십시오. 하지만 무엇보다도 그리스도 예수 안에 있는 위대하고 무한한 사랑을 깊이 느끼게 해 주십시오. 예수께서 저를 위해 그토록 기꺼이 견디셨

---

46   John McDuff, "Prayer before Communion" in *Communion Memories*, accessed July 5, 2024, https://www.gracegems.org/17/mc18.htm.

던 고뇌와 고난의 신비를 모두 깨닫기를 원합니다. 겟세마네와 갈보리를 가까이서 보면서, 주님의 고뇌의 잔을 채웠던 죄의 심오함을 더 깊고 강렬하게 보기를 원합니다. 죄를 고백할 뿐만 아니라 그 죄를 버리려는 진심 어린 소망과 결심을 가질 수 있기를 바랍니다. 그리고 앞으로는 저를 위해서 살지 않고, 오직 저를 사랑하사 저를 위해 자신을 버리신 예수 그리스도를 위해 살기를 원합니다. 구속하시는 사랑의 강권하는 힘 때문에 이제부터 영원토록 하나님을 찬양하며 하나님께 헌신하기를 원합니다.

저와 함께 성찬식에 참여하는 모든 교우에게 복을 내려 주십시오. 우리 아버지 집에는 먹을 것이 넉넉하다고 말씀하셨습니다. 몸에 질병이 있어서 교회에 오지 못하는 교우들과 환경의 큰 제약이 있어서 교회에 오지 못하는 교우들을 기억해 주십시오. 참예배자가 있는 곳에는 하나님께서 함께하신다는 것을 그들이 기억하고 하나님께 예배하며 기도할 때 그들의 기도를 들어주시고 응답해 주십시오. 교회당에 함께 모이는 모든 교우들에게는 그리스도께서 승리하시면서 얻으신 모든 전리품을 나누어 주십시오. 오늘 성찬식을 인도하는 목사에게도 복을 내려 주십시오. 우리를 위해 성찬식을 집례하는 그들도 자신들의 영혼에 큰 복을 받길 바랍니다. 여호와 하나님, 이스라엘의 집에 복을 주시고, 아론의 집에도 복을 주시며, 여호와를 경외하는 모든 자들에게 복을 주십시오. 모쪼록 이번 성찬식에 하나님이 함께 계셔서 우리 모두가 영적으로 소생하고 상쾌해지게 해 주십시오. 우리 구주 예수 그리스도의 이름으로 기도합니다. 아멘.

더 깊은 묵상과 기도

13

성찬 예식문
묵상하기

월요일 묵상

✦

교회마다 성찬식을 진행하는 방식이 약간씩 다르다. 하지만 공통점이 있다. 떡과 잔을 나누기 전에 목사가 성찬의 의미와 성찬에 참여하는 올바른 태도를 설명한다는 것이다. 이때 어떤 교회는 교단에서 공식 승인한 예식문을 목사가 읽어 준다. 어떤 교회는 목사가 성경을 근거로 권면할 내용을 개인적으로 준비해서 사용한다. 이처럼 형식이 다를 수는 있지만, 성찬식을 시작할 때 목사가 읽거나 말해 주는 내용은 같다. 그 내용이 성경에서 나왔기 때문이다. 목사가 그것을 읽거나 말해 주는 목적도 같다. 성찬에 참여하는 교우들이 성찬에 올바르게 참여하는 것이다.

그러므로 성찬식 참여를 위해 준비할 때, 실제로 성찬식에서 목사가 읽거나 말해 줄 내용을 미리 차분하게 읽고 묵상하는 것도 좋은 준비 방법일 수 있다. 이런 용도로 우리가 사용할 수 있는 좋은 문서가 하나 있는데, 유럽 대륙에서 발달한 개혁 교회가 작성하고 교회의 회의를 통해 공식적으로 인준한 성찬 예식문이다.[47] 이 예식문은 성찬에 참여하려고 준비하는 모든 그리스도인이 읽고 묵상할 만한 보편적인 가치가 있다. 이 예식문은 다음과 같이 시작한다. 오늘은 이 부분을 읽고 묵상하고 기도하자.

---

[47] "Form for the Administration of the Lord's Supper" in *The Psalter* (Grand Rapids: W.B. Eerdman Publishing Company, 1965), 136-144. 전문을 번역하지 않고 중요한 요점을 쉽게 번역하여 인용했다.

우리 주 예수 그리스도의 사랑을 받는 교우 여러분, 성찬식은 우리 주 예수 그리스도께서 제정해 주신 것입니다. 고린도전서 11장 23-29절을 보면, 사도 바울은 성찬의 기원과 의미를 다음과 같이 설명합니다.

"내가 너희에게 전한 것은 주께 받은 것이니 곧 주 예수께서 잡히시던 밤에 떡을 가지사 축사하시고 떼어 이르시되 이것은 너희를 위하는 내 몸이니 이것을 행하여 나를 기념하라 하시고 식후에 또한 그와 같이 잔을 가지시고 이르시되 이 잔은 내 피로 세운 새 언약이니 이것을 행하여 마실 때마다 나를 기념하라 하셨으니 너희가 이 떡을 먹으며 이 잔을 마실 때마다 주의 죽으심을 그가 오실 때까지 전하는 것이니라 그러므로 누구든지 주의 떡이나 잔을 합당하지 않게 먹고 마시는 자는 주의 몸과 피에 대하여 죄를 짓는 것이니라 사람이 자기를 살피고 그 후에야 이 떡을 먹고 이 잔을 마실지니 주의 몸을 분별하지 못하고 먹고 마시는 자는 자기의 죄를 먹고 마시는 것이니라"(고전 11:23-29).

주님의 성찬에 참여하여 위로를 받고 믿음이 강화되려면 필요한 것이 크게 두 가지 있습니다. 먼저, 성찬에 참여하기 전에 우리 자신을 점검하는 일이 필요합니다. 둘째, 그리스도께서 성찬을 제정해 주신 의도와 목적을 따라 예수님을 기념하면서 성찬을 거행해야 합니다.

더 깊은 묵상과 기도

화요일 묵상

✦

개혁 교회의 성찬 예식문은 우리가 성찬에 합당하게 참여하여 위로를 받고 믿음이 강화되려면 두 가지가 필요하다고 전제한다. 첫째는 우리 자신을 살핀 후에 성찬에 참여하는 것이다. 둘째는 예수님께서 우리에게 성찬을 제정해 주신 목적, 곧 그리스도를 기념하는 가운데 성찬을 거행하는 것이다. 이두 가지가 필요하다고 언급한 후에 성찬 예식문은 첫 번째 항목, 곧 성찬에 참여하기 전에 우리 자신을 살피는 일에 관한 자세한 언급을 시작한다. 오늘은 이 부분을 읽고 묵상하고 기도하자.

우리는 다음과 같이 성경을 거울로 삼아 우리 자신을 점검해야 합니다.

첫째, 우리는 우리 자신의 죄를 깊이 생각하고 죄 때문에 우리 자신을 미워하며 하나님 앞에서 겸손해져야 합니다. 우리는 죄 때문에 우리가 하나님의 진노 아래 있음을 깨달아야 합니다. 하나님은 죄에 대하여 진노하시기 때문에, 죄를 형벌하지 않고 그냥 넘어가시는 법이 없습니다. 그런데 놀랍게도 하나님은 우리 죄에 대한 형벌을 하나님이 사랑하시는 성자 예수 그리스도로 하여금 감당케 하셨습니다. 그래서 예수님은 십자가에서 고통스럽고 수치스러운 죽임을 당하셨습니다.

둘째, 우리는 우리가 하나님의 확실한 약속을 믿고 있는지 우리 마음을 점검해야 합니다. 하나님의 약속은 오직 예수 그리스도께서 고난을 받고 죽임을 당함으로써 우리의 모든 죄가 용서되고 그리스도의 의가 우리에게 선물로 주어지고 마치 옷처럼 우리에게 입혀진다는 것입니다. 하나님은 믿는 자를 의롭다 인정해 주시는데, 완전하게 의롭다고 인정해 주십니다. 마치 그 사람이 자신의 모든 죗값을 다 치른 것처럼, 또한 그 사람이 하나님 앞에서 모든 의를 다 이룬 것처럼 여겨 주십니다.

셋째, 우리는 우리가 이제부터 모든 삶에서 하나님께 감사하며 살기로 진실하게 결심하는지 점검해야 합니다. 또한, 우리가 이제부터 이웃에 대한 모든 적대심, 증오심, 질투심을 버리고 이웃과 더불어 참된 사랑과 화평 가운데 살기를 진실하게 추구하는지도 점검해야 합니다.

이렇게 성찬에 참여하기 전에 자기 자신을 살피며 준비한 사람이 성찬식에 참여하면, 하나님은 확실한 은혜로 그 사람을 받아 주실 것이고 우리 주 예수 그리스도의 거룩한 상(床)에 참여하기에 합당한 사람으로 인정하실 것입니다. 그러나 마음에 이러한 증거, 곧 참된 회개, 참된 믿음, 참된 사랑이 없는 사람이 성찬식에 참여하면, 성경에 기록된 대로 그 사람은 성찬의 상에서 자기 자신에 대한 심판을 먹고 마시게 됩니다.

더 깊은 묵상과 기도

✦

이제 개혁 교회의 성찬 예식문은 성찬에 참여하기에 합당치 않는 사람의 목록을 구체적으로 나열하되, 성찬에 참여해도 되는 사람들까지 낙심시키지 않으려고 따뜻한 보충 설명을 이어 간다.

그리스도와 사도 바울의 명령을 따라, 우리는 다음과 같이 하나님의 계명에 불순종한 사람은 성찬에 참여하지 말 것을 권고하며, 아직은 그들이 그리스도의 나라에 참여할 자격이 없음을 선언합니다.

오직 하나님만 섬기기를 거부하고 다른 신을 섬기는 사람, 하나님의 말씀을 떠나 자기의 방식대로 예배하는 사람, 욕을 할 때 혹은 다른 방식으로 주의 이름을 잘못 사용하는 사람, 주일 예배에 신실하게 참석하지 않고 말씀의 선포와 성례의 신성함을 멸시하는 사람, 부모나 위에 있는 다른 권위에 복종하지 않는 사람, 사람의 생명을 해치거나 마음으로 이웃을 증오하면서도 화해를 거부하는 사람, 기혼이든 미혼이든 자기의 몸을 순결하게 지키지 않는 사람, 도둑질이나 탐욕이나 사치로 세속적인 삶을 사는 사람, 모든 거짓말쟁이와 험담꾼과 비방꾼.

한마디로, 하나님의 계명을 어김으로써 하나님을 믿고 있지 않음을 말과 행실로 드러내는 모든 사람은 그러한 죄 가운데 머물러 있는 한 주의 만찬에 참여할 수 없습니다. 성찬은 오직 믿는 사람을 위하여 그리스도께서 제정하여 주신 것입니다. 만일 믿지 않는 사람이 성찬에 참여하면, 더 무거운 심판과 정죄가 그들에게 내릴 것입니다. 하지만, 죄가 하나도 없는 사람만이 주님의 성찬에 나아갈 수 있다는 말은 아닙니다. 상하고 통회하는 마음을 가진 신자를 낙담시키려는 말도 아닙니다. 우리는 우리가 완전하고 의롭다는 것을 자랑하려고 성찬식에 참여하는 것이 아닙니다. 오히려 그 반대입니다. 성찬식에 나아갈 때 우리는 우리의 생명을 우리 밖에서, 곧 예수 그리스도 안에서 찾는다는 것을 나타내고, 이로써 예수 그리스도가 아니면 우리는 죽은 사람임을 인정합니다.

우리는 잘 알고 있습니다. 우리의 마음과 삶에는 여전히 죄와 부족이 많습니다. 우리는 믿음이 완전한 것도 아니고, 마땅한 열심을 품고 하나님을 섬기지도 않습니다. 그래서 우리는 우리 믿음의 연약함과 육신의 악한 정욕에 맞서 날마다 싸워야 합니다. 우리에게는 다음과 같은 것이 있습니다. 성령의 은혜로 우리의 죄를 진심으로 회개하며 불신앙에 맞서 싸우고 하나님의 모든 계명을 따라 살기를 간절히 소원하는 마음과 삶입니다. 비록 우리가 원하지 않는 죄와 연약함이 우리 안에 남아 있지만, 우리는 두 가지를 확신합니다. 우리에게 남아 있는 죄와 연약함 때문에 하나님께서 우리를 은혜로 받아 주지 않으시는 일은 없습니다. 또한, 그것 때문에 우리가 성찬에 참여하기에 합당하지 않다고 하나님께서 판단하시는 일도 없습니다.

더 깊은 묵상과 기도

목요일 묵상

✦

개혁 교회의 성찬 예식문은 우리가 성찬에 합당하게 참여하여 위로를 받고 믿음이 강화되려면 두 가지가 필요하다고 전제한 후에 첫 번째 항목인 자기 점검을 먼저 자세하게 설명한다. 그러고 나서 이제는 두 번째 항목, 곧 예수 그리스도께서 성찬식을 제정해 주신 취지와 목적대로 그리스도를 기념하면서 성찬식을 행해야 한다는 점을 두 가지로 자세하게 설명한다. 오늘은 그 가운데 첫 번째 설명을 읽고 묵상하며 기도하자.

이제는 그리스도께서 성찬식을 제정해 주신 목적을 숙고하겠습니다. 그리스도는 우리가 그리스도를 기념하면서 성찬식을 행해야 한다고 말씀하셨습니다. 그러므로 우리는 성찬식에서 다음과 같은 내용으로 그리스도를 기념해야 합니다.

첫째, 성찬식에서 우리는 우리 주 예수 그리스도에 관하여 마음에 다음과 같은 내용을 확신해야 합니다. 옛적에 하나님께서 구약의 족장들에게 약속하신 대로 성부 하나님으로부터 보내심을 받아 이 세상에 오셨고 우리의 살과 피를 입으셨습니다. 그리스도는 사람의 몸을 입으신 첫 순간부터 십자가 위에서 숨을 거두는 마지막 순간까지 우리를 위해 하나님의 진노를 대신 감당하셨습니다. 그 진노를 받고 영원히 멸망해야 하는 사람은 우리인데, 그리스도께서 우리를 대신하여 그 진노를 감당하신 것입니다. 또한, 그리스도는 하나님의 율법이 요구하는 모든 의를 우리 대신 완전한 순종으로써 이루셨습니다. 특별히 겟세마네 동산에서 우리의 죄와 하나님의 진노의 무게에 짓눌려 피땀을 흘리면서도 그것을 이루셨습니다. 그리스도는 겟세마네 동산에서 체포되어 결박되셨는데, 그것은 우리를 자유롭게 하려고 당하신 일입니다. 그 후에는 말로 형용할 수 없는 모욕을 당하셨는데, 우리가 수치를 당하지 않도록 그런 일을 당하신 것입니다.

그리스도는 죄가 없는 분이신데도 사형선고를 받으셨는데, 이는 우리가 하나님의 심판대에서 무죄 선언을 받도록 그런 일을 당하신 것입니다. 심지어 그리스도의 복된 몸은 십자가에 못 박히셨는데, 이는 우리의 죄 때문에 우리를 고소하는 고소장을 십자가에 못 박아 없이 하려고 그런 일을 당하신 것입니다. 이 모든 일을 통해 그리스도는 우리가 받아야 할 저주를 친히 받으셨는데, 우리를 그분의 복으로 채워 주시려고 그렇게 하신 것입니다. 또한 그리스도는 십자가 위에서 가장 큰 수치와 지옥의 고통을 몸과 영혼에 당하시면서 자신을 낮추셨습니다. 그때 그리스도는 큰소리로 "나의 하나님, 나의 하나님, 어찌하여 나를 버리셨나이까"(마 27:46)라고 절규하셨습니다. 이는 하나님께서 우리를 받아 주시도록, 우리가 버림받는 일이 더는 없도록 버림을 받으신 것입니다. 마지막으로 그리스도는 죽음과 피 흘림으로써 "다 이루었다"라고 선언하셨는데, 이때 새롭고 영원한 언약, 곧 은혜의 언약을 확정하셨습니다(요 19:30).

더 깊은 묵상과 기도

금요일 묵상

✦

개혁 교회의 성찬 예식문은 우리가 성찬에 합당하게 참여하여 위로를 받고 믿음이 강화되려면 필요한 두 번째 요소, 곧 예수 그리스도께서 성찬식을 제정해 주신 취지와 목적대로 그리스도를 기념하면서 성찬식을 행해야 한다는 점을 두 가지로 자세하게 설명한다. 오늘은 그 가운데 두 번째 설명을 읽고 묵상하며 기도하자.

둘째, 성찬식에서 우리는 우리가 은혜의 언약에 속해 있다는 것을 확실히 믿어야 합니다. 최후의 만찬에서 주님은 떡을 취하여 축사하신 후에 그것을 떼어 제자들에게 주시면서 말씀하셨습니다. "이것은 너희를 위하는 내 몸이니 이것을 행하여 나를 기념하라"(고전 11:24). 또한, 식사 후에는 잔을 들고 말씀하셨습니다. "이 잔은 내 피로 세운 새 언약이니 이것을 행하여 마실 때마다 나를 기념하라"(고전 11:25). 이 두 말씀은 다음과 같은 뜻입니다. "너희가 이 떡을 떼고 이 잔을 마시는 예식을 행할 때마다 너희를 향한 내 진실한 사랑과 신실함을 기억하고 확신하여라. 이 떡과 이 잔은 그것에 대한 확실한 보증이다. 영원한 멸망을 피할 수 없는 너희를 위해 나는 내 몸을 십자가 위에서 죽음에 내어 주었고 내 피를 흘렸다. 지금 너희가 보는 가운데 떡이 떼어지고 포도주가 잔에 부어지는 것이 확실한 사실인 것처럼, 그리고 너희가 나를 기념하면서 떡을 먹고 잔을 마시는 것이 확실한 사실인 것처럼, 내가 너희의 주리고 목마른 영혼을 십자가에 못 박힌 내 몸과 거기서 흘린 내 피로 먹이고 마시게 하여 영생에 이르도록 하는 것 역시 확실한 사실이다." 우리 주 예수 그리스도의 이 말씀에서 알 수 있는 것이 있습니다. 예수 그리스도께서는 우리 구원의 유일한 근거와 기초에 관하여 우리의 믿음과 신뢰가 십자가에서 단번에 드려진 그리스도의 완전한 희생 제사로 향하게 만드십니다. 그 희생 제사에서 주님은 우리의 주리고 목마른 영혼을 위하여 영생하는 참된 음식과 음료가 되셨습니다. 주님은 십자가에 못 박혀 죽으심으로써 우리의 영원한 사망과 비참함의 원인인 죄를 제거하셨고 우리를 위하여 '살리는 영'을 획득하셨습니다.

또한, 우리는 머리이신 그리스도와 그분의 지체인 우리 안에 거하시는 동일한 성령으로 우리가 그리스도와 참된 교제를 누리고 그리스도의 모든 복, 곧 영원한 생명과 의와 영광에 참여하게 되었습니다. 또한, 동일한 성령으로 우리는 참된 형제 사랑 가운데서 한 몸을 이루는 지체로서 다른 신자들과 서로 연합하게 되었습니다. 그래서 사도 바울은 말합니다. "떡이 하나요 많은 우리가 한 몸이니 이는 우리가 다 한 떡에 참여함이라"(고전 10:17). 많은 밀이 으깨어지고 하나가 되어 하나의 빵으로 구워지며, 많은 포도가 으깨어지고 하나가 되어 하나의 포도주가 되는 것처럼, 참신앙으로 그리스도께 접붙임을 받은 우리도 우리를 지극히 사랑하시는 복되신 구주 예수 그리스도 때문에 형제 사랑으로 한 몸을 이룹니다. 그리고 말로만이 아니라 행동으로도 서로에 대한 사랑을 보여 줍니다. 전능하신 하나님이시며 우리 주 예수 그리스도의 아버지께서 성령을 통해 우리를 도우시옵소서. 아멘.

더 깊은 묵상과 기도

토요일 묵상

✦

마지막으로 개혁 교회의 성찬 예식문은 목사로 하여금 다음과 같이 기도하고 권면하게 한다.

오, 지극히 자비로우신 하나님 아버지. 우리는 간구합니다. 당신께서 사랑하시는 아들 예수 그리스도의 쓰라린 죽음을 영광스럽게 기억하는 성찬식에서 성령을 통하여 우리 마음에 역사하소서. 그리하여 우리가 날마다 참된 확신으로 더욱더 우리 자신을 당신의 아들 예수 그리스도께 드리게 하시고, 우리의 상하고 통회하는 마음이 성령의 능력을 통해 참하나님이시며 참사람이시고 오직 하늘의 떡이신 그리스도의 살과 피로써 배부르며 위로받게 하소서. 그리하여 우리가 더는 죄 가운데 살지 않으며, 그리스도께서 우리 안에 계시고 우리가 그 안에 살면서 새롭고도 영원한 은혜의 언약에 참여하게 하소서. 또한, 당신께서 영원히 우리의 은혜로우신 아버지가 되어 더 이상 우리 죄를 우리에게 전가하지 아니하시고, 당신의 사랑하는 자녀요 상속자인 우리의 육신과 영혼에 필요한 모든 것을 공급하신다는 것을 우리가 의심하지 않게 하소서. 또한, 우리에게 은혜를 베푸사 우리로 하여금 기쁜 마음으로 자기 십자가를 지고 자기를 부인하며 우리의 구주를 시인하게 하시고, 모든 환난 가운데서 머리를 들고 우리 주 예수 그리스도를 하늘로부터 기다리게 하소서. 우리 주 예수 그리스도께서 우리의 썩을 육신을 자기의 지극히 영광스러운 몸과 같게 변화시켜 우리를 영원에 거하시는 자기에게로 데려가실 것을 확신하게 하소서. 하늘에 계신 우리 아버지여, 이름이 거룩히 여김을 받으시오며, 나라가 임하시오며, 뜻이 하늘에서 이루어진 것같이 땅에서도 이루어지이다. 오늘 우리에게 일용할 양식을 주시옵고, 우리가 우리에게 죄지은 자를 사하여 준 것같이 우리 죄를 사하여 주시옵고, 우리를 시험에 들게 하지 마시옵고, 다만 악에서 구하시옵소서. 나라와 권세와 영광이 아버지께 영원히 있사옵나이다. 또한 이 성찬을 통해 의심할 여지 없는 보편적인 기독교 신앙으로 우리를 강화시켜 주옵소서. 이에 대해 우리는 입과 마음으로 다음과 같이 고백합니다. 나는 전능하신 성부 하나님, 천지의 창조주를 믿습니다. 나는 하나님의 유일하신 아들 우리 주 예수 그리스도를 믿습니다. 그분은 성령으로 잉태되사, 동정녀 마리아에게서 나셨으며, 본디오 빌라도 아래에서 고난을 받으사 십자가에 못 박히시고 죽으시고 장사 되셨고, 음부에 내려가셨으며, 사흘 만에 죽은 자들 가운데서 부활하셨고, 하늘에 오르셨고, 전능하신 성부 하나님 우편에 앉아 계시며, 거기로부터 살아 있는 자들과 죽은 자들을 심판하러 오실 것입니다. 나는 성령을 믿으며, 거룩한 보편적 교회, 성도의 교제, 죄 사함, 육신의 부활, 그리고 영원한 생명을 믿습니다. 아멘.

이제 하늘의 참떡이신 그리스도 예수를 먹으려면, 외적인 떡과 포도주에 집착하지 말고 우리 마음을 하늘 높이 들어 올려 성부 하나님의 우편에 우리를 위한 대언자로 계신 예수 그리스도를 바라봅시다. 우리 신앙의 모든 조항을 따라 그리스도를 바라봅시다. 이번 성찬식에서 우리가 그리스도를 기념하며 떡과 잔을 받을 때, 성령의 역사로 그리스도의 살과 피가 확실하게 우리 영혼을 위해 먹여 주시고 새 힘 주실 것을 의심하지 말며 굳게 믿으면서 그리스도를 바라봅시다.

더 깊은 묵상과 기도

묵상 주제

14

성찬식을
앞두고
기도하기

월요일 묵상

✦

하나님 아버지, 성찬식을 앞두고 제일 먼저 감사합니다. 이번에도 저를 성찬식에 불러 주셨기 때문입니다. 아버지께서는 주일마다 교회의 설교를 통해서, 날마다 성경을 통해서, 저에게 말씀으로 그리스도를 보여 주시고 성령으로 그리스도를 제 마음에 빛나게 해 주셨습니다. 이것만으로도 아버지께서는 저에게 크나큰 복을 이미 내려 주셨습니다. 그 복으로 저는 하나님의 아들이시며 저의 구주이신 예수 그리스도를 좀 더 알아 가고 있고, 전보다 더 믿고 신뢰하게 되었습니다. 그런데 이런 저에게 예수 그리스도를 더 분명하게 보여 주시려고, 또 그리스도의 구원의 은혜와 영광을 알고 맛보게 하시려고 성찬의 상을 차려 주시며 저를 그 잔칫상에 귀한 손님으로 불러 주시니 참으로 감사합니다. 사람이 이 땅에 살면서 참여할 수 있는 가장 영광스럽고 가장 복된 식사의 자리에 초대받을 자격이 저 스스로에게는 없으나, 하나님의 넘치는 긍휼과 자비 때문에 저를 성찬식에 초대해 주시고 기다려 주시니 정말 감사합니다.

하나님 아버지, 성찬식을 앞두고 감사합니다. 하나님께서 이 세상에 그리스도의 신령한 몸인 교회를 세우시고 저를 그 교회의 한 지체로 삼아 주셨기 때문입니다. 성찬식은 한 교회를 이루는 교우들이 함께 참여하는 식사입니다. 그러니 만일 이 세상에 교회가 없다면, 또 같은 믿음 안에서 그리스도에게 붙어 있는 다른 교우들이 없다면, 성찬식은 거행될 수 없을 것이고 저는 성찬의 상에 참여할 수 없을 것입니다. 그런데 아버지께서는 그리스도를 교회의 머리로 주시고 교회를 그의 몸으로 만드시면서 우리 교회를 그 몸의 일부로 만드시고 우리 교회에 여러 교우들을 지체로 부르셔서, 함께 말씀을 듣고 또 함께 성찬에 참여할 수 있게 만들어 주셨습니다. 이렇게 아버지께서 먼저 은혜를 베풀어 주셨기에 우리 교회가 그 은혜 안에서 그리스도의 신령한 몸이 되었고 성례를 시행할 수 있게 되었으니, 하나님 아버지께 모든 영광을 돌려 드리며 모든 감사를 올려드립니다.

하나님 아버지, 성찬식을 앞두고 감사합니다. 장차 저 하늘에서 주님과 함께 잔칫상에 참여할 수 있는 복된 날이 우리에게 예비되어 있기 때문입니다. 저희가 지금은 성찬식에서 주님의 살과 피를 상징하는 떡과 잔을 먹으면서 주님을 기념하고 있지만, 장차 우리가 천국에 들어가 주님과 함께 있게 되는 날에는 주님과 실제로 함께 천국의 영원한 복락을 누리게 될 것입니다. 그때 예수님께서 우리를 위해 드리신 위대한 중보 기도의 한 대목이 완전하게 응답될 것입니다. "아버지여 내게 주신 자도 나 있는 곳에 나와 함께 있어 아버지께서 창세 전부터 나를 사랑하시므로 내게 주신 나의 영광을 저희로 보게 하시기를 원하옵나이다"(요 17:24). 그때 우리는 이 땅에서 우리가 믿음으로 누렸던 모든 은혜와 복보다 훨씬 더 크고 영광스러운 은혜와 복을 실제로 누리면서, 하나님의 구원을 즐거이 찬송할 것입니다. 이번에 제가 참석하는 성찬식은 하늘에서 있을 위대한 잔치의 그림자이오니 감사하고 또 감사합니다. 예수님의 이름으로 기도합니다. 아멘.

더 깊은 묵상과 기도

화요일 묵상

✦

하나님 아버지, 성찬식을 앞두고 간청합니다. 저를 도와주옵소서. "사람이 자기를 살핀 후에 성찬에 참여하라"라는 성경 말씀에 순종하여 저는 이번 성찬식에 합당하게 참여할 수 있도록 저를 준비하고자 합니다. 이런 저를 도와주옵소서. 제가 모든 면에서 저 자신을 잘 살핀 후에 성찬식에 참여할 수 있도록 저를 이끌어 주옵소서. 저는 저 자신을 잘 아는 것 같지만 사실은 잘 모릅니다. 저는 저 자신을 잘 살펴볼 수 있을 것 같지만 사실은 잘 살펴볼 줄 모릅니다. 그러므로 아버지, 시편 기자처럼 호소하는 제 기도를 들어주옵소서. "하나님이여 나를 살피사 내 마음을 아시며 나를 시험하사 내 뜻을 아옵소서"(시 139:23). 떡과 잔이 상징하는바 예수 그리스도의 살과 피가 무엇을 의미하는지 제가 온전히 알게 하옵소서. 예수님의 살과 피에 대한 믿음을 제 안에 바르고 굳게 세워 주옵소서. 저의 죄와 악함을 통감하게 하시고 그것으로 인하여 복음적으로 상하고 통회하는 심령을 갖게 하옵소서.

하나님 아버지, 성찬식을 앞두고 간청합니다. 이번 성찬식에 참석하게 될 우리 교회의 모든 교우들을 도와주옵소서. 습관을 따라 아무런 준비 없이 성찬식에 나아오는 이가 한 사람도 없도록 모두를 일깨워 주옵소서. 죄를 버리지 않고 악한 삶에서 돌이키지 않은 채로 성찬식에 참여하는 이가 아무도 없게 해 주옵소서. 성찬식을 앞두고 자기 자신을 살피는 일을 어떻게 해야 하는지 모르는 교우들에게는, 아버지께서 먼저 그들의 마음을 살펴주심으로써 그들이 그것을 배우게 하옵소서. 그리하여 고린도 교회가 그랬던 것처럼, 주의 거룩한 상을 여러 가지 부정한 것으로 더럽게 하는 일이 우리 교회의 성찬식에 있지 않게 막아 주옵소서. 우리 교회의 모든 교우가 성찬식을 앞두고 자기를 살피는 과정에서 믿음이 새로워지고 회개가 새로워지며 그리스도에 대한 갈망이 새로워져서, 성찬식에 함께 모일 때 그 열기가 서로에게 느껴지고 전달되어, 우리 교회의 성찬식이 참으로 풍요로운 은혜의 잔치가 되게 하옵소서.

하나님 아버지, 성찬식을 앞두고 간청합니다. 이번 성찬식을 집례하는 우리 교회의 목사님을 도와주옵소서. 성찬식을 올바르게 집례하는 일은 쉽지 않은 일입니다. 그러니 우리 교회의 목사님을 크게 도와주옵소서. 성찬식을 앞둔 이때 예수님의 십자가 고난과 죽음이 목사님의 눈에 날마다 더 선명하게 보이게 하시고, 그 고난과 죽음이 우리에게 구원의 능력이 된다는 것이 목사님의 마음에 큰 감격이 되게 하시고, 우리 같은 죄인들을 향한 예수님의 영원하고도 완전한 사랑에 목사님의 마음이 매료되게 해 주옵소서. 그리하여 그가 성찬식을 집례하기에 합당하게 준비되게 하옵소서. 지금은 몸이 하나님의 보좌 우편에 계시기에 우리 교회의 성찬식에 몸으로는 함께하지 않으시는 예수님을 목사가 대신해서 우리에게 성찬의 제정 말씀을 낭독하고 성찬의 상을 설명하며 우리에게 떡을 떼어 주고 잔을 나누어 줍니다. 그러할 때, 우리 교회 목사님의 마음에 예수님의 심정이 가득하게 하시고, 우리는 목사님을 볼 때 예수님이 보일 수 있게 하옵소서. 예수님의 이름으로 기도합니다. 아멘.

더 깊은 묵상과 기도

수요일 묵상

✦

하나님 아버지, 성찬식을 앞두고 고백합니다. 우리의 믿음은 지금도 작고 연약합니다. 아버지께서 저희에게 믿음을 자라게 하시려고 주신 성경을 저희가 열심히 읽었고, 더디 깨닫는 우리를 깨우쳐 주시려고 교회에 세우신 설교자들의 설교를 저희가 열심히 들었지만, 여전히 저희의 믿음은 작고 연약합니다. 아직도 하나님의 영원하고 변치 않는 사랑을 확신하지 못하여 의심하고 염려에 빠지며 흔들릴 때가 많습니다. 아직도 예수 그리스도의 완전한 고난과 순종으로 우리에게 주어진 영원한 의의 아름다움과 완전함을 믿지 못하여, 하나님 앞에서 당당하게 서지 못하고, 우리의 선한 행위로 우리를 치장하려 애쓰며, 우리의 행위를 자랑하는 일이 많습니다. 아버지께서 그동안 저희에게 말씀을 가르쳐 주신 시간과 분량을 생각하면 지금쯤은 저희의 믿음이 크고 강해야 정상인데, 부끄럽게도 저희의 믿음은 아직도 작고 연약합니다. 이런 저희를 용서해 주시고 불쌍히 여겨 주옵소서.

하나님 아버지, 성찬식을 앞두고 고백합니다. 우리의 사랑은 지금도 작고 연약합니다. 아버지께서는 저희를 믿음으로 부르실 때부터 참되고 영원한 사랑을 저희에게 보여 주셨고, 수없이 저희에게 사랑한다고 말씀하셨으며, 저희의 마음과 삶에 그 사랑을 끊임없이 베풀어 주셨습니다. 그런데도 저희는 그런 하나님을 제대로 사랑하고 있지 못하고 있습니다. 하나님을 사랑하긴 하지만 그 사랑이 턱없이 부족합니다. 그리고 하나님으로부터 받은 사랑을 주변에 있는 형제자매들에게 나누어 주지도 못하고 있습니다. 부끄럽게도 저희는 하나님보다 더 사랑하는 사람이나 물건이나 대상이 있습니다. 그래서는 안 된다는 것을 알면서도 돌아설 줄을 모릅니다. 아직도 저희는 이웃을 진심으로 신실하게 사랑하고 있지 못합니다. 하나님께서 우리에게 붙여 주신 모든 이웃을 끌어안으며 사랑하지 못하고 있습니다. 사람을 골라서 사랑하고, 그렇게 골라서 사랑하는 사람도 제대로 사랑하지 못합니다. 이런 저희를 용서해 주시고 불쌍히 여겨 주옵소서.

하나님 아버지, 성찬식을 앞두고 고백합니다. 우리의 소망은 지금도 작고 연약합니다. 지금쯤 저희는 하나님의 영광을 바라고 즐거워해야 정상입니다. 우리는 하나님께서 선물로 주신 믿음으로 예수 그리스도와 연합되어 있고, 하나님과 영원히 화목되었으며, 성령 하나님께서 마음에 부어 주시는 사랑을 누리고 있기 때문입니다. 우리의 삶은 여러 가지 환난으로 고되지만, 그것마저도 우리에게는 영적 성숙의 촉진제가 되고, 장차 우리는 예수 그리스도와 공동 상속자로 영원한 복락을 누리게 될 것이기 때문입니다. 그런데 부끄럽게도 저희는 아직까지 확고한 소망이 있지도 못하고, 어떤 환경에서든 그 소망 때문에 감사하거나 기쁨의 찬송을 부르지도 못하고 있습니다. 우리는 자주 낙심하고 절망하며 마치 소망 없는 자처럼 행동할 때가 많습니다. 이런 저희를 용서해 주시고 불쌍히 여겨 주옵소서. "나는 가난하고 궁핍하오니 하나님이여 속히 내게 임하소서 주는 나의 도움이시요 나를 건지시는 이시오니 여호와여 지체하지 마소서"(시 70:5). 예수님의 이름으로 기도합니다. 아멘.

더 깊은 묵상과 기도

목요일 묵상

✦

하나님 아버지, 성찬식을 앞두고 기대합니다. 이번 성찬식이 예수 그리스도의 고난과 죽음, 그것의 구원하는 능력, 그리고 거기에 담긴 하나님의 영원하신 사랑을 수정처럼 맑게 보여 주는 복된 성찬식이 되기를 기대합니다. 이번 성찬식에 차려진 음식은 지난번 성찬식과 전혀 다를 바 없겠지만, 삼위 하나님께서 이번 성찬식에 더 많은 은혜를 내려 주셔서 작은 떡과 작은 잔에 담긴 포도주가 우리 모두의 마음의 눈에 예수 그리스도의 고난과 죽음, 그것의 구원하는 능력, 그리고 거기에 담긴 하나님의 영원하신 사랑을 선명하게 보여 주기를 기대합니다. 성령 하나님께서 우리 마음의 눈을 여전히 가리는 비닐을 전보다 더 많이 벗겨 주셔서 예수 그리스도의 고난과 죽음, 그것의 구원하는 능력, 그리고 거기에 담긴 하나님의 영원하신 사랑을 전보다 더 온전하고 선명하게 볼 수 있게 되기를 기대합니다. "여호와께 능치 못한 일이 있겠느냐"(창 18:14)라는 말씀에 기대어 기대하고 또 기대합니다.

하나님 아버지, 성찬식을 앞두고 기대합니다. 이번 성찬식이 예수 그리스도께서 고난받으시고 죽으심으로 사신 모든 구원의 은혜와 복들을 제 마음에 가득 채워 주기를, 예수 그리스도의 한없는 사랑과 성부 하나님의 영원한 사랑을 제 마음에 깊이 새겨 주길 기대합니다. 이번 성찬식에서 제가 떡과 잔을 눈으로 보고 손으로 만질 때도 그런 일들이 이루어지기를 바라지만, 특별히 제가 떡과 잔을 먹고 마실 때 예수 그리스도께서 고난받으시고 죽으심으로 사신 모든 구원의 은혜와 복은 물론이고, 예수 그리스도의 한없는 사랑과 성부 하나님의 영원한 사랑까지 제 영혼에 가득 채워지기를 기대합니다. 좁

아진 제 영혼은 금방 그것으로 가득 채워질 것이니, 하나님께서 제 영혼의 그릇을 더 크고 더 넓게 만들어 주시고 한량없는 그 은혜와 복과 사랑을 제 영혼에 가득 채워 주시길 기대합니다. "그가 사모하는 영혼에게 만족을 주시며 주린 영혼에게 좋은 것으로 채워 주심이로다"(시 107:9)라는 말씀에 기대어 기대하고 또 기대합니다.

하나님 아버지, 성찬식을 앞두고 기대합니다. 이번 성찬식이 삼위 하나님께 큰 기쁨이 되기를 기대합니다. 우리를 위해 성찬식을 제정해 주시고 우리에게 자신의 살과 피를 믿음으로 먹고 마시게 해 주시는 성자 예수님께서, 성찬식에 믿음으로 참여하여 유익을 누리는 우리를 바라보며 흐뭇하게 웃으시기를 기대합니다. 우리에게 영원한 구원을 주시려고 아들을 아낌없이 내어 주시고 우리에게도 아버지가 되어 주신 성부 하나님께서, 성찬식에서 친아들 예수 그리스도와 입양된 우리를 번갈아 보시며 행복하게 웃으시기를 기대합니다. 성부와 성자의 영으로 우리 안에 들어와 살고 계시는 성령 하나님도, 성찬식 안에서 성부 하나님의 뜻이 아름답게 실현되고 성자 예수 그리스도의 영광을 찬란하게 드러나는 것으로 인하여 보람을 느끼며 웃으시기를 기대합니다. "너의 하나님 여호와가 너의 가운데에 계시니 그는 구원을 베푸실 전능자이시라 그가 너로 말미암아 기쁨을 이기지 못하시며 너를 잠잠히 사랑하시며 너로 말미암아 즐거이 부르며 기뻐하시리라 하리라"(습 3:17)라는 말씀에 기대어 기대하고 또 기대합니다. 예수님의 이름으로 기도합니다. 아멘.

더 깊은 묵상과 기도

금요일 묵상

✦

하나님 아버지, 성찬식을 앞두고 결심합니다. 이번 성찬식에서 주님을 뵙고 주님께서 주시는 여러 가지 은혜를 받은 후에 저는 주님의 죽으심을 전하는 삶을 살겠습니다. "너희가 이 떡을 먹으며 이 잔을 마실 때마다 주의 죽으심을 그가 오실 때까지 전하는 것이니라"(고전 11:26). 우선, 저는 저 자신에게 날마다 주의 죽으심을 전하겠습니다. 바쁜 일상과 세상의 유혹에 떠밀려서 예수 그리스도의 고난과 죽음을 자꾸 잊어버리는 저 자신에게 복음을 들려주며 살겠습니다. 다음으로 저는 교회의 지체로서 주의 죽으심을 전하겠습니다. 교회가 그리스도의 죽으심을 교회의 존재와 전도 사역으로서 드러내는 일에 적극적으로 동참하겠습니다. 그리고 저는 제가 사는 사회의 환경 속에서도 주의 죽으심을 전하겠습니다. 십자가의 복음과 그리스도의 부활과 재림의 복된 소망을 부끄러워하지 않고 감사와 사랑으로 세상 사람들에게 전하겠습니다. 저의 이런 결심을 받아 주시고, 이번 성찬식에서 저를 복 주시며, 이런 결심을 평생 실천하는 자리로 이끌어 주옵소서.

하나님 아버지, 성찬식을 앞두고 결심합니다. 이번 성찬식에서 주님을 뵙고 주님께서 주시는 여러 가지 은혜를 받은 후에 저는 새 계명에 순종하는 삶을 살겠습니다. "내 계명은 곧 내가 너희를 사랑한 것 같이 너희도 서로 사랑하라 하는 이것이니라"(요 15:12). 우선, 저는 제가 속한 교회 안에서 새 계명에 순종하겠습니다. 같은 교회 안에서 같은 믿음을 가지고 같은 아버지를 섬기며 함께 예배하는 모든 교우들을 사랑하되, 주님께서 저를 사랑하신 것처럼 사랑하겠습니다. 다음으로 저는 모든 참교회의 신자들과의 관계에서도 새 계명에 철저히 순종하겠습니다. 어떤 교리와 어떤 실천에서 차이가 있어도 그리스도 안에서 형제요 자매인 것을 기억하며 따뜻하게 사랑하겠습니다. 그리고 저는 하나님의 피조물인 모든 사람에 대해서 관용과 사랑의 마음을 품고 살겠습니다. 저의 이런 결심을 받아 주시고, 이번 성찬식에서 저에게 은혜를 베풀어 주셔서 이런 결심을 평생 실천하는 자리로 이끌어 주옵소서.

하나님 아버지, 성찬식을 앞두고 결심합니다. 이번 성찬식에서 주님을 뵙고 주님께서 주시는 여러 가지 은혜를 받은 후에 저는 주님의 재림을 기다리는 삶을 살겠습니다. "이러므로 너희도 준비하고 있으라 생각하지 않은 때에 인자가 오리라"(마 24:44). 우선, 저는 예수님께서 언제 다시 오실지 모르니 날짜와 시간을 따지면서 경박하게 굴지 않고, 오직 명령받은 대로 늘 깨어 있는 삶을 살며 주님의 얼굴 뵙기를 고대하겠습니다. 또 저 자신이 하나님의 청지기인 것을 기억하고, 제가 사는 모든 삶에서 하나님께서 저에게 맡겨 주신 시간, 재능, 물질, 기회 등을 하나님을 위해서 열심히 사용하겠습니다. 그리고 하나님께서 제게 돌보고 사랑하고 섬기라고 붙여 주신 모든 종류의 사람들을 정말로 돌보고 사랑하고 섬기며 살겠습니다. 그리하여 예수님께서 오시는 날, 주님을 기쁘시게 하고 주님의 칭찬을 받는 사람이 되겠습니다. 저의 이런 결심을 받아 주시고, 이번 성찬식에서 저에게 은혜를 베풀어 주셔서 이런 결심을 평생 실천하는 자리로 이끌어 주옵소서. 예수님의 이름으로 기도합니다. 아멘.

더 깊은 묵상과 기도

토요일 묵상

✦

하나님 아버지, 성찬식을 앞두고 기억합니다. 참으로 복되고 영광스러운 성찬식이 준비되어 있으나, 아직 거듭나지 못하였고 예수를 믿지 않아 성찬식에 동참하지 못하는 교우들이 있습니다. 아버지, 이런 교우들을 긍휼히 여기시고 이런 교우들에게도 은혜를 내려 주옵소서. 이런 교우들에게 거듭남의 은혜를 주시고 회심하게 하시며 예수 그리스도를 믿고 구원에 이르게 해 주옵소서. 이런 교우들이 저희가 성찬식에 믿음으로 참여하여 주님을 기념하는 일을 지켜볼 때, 그들의 마음에 그동안 들었던 복음의 말씀이 기억나게 하시고 그 말씀이 그들의 영혼에 구원의 능력으로 작용할 수 있게 해 주옵소서. 또한, 그들의 마음에 거룩한 질투심을 불러일으켜 주시어 자신들이 하나님의 잔칫상에서 스스로 배제되어 있다는 것을 깨닫고, 우리가 참여하여 복과 은혜를 누리는 성찬식에 동참하고 싶은 마음을 갖게 해 주옵소서. 그리하여 다음 성찬식에서는 그들도 우리와 함께 주님의 상에 둘러앉아 떡과 잔을 먹고 마실 수 있게 해 주옵소서.

하나님 아버지, 성찬식을 앞두고 기억합니다. 우리 교회 안에서 자라고 있는 어린이들과 청소년들은 아직 성찬식에 동참하지 못합니다. 그러나 이번 성찬식이 그들의 마음에도 깊은 흔적을 남기며 선한 영향을 끼칠 수 있게 해 주옵소서. 그들이 우리가 행하는 성찬식을 보며, 우리가 성찬식 안에서 믿음으로 떡과 잔을 먹고 마시는 것을 보며, 우리가 성찬식 안에서 주님이 주시는 여러 가지 복과 은혜를 누리는 것을 보며, 성찬식 이후에 우리가 거룩하게 살고 헌신하는 일에 진보가 있음을 보며, 성찬식을 신비롭게 귀하게 생각할 수 있게 해 주옵소서. 우리가 그들에게 성찬식에 담긴 복된 의미를 설명해 줄 때, 그들이 예수님의 고난과 죽으심을, 거기에 담긴 하나님의 영원하신 사랑을, 그리고 그것이 우리에게 주는 완전한 구원을 전보다 더 많이 그리고 전보다 더 확실하게 깨달을 수 있게 해 주옵소서. 그리하여 그들도 믿음 안에서 꾸준히 성장하여 우리와 함께 주님의 상에 둘러앉아 떡과 잔을 먹고 마실 수 있게 해 주옵소서.

하나님 아버지, 성찬식을 앞두고 기억합니다. 우리 교회 안에는 여러 가지 다양한 하나님의 섭리로 인해 성찬식에 참여하고 싶어도 이번 주일에 교회에 올 수 없거나 오지 못하는 교우들이 있을 것입니다. 질병으로 거동할 수 없어서 교회에 나오지 못하는 교우들, 출타 중이어서 이번 성찬식에 참여할 수 없게 된 교우들, 다른 불가피한 사정이나 환경 때문에 주일 예배에 나오지 못하는 교우들을 아버지께서 기억해 주옵소서. 그들과 우리는 한 교회의 지체로 서로 연결되어 있으니 이번 성찬식에서 저희가 얻는 은혜와 복들이 저들에게도 전달되고 나누어질 수 있게 해 주옵소서. 그리고 그들의 형편과 상황을 조절해 주셔서 다음번에는 성찬식에 참여하지 못하는 장애물이 있지 않도록 해 주옵소서. 그들도 성찬식에 참여하지 못함을 안타깝게 여길 수 있게 해 주시고, 다음 성찬식에는 꼭 참여할 수 있기를 바라게 해 주옵소서. 그리하여 다음 성찬식에는 우리 교회가 다 함께 주님의 상에 둘러앉아 주님을 기념하게 해 주옵소서. 예수님의 이름으로 기도합니다. 아멘.

더 깊은 묵상과 기도